講談社選書メチエ

777

戦国日本の生態系（エコシステム）

庶民の生存戦略を復元する

高木久史

MÉTIER

はじめに　たくさんの「久三郎たち」の歴史

豊臣政権の住民調査

天正二〇年（一五九二）二月、豊臣政権が大陸への派兵を翌月に控えていたときの話である。政府が京都で住民調査を行った。戸別に家主・賃借人を調べたこのセンサスは、大陸派兵に動員できる人員の数を把握することが目的だった。なおこの調査は三月以降、対象を日本全国に広げて行われることになる。

京都で行われた調査の記録のうち、この年の二月九日付けでつくられた、高倉通天守町（京都市中京区天守町）のものが残っている。記されている人物をひとり紹介しよう。

高倉通天守町

はくや　久三郎。越前の「ハま」から一一年前に国を出た。その家を借りている人は柴（小さい雑木）売りを生業としている。[1]

「久三郎」「はくや」＝箔屋つまり金箔・銀箔職人か。このころのかな表記は濁点が無くても濁音で読むことがある（濁音に濁点を必ずつけるようになるのは明治以降らしい）ので、もしかすると馬具屋、つまり馬具職人かもしれない。この調査から一一年前（現代の言い方では一〇年前）、つまり天正一〇年（一五八二）ごろに越前国（福井県北部・東部）のハマ（浜）つまり海岸部（後述）から京都へ来たようだ。天正一〇年であれば織田信長が本能寺で死ぬ年にあたる。

久三郎は、越前国の海岸部を出身とし、京都で職人として生き、豊臣政権の時代にはみずからの家を持ち、借家人を受け入れるまでになった。久三郎について語るこの記録は、戦国時代の日本を生きた庶民、つまり特別の社会的地位や卓越した財産を持たない人の履歴がわかる、希有な例である。

久三郎が越前国を出てからこの記録がつくられるまでの一一年間は、日本史上でも特筆される動乱期にあたる。織田信長の覇権と本能寺の変による挫折、織田政権のもとで越前国を支配した柴田勝家の賤ケ岳（滋賀県長浜市）の戦いにおける敗北、豊臣秀吉の関白就任、検地と刀狩、そして日本列島の政治的・軍事的再統一など、学校教科書に書いてあるような大イベントが目白押しの時期である。

激動する政局と社会は、越前国を出て京都で生きることを選んだ久三郎の目にどう映っただろう。京都へ向かう久三郎を見送り越前国に残った人びとの目にはどう映っただろう。彼らは、それぞれの地で、どう生きたのだろう。

戦国日本の庶民は抑圧されるだけの存在か？——主体的な生存戦略を考える

戦国日本、すなわちおおまかには一五世紀後半から一六世紀あたりの時代を題材にした著作、とくにエンターテインメント的な創作では、信長や秀吉といった英雄たちの伝説的な政治史・軍事史的イベントばかりが（しばしば過剰に脚色されて）語られがちだ。これに対して庶民は、英雄たちを主語とする物語の中で、往々にして、客体・受け身の存在として描かれる。英雄たちから平時には過酷な徴税など抑圧的な支配を受け、戦時には生命の危険にさらされて右往左往し、そんなときに「みんなが笑って暮らせる世の中をつくる」などといった独善的（近年の表現で言えば「中二病」的）ヒロイズムに満ちたセリフを吐く英雄が現れ、彼は理想とする社会をつくるために大量破壊大量殺戮を粛々と実施する、といったイメージだ。

　このようなイメージが成立したのは、二〇世紀の第3四半期ごろまでの研究の主流が、戦国時代を含む中世日本における庶民と行政権力との関係を階級闘争すなわち対立の構造で解釈し、財などを一方的に搾取・抑圧される（抑圧に立ち向かうこともある）人民と搾取し抑圧する支配者、との文脈で語ってきたことが影響しているのかもしれない。

　とはいえ支配は、服従する側が「服従する」ことを選択するから成り立つ。映画『仁義なき戦い』（東映、一九七三年）で、松方弘樹演じるヤクザが金子信雄演じる狡猾だが器量の小さい親分に対し「あんた、はじめからワシら担いどるミコシじゃないの（中略）ミコシがかってに歩けるいうんなら歩いてみいや。ワシらのいう通りにしとってくれたら、ワシらも黙って担ぐが」と詰め寄るシーンは、その原理を的確に表現する。戦国日本の庶民と英雄たちとの関係も同じだ。「お前になら服従してやってもいい」と決めるのは庶民である。庶民は、ただ受け身だったのではなく、主体的に生きている。

　ただし戦国日本は、後に述べるように、寒冷化等に伴う生産力の低下を一因として、その名の通り戦争が続く、生物種としてのヒトにとって厳しい時代だった。そのような生態環境のもと、久三郎たち庶民はどのようにして生き延びようとしたのか。

この本は、戦国日本はどのような時代だったのかという、研究者がこれまで繰り返してきた問いに対し、英雄たちよりもむしろ庶民の主体的な行動が歴史を動かすさまを見ようとする。その社会システムと生態系とを一つの系として包括的にとらえ、その中で庶民が生存戦略をどのようにとったのか、という視点から一つの答案を示したい。

戦国日本の生態系（エコシステム）◉目次

凡例

・本文で示す江戸時代以前の史実に関する暦日は当時の記録による。この暦は厳密にいうと現在の日本で慣用されている、いわゆる旧暦と異なるが、この本では便宜上「旧暦」と表現する。なお、この暦は現在の新暦よりおよそ一ヵ月遅れて進行する。たとえば旧正月が現在の二月におよそ当たることを思えばよい。

・生物学・生態学・地理学などに関する基礎的情報について多くの辞典・事典類を参照したが、本文の読みやすさを優先するため、参照元の記載は原則として省略した。

・掲載した画像のうちクレジットがないものは丹生（にゅう）郡越前（えちぜん）町・福井（ふくい）市南西部（旧越廼（こしの）村・旧殿下（でんが）村）・南条（なんじょう）郡南越前町海岸部（旧河野（こうの）村）・越前（えちぜん）市西部（旧白山（しらやま）村・旧坂口（さかぐち）村）・敦賀（つるが）市などで筆者が撮影したものである。

序章

生存戦略、生態系、生業

――越前国極西部

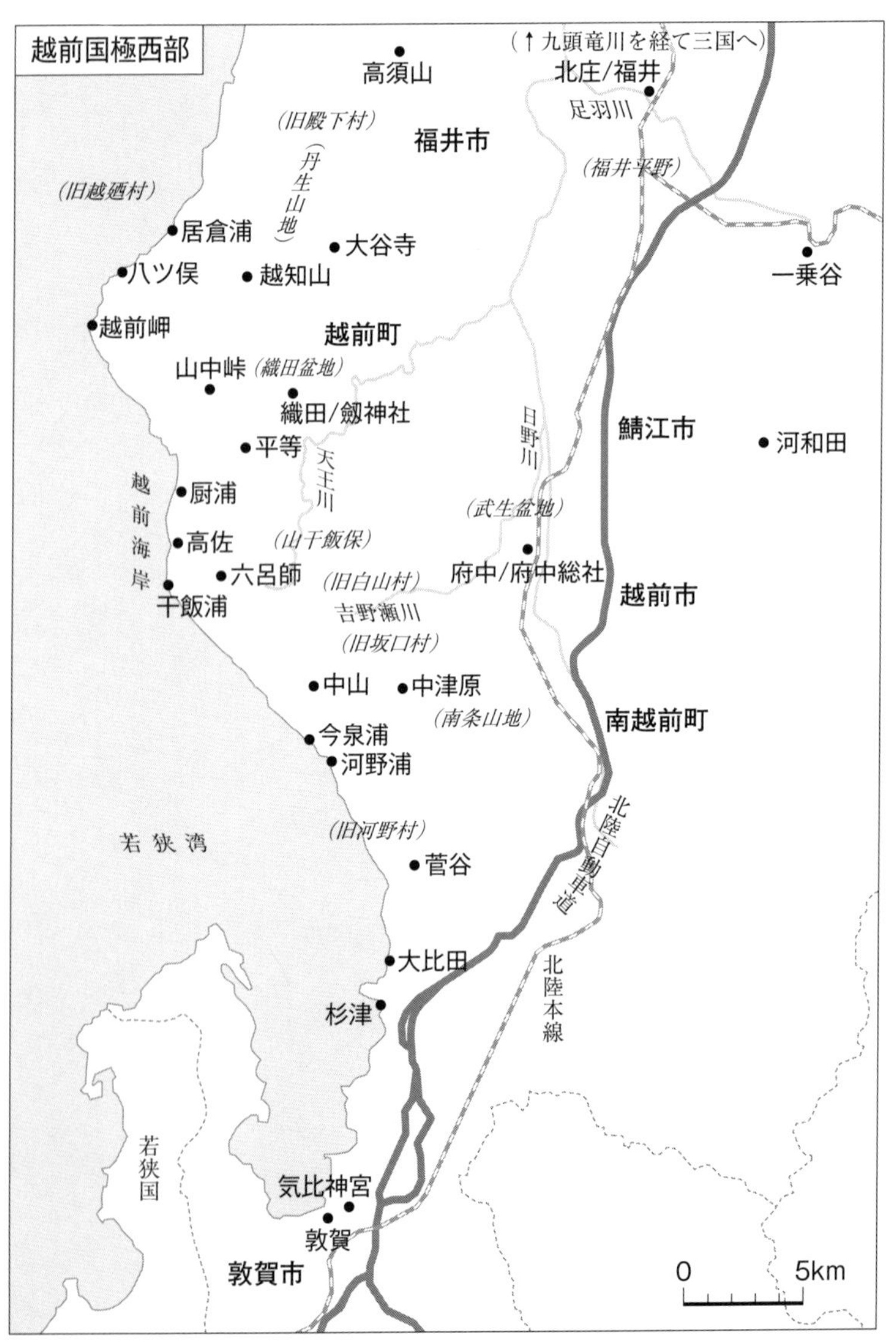
越前国極西部
（↑九頭竜川を経て三国へ）
高須山
北庄/福井
足羽川
（旧殿下村）
福井市
（丹生山地）
（福井平野）
（旧越廼村）
居倉浦
大谷寺
一乗谷
八ツ俣
越知山
越前岬
越前町
山中峠
（織田盆地）
織田/劔神社
日野川
鯖江市
河和田
平等
天王川
越前海岸
厨浦
（武生盆地）
高佐
（山干飯保）
府中/府中総社
六呂師
（旧白山村）
干飯浦
越前市
吉野瀬川
（旧坂口村）
中山
中津原
（南条山地）
南越前町
今泉浦
河野浦
北陸自動車道
（旧河野村）
若狭湾
菅谷
大比田
北陸本線
杉津
若狭国
気比神宮
敦賀
敦賀市
0
5km

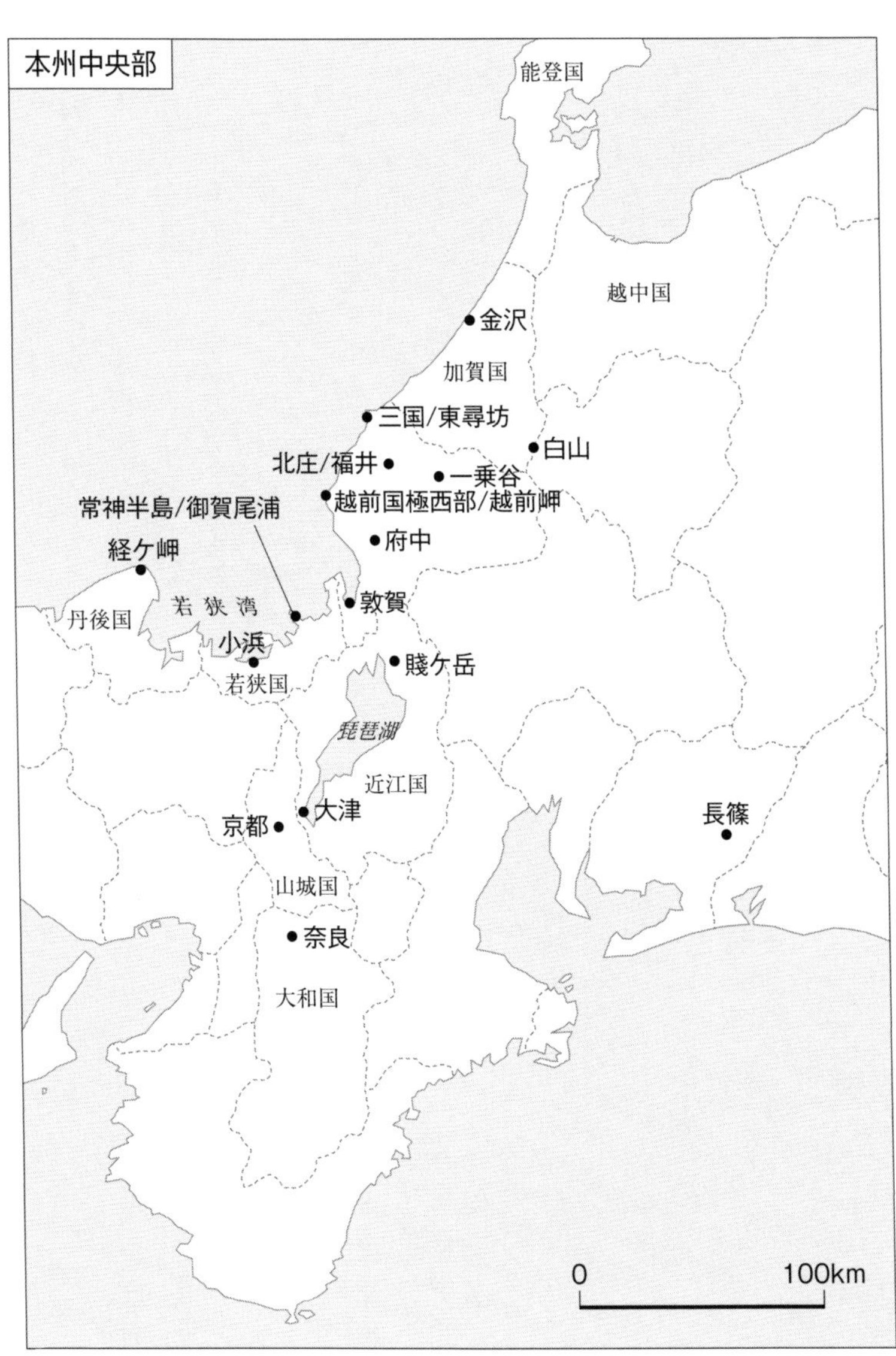
本州中央部
能登国
越中国
金沢
加賀国
三国/東尋坊
白山
北庄/福井
一乗谷
越前国極西部/越前岬
常神半島/御賀尾浦
府中
経ケ岬
若狭湾
丹後国
敦賀
小浜
若狭国
賤ケ岳
琵琶湖
近江国
大津
京都
長篠
山城国
奈良
大和国
0
100km

戦国日本の社会を生態学的アプローチで考える

「はじめに」で、戦国日本の社会システムと生態系とを包括的にとらえ、その系の中で庶民がとった生存戦略を考える、と述べた。実はこのような、戦国時代を含む中世日本の社会と生態系とを総合的に考える、いいかえれば自然科学たる生態学的アプローチを含めて分析する研究が近年活性化している。

どういうことかというと、社会的存在である人間がどのようにして生存しようとしたか、すなわちその生存戦略・行動選択を復元するにあたり、一生物種・生命体であるヒトという観点から考えてみると、これまでとは異なる意味で合理的な解釈を示すことができるのではないか、という着想が背景にある。そこでとられているのが生態学の方法論である。

改めて生態学とは、生物と環境との相互作用を解釈する知である、というのが一般的な定義である。生態学的なアプローチによる歴史分析は、歴史上の人間と自然・環境との相互作用に注目する。さらに厳密にいえば生態系、つまり特定の空間にある生物的要素と非生物的要素とをまとめた一つの系から人間が受ける恵み（近年の用語でいう生態系サービス。[1] そのうち物質・エネルギー的なもの、つまり生態系サービスの概念でいう供給サービスを以下「資源」と呼ぶ）と制約のあり方に注目する。というのは、科学技術が現在より未発達な時代にあって、人間の生存は生態系へ強く依存し、また生態系に強く制約されるからである。だから、生存戦略の歴史的分析は、一生物種としてのヒトならびに人間社会と生態系との関係を重視し、生態学・環境学的アプローチを使うものが多い。[2]

この本でも、庶民の主体的な生存戦略を復元するにあたり、生態学的知見を積極的に参照する。そして、戦国日本を一つの生態系（人間が生きる社会と生態系を包括的にとらえる視点からは「社会—生態システム」とも呼べる）[3]とみなし、その中で、またはそのサブシステムの中で、庶民が選んだ生存戦略の一端を復元することを試みる。『戦国日本の生態系——庶民の生存戦略を復元する』と題するゆえんである。

キーターム「生業」

戦国日本の社会と生態系とを包括的にとらえ、その中で庶民が生存戦略を選択したありようを復元する研究が近年活性化しているといったが、それら研究で共通するキータームが「生業」である。生業とは、庶民が生計を維持するための活動、などと定義される。英語でいうとsubsistence（またはsubsistence activity）であり、生存ギリギリを維持するための活動、という含意がある。文字どおり、生き（延び）るためのナリワイだ。生業史研究は、所与の生態系・環境の中で生き延びるために人びとがどう主体的に行動したのかという問題設定、つまり生存戦略論として語る傾向がある。[4]問題意識がこの本と一致する。

考えてみれば、信長や秀吉など英雄たちが「新しい世の中」をつくるために行ったとされるさまざまな政策やドンパチやった戦争は、結局のところ、庶民がそれに従ってくれたからこそ成り立っており、また、庶民が生業を営む中で生産し供給するさまざまな財やサービスを消費することで成り立っていた。徴税は庶民が納税してくれるからこそ可能だし、戦争は庶民が食糧や武器などを生産し供給してくれるからこそ可能である。冒頭で紹介した久三郎に寄せていえば、彼が箔職人だったとすると、豊臣政権の高官が使った金箔銀箔を施した豪華絢爛な雑貨は、久三郎がつくったものだったかもしれない。久三郎が馬具職人だったとすると、豊臣政権の騎兵がまたがった鞍（くら）は、久三郎がつくったものだったかもしれない。

　戦国とはどのような時代だったのかを再解釈するという「はじめに」で設定した問いに対し、戦国日本の生態系の中で、久三郎たち庶民個人が主体的に選択して営むミクロの生業活動が、従来型の戦国史叙述における主体である英雄たちの行動や、個人の集積である社会をどう動かしていたのか、その一端を復元することで、一つの答案を示してみよう。これがこの本で庶民の生業に注目する理由である。

人間化された生態系

　戦国日本の生態系の中で庶民がとった生存戦略、その具体的現象としての生業活動を考えるにあたり、留意するべきことがある。研究者によっては生業の語を、自然とのかかわりという文脈で、先に示したものより狭く定義する。たとえば「自然のもつ多様な機能から労働・生活に役立つ様々な価値をひきだす行為」というものがある。[5]人間が自然を利用するという側面を強調する定義である。

　しかしここで人間と対置される「自然」の語には注意するべき点が二つある。一つめは、戦国日本の人びとの目の前にあった自然は、完全な天然・原生ではなかったことである。彼らが利用したのは、それまで何世代にもわたって人間が生業を営む中でしばしば起こした、既存の生態系を破壊するできごと（生態学的には攪乱（かくらん））によって生み出された、二次的自然である。[6]

　二次的自然とはどういうものか。たとえば私たちが目にする山の多くは、木がたくさん茂り緑豊かで自然そのままのように見える。しかし歴史上は、現在にいたるまでにその山の木を、多くの人びとが用材（建築物や道具などをつくるための素材＝マテリアル源）、あるいは燃材（エネルギー源）として採取してきた。また、人びとはそれら用途に適し、かつ再生しやすい樹種・個体を選んで、資源として再利用するために残そうと努め、その他の不要な樹種・個体を排除してきた。そうしたことが何世代にもわたって繰り返された結果、人間が好む形質を持つ樹種・個体は子孫（遺伝子）を残しやすくなり、逆に好まれない形質のものは少なくなっていった。そうして二次的自然ができる。これを人間化された生態系、と呼んでもよい。[7]

その典型が、近年ポジティヴに語られがちな「里山」である。人間が住むところに近く、用材・燃材や山菜などをとる場となる山などと定義される。人間にとっての有用性・利用可能性（近年は「持続可能性」の語を使うことも多い）を前提にするこの概念の背景には結局のところ、人間中心・人間至上主義の自然観がある。

里山は、もとの生態系を部分的に残しつつ、木や草を用材・燃材・食糧などとしてとるものだが、その延長線上にさまざまなオプションがある。木を除去して、生息種をヒトが食べる草に限定した生態系に変える――つまり開墾して田や畑など農地にする――、あるいは家畜が食べる草に限定した生態系（牧草地）に変える。さらには、人間が住むために植物を除去した生態系（住宅地）に変えるという選択肢もある。里山と農地・牧草地・住宅地は、人間による攪乱の内容と度合いが違うだけであり、人間化された生態系という点では実は同じカテゴリー内にある。

山と対比的に語られることが多い海も、魚がたくさんいて自然そのままのように見えるが、実は多少なりとも人間化されている。人びとは魚を食料などにするためとってきた。大きくて美味など用途に適し、かつ好奇心が強く釣針に引っかかりやすいなどとりやすい形質の魚種・個体は子孫（遺伝子）を残しにくく、数が少なくなっていく。[8]

つまり私たちが目にする山・海ともに、人間が生態系を攪乱し改変した結果としてある、二次的自然である。この本で以下「自然」と表現するときは、純粋な天然・原生でなく、人間がいくばくか介入した二次的自然、つまり人間化された自然を想定している。

人間も生態系の中の一プレイヤーである

注意するべき点の二つめは、人間も、生態系を構成するプレイヤーの一つであることだ。「人間と自然とのかかわり」などのように「人間」と「自然」とを二分法的に示す表現は、科学技術で完全武装した人間がいわゆる自然とまったく別の世界に存在し、その上で自然と関係を持っているかのような錯覚を与えかねない。しかし先に述べたように、人間は生態系の中でその制約を受けて生きているし、すでにある生態系を攪乱し人間化して生きている。

ヒトが生態系を攪乱するのと同じく、ヒト以外の種が生態系を強く攪乱するプレイヤーとして機能することもある。たとえば歴史上、イナゴなどバッタ類が大量発生してイネ科植物を大規模に食い尽くし、ヒトへの食糧供給に影響を与えてきた。同様の現象は近年も世界的規模で発生している。

つまり人間は生態系にはたらきかけ、かつ生態系を改変する作用が他の種より大きいことが特徴である一方で、逆に生態系からもはたらきかけを受ける存在である。そもそも「自然」といっても一枚岩ではなく、ヒト以外の生物種・個体どうしでも緊張・対立関係があることも合わせて考えれば、人間と自然との「かかわり」のように二分法的かつ静態的にイメージされうる表現より、大きく見れば同じ系に属するヒトとヒト以外の要素との「相互作用」「交渉[9]」などのように脱二分法的かつ動態的に表現するほうが適切だろう。

以上述べた問題意識をまとめるに、次のとおりである。英雄物語に光があてられがちな戦国日本において、その生態系（社会—生態システム）の中で、庶民は生存戦略をどのように主体的に選択したのか、その具体的現象である生業をどう主体的に選び、営んだのか。いいかえれば、生態系の一プレイヤーという立場において、生態系の恵みをどのように受け、生態系の制約や変動へどのように適応しようとしたのか。そしてその結果として選択した生存戦略・生業活動が、その個人が帰属する社会・生態系や、帰属する社会の外にある社会、そして戦国大名や織田・豊臣政権など行政権力（人びとにとって公共的なことがらを処理する権力体）とどう作用しあったのか。その結果として、歴史はどう動いたのか。

このアプローチによって語るこの本を読んだ読者のみなさまが、創作を含む歴史ものの著作に接したときに、「このできごとと庶民の行動とはどうつながっているだろう」「このできごとがあったときに庶民はどう行動しただろう」といった視点で歴史と対話してくださるようになれば、この本の目的は達成されたことになる。

戦国日本はそもそもどのような時代か——時間設定

この本の観測対象は、その時間を日本のいわゆる戦国時代とする。絶対年代では一五世紀後半から一六世紀にかけての時期を中心とするが、もう少し中長期的な時間スケールにおけるさまざまな側面の変化についても触れたいので、幅を前後に少しもたせ、一三世紀ごろから一七世紀ごろ（鎌倉時代から江戸時代はじめ）の話題も含めて語る。

この時代の庶民について生態学・生業論のアプローチで語るにあたり、その前提となる時代状況として読者のみなさまに認識しておいていただきたいことが二つある。

一つめが、この時期に、市場経済化・経済社会化、つまり財・サービスが貨幣・市場を介して交換され、人びとが市場の論理と経済合理性に基づいて行動するようになる社会の端緒が見られることである。[10] 経済社会化は歴史上の数ある社会変化の経路の一つであり、現在の地球上で支配的なありようである。社会が経済社会化していく過程を明らかにすることは、私たちが現在生きている社会のなりたちを理解する上で有益だろうと考えられており、だからこそ経済史研究の大きなテーマの一つとしてある。

一五世紀から一六世紀にかけての経済社会化の一端を示す現象として、たとえば、人びとが物価の季節的変動に敏感に反応して購買行動を決めるようになったことが指摘されている。[11] このような時代状況の中で、庶民はどのように生存戦略を選び、生業を営んだのか、ということをこの本では考える。

その際、戦国時代を含む前近代（近代より前）の中でも変化があることに留意するべきである。大学で試験の答案を見ていると、幕末・明治維新以降に近代化・産業化という変化があったことは認識しているが、それ以前の時代の社会経済システムにつき、極端な例では「前近代の庶民は完全に自給自足」と認識している学生がしばしばいる。そこまでいかなくとも、前近代の庶民で自給自足の度合いが小さいのはせいぜい都市民ぐらいで、大多数の庶民の経済生活といえば納税以外は自給自足で（とりわけ山村や海村は自給自足性が大きく閉鎖性が強い）、社会経済システムに時間的な変化はあまりないというイメージは、学生に限らず、現代日本人一般にもあるように思う。

しかしそれは誤解である。結論を先にいうと、庶民は市場に対応しつつ、技術革新を試み続け、生業活動も変化させていっている。そのような、経済社会化が進む中で生存戦略も変化していくダイナミズムを追体験していただくのもこの本の目的の一つである（なお学生の知識に誤りがあることはさらに学ぶチャンスがあることを示すので、ポジティヴにとらえるべきである。だからこそ大学はある）。

二つめが、寒冷化などの気候変動に伴い飢饉が常態化したことである。[12] そのためこの時期には戦争——経済学的に表現すれば庶民が生産する財・サービスを略奪・殺傷を伴いながら再分配する現象、生態学的に表現すればヒトが同じ個体群内でエサなどを奪いあう現象——が続いた。まさに「戦国時代」たるゆえんである。先に、生態系の制約に対応して庶民は行動した、という趣旨のことを述べたが、先に述べたような過酷な生態環境が、庶民が生存戦略を決める前提にあった。この時期に人びとが経済的により合理的な行動を選択したのは、生存に厳しい時代だったからこそだ、と解釈できるかもしれない。これらの時代状況がこの本で紹介するさまざまなエピソードの背景にあったことを念頭に置いて、以下読み進めていただきたい。

越前国極西部を定点観測する——空間設定

この本は定点観測的に語る。いいかえれば、人びとが、そのときどきの状況においてどう生存戦略を主体的に選択し、生業を営んできたのかという問題につき、地域の歴史に即して記述する方法論をとる。

なぜこの方法論をとるのか。学校教科書などでは現在の日本の国土全体を対象に語ろうとするため、話がどうしても広く浅くぼんやりしがちである。一方、定点観測であれば、特定の場における生態系、すなわち戦国日本の生態系（社会―生態システム）を構成する一サブシステムに即した、解像度がより高い歴史像を読者にご覧いただくことができるだろう、という目論見である。また、日本列島も、水平方向で東西南北に広いし、垂直方向でも高低差は大きい。だから地域により生態系や社会のありようもさまざま異なるはずだ。そうであるならば地域により歴史の展開もおそらく異なる。そこで、定点観測を行うことで、その地域ではどうだったのかを復元し、他の地域のありようと比較することで、戦国日本の生態系（社会―生態システム）全体を考えてみよう。ローカルの個性から全体を逆照射するという方法[13]の試みである。

　定点観測地点に設定する空間は、かつての越前国の極西部、自然地理的にいえば丹生山地や越前海岸がある地域とその周辺、社会地理的にいえば戦国時代における丹生郡西部と南条郡西部、現在の行政区画でいえば福井市南西部（旧殿下村・旧越廼村）、越前町、越前市西部（旧白山村・旧坂口村）、南越前町海岸部（旧河野村）あたりである。話題に応じて、越前国の南西端にある敦賀（現敦賀市）についても触れる（敦賀も経度的には越前国の極西に位置するが、この本は便宜上、越前国極西部から敦賀を除く）。

　なぜこの地域を観測するのかというと、当地には、一五世紀から一六世紀における庶民の生業のありようを語る記録が比較的多く残っていることによる。読者のみなさまに強く認識していただきたく、またそれぞれの章で繰り返し語ることだが、歴史を語ることの成否は、記録が残っているかどうかに大きく依存する。当地の人びとが、先人の残した記録を世代を越えて受け継ぎ、現在もだいじに保管なさっておられるからこそ、私たち研究者は歴史を語ることができる。古くからの記録を伝え続けてきた地元のみなさまに対し、敬意を表す。なおこの地域に注目するのは、筆者が当地にある町立の歴史系博物館で学芸員としてかつて勤めていたので土地勘があるという単純に個人的な事情もある。

丹生山地と越前海岸——地形

この本が定点観測する越前国極西部の自然地理的環境をざっと説明しておく。[14]

まず地形だが、ほとんどが山である。その多くを占める丹生山地は、東は武生盆地と福井平野を、南は吉野瀬川を境とする。北・西は日本海に面する。標高六〇〇メートル前後の山が南北方向に連なる低山性山地である。北・西の海岸側の傾斜は二〇～三〇度ほどあり、急である。対して、東の平野側の傾斜は相対的に緩い。山地の中には小規模な盆地・谷が点在する。

丹生山地を流れる代表的な河川が天王川である。越前市西部を源とし、越前町内で丹生山地や当地の盆地から流れ出るさまざまな河川と合流し、丹生山地の東側にある平地に出たところで日野川に合流する。天王川が日野川へ合流するまでの流れは屈曲が多く、山地の間を縫うように小規模な谷や盆地・河川が入り組む複雑な地形を伴う。これは、丹生山地では断層線が格子のように交差していることを反映している。なお日野川はその後九頭竜川に合流し、日本海に注ぐ。

日本海に面する地域は、越前海岸と呼ばれる。サスペンスドラマのアイコンとして知られる東尋坊（坂井市）から敦賀市杉津に至る海岸を一般に指す。そのうちこの本のおもな舞台となるのが、現在の行政区画でいうと、福井市南西部から、西端部である越前岬（越前町左右・血ヶ平）を挟み南越前町西部に至る、南北約三〇～四〇キロメートルの範囲である（以下この本で特記なく「越前海岸」という場合は、この範囲を指す）。丹生山地が隆起してできた地形であり、海岸線は単調な直線状で、ありていにいえばほぼ崖、山そのものといってよい。先に述べたように、丹生山地は海岸へ向かっての傾斜が急なので、当地の内陸部から海岸部に出るとき、なかなかの急坂を降ることになる。筆者は、冬の道路が滑りやすい時期に役場の公用車で越前海岸に向かったとき怖い思いをした。

海岸部へ向かう傾斜が急なため、当地で日本海へ流れる川は急流で、深い谷をつくり、幅が狭い。海岸の各所で川が断層で切られて滝になり、しばしば滝から海へ水が直接流れ込む。三角州は発達しない。越前海岸全体では砂浜海岸はごく少なく、岩石海岸が展開する。

以上をまとめるに、内陸部が山と入り組んだ盆地・谷、海岸部が断崖と岩石海岸、である。これら自然地理的な条件を反映して、現在、越前町など当地の人びとは、前者をサト（里）、後者をハマ（浜）と慣用的に呼ぶ。冒頭で紹介した豊臣政権による住民調査記録は、久三郎の出身地を越前の「ハま」と記していた。海岸部をハマと呼ぶ慣習が一六世紀にはあったことを示す、貴重な記録である（第四章で再論）。

冬の多雪と波浪――気候

越前国極西部の気候は、夏は太平洋側と同じく高温多湿であるが、冬は低温多湿の北西季節風と日本海を流れる暖流である対馬海流の影響を受けることが特徴的である。

どう影響するかというと、まず内陸部については、多量の雪を降らせる。越前国極西部のうち内陸部の一月の平均気温は〇～三度程度である。雪は重い。いわゆるベタ雪である。初雪は一二月上旬ごろにある。積雪は春先まで残ることが多い。

雪が多かったことは戦国時代の記録でも確認できる。越前国一般については、一五八一年、キリスト教宣教師であるルイス・フロイスが越前国に来たとき、同行者から、越前国の冬は雪が多い、という情報を得ている。[15] 極西部については、享禄元年（一五二八）のものと思われる、劔神社（越前町織田。戦国時代における当地の地域領主の一つ）の支出一覧に、「雪カキ」へ銭つまり青銅製通貨（第一章）二〇〇文（文は通貨単位）を与える、という記述がある。[16] 雪かきを行う人を雇うこと自体が、雪の多い地域ならではのことである。

劔神社

この気候的特徴は、海を荒らすことにもなる。とくに越前岬付近は単調な海岸線の中で突出した部分なので、波が高い。

このことは古い時代の記録でも確認できる。治暦元年（一〇六五）つまり平安時代中期の政府文書に、越中国（富山県）から京都にある中央政府へ税を納めるにあたり、越前国・若狭国（福井県南部・西部）・近江国（滋賀県）を経由するが、九月以降三月以前において陸地は雪が深く海路は波が高いので、暖かい時期を待って運ぶ、とある。[17] 越中国から越前国敦賀までの海路の途中に越前海岸があるが、この記述は旧暦九月から三月（新暦一〇月ごろから四月ごろ）までは、多雪と波浪のせいで海路の利用が難しかったことを示す。とにかく、生存するには厳しい気候だ。

以上紹介した越前国極西部の自然地理的環境は次の三つにまとめられる。

①内陸部はほぼ山である。
②海岸部もほぼ山である。
③冬の気候は人間に厳しい。

構成について

この本では、経済社会化を進めつつもヒトにとって厳しい生態環境だった戦国日本の中で、従来の歴史語りでは英雄たちに一方的に支配される客体として描かれがちだった庶民が、生態系から受ける恵みと制約に応じて生業行動を主体的に選択して、すなわち生存戦略を最適化して生き抜いたありようを復元することを試みる。

第一章・第二章では越前国極西部のうちさらに限定した空間に注目し、その地の人びとの生業のありようを見ることを通じて、彼らが所与の生態系の中でどのように主体的に生存戦略を選択したのかを復元する。第一章では丹生山地を構成する山の一つである越知山（おちさん）を舞台に、越前国極西部のうち内陸部の人びとが、おもに山・森林の生態系で得られる資源を利用して営んだ生業のありようから、その生存戦略を考える。第二章では越前海岸を舞台に、越前国極西部のうち海岸部の人びとが、おもに海岸と海の生態系で得られる資源を利用して営んだ生業のありようから、その生存戦略を考える。これらの章は山間部・海岸部の生態系で得られる植物・動物から財を生産する部門を中心に分析する点で、従来の生業史研究と視角が近い。

対して、第三章・第四章では、特定の生業に注目し、それを営んだ人びとの生存戦略を復元する。第三章では内陸部を舞台に、工業的な生業、具体的には窯業（ようぎょう）を営んだ人びとのありようを、第四章では内陸部・海岸部双方を舞台に、サービスを商品として供給する生業、具体的には流通業を営んだ人びとのありようを紹介する。

これらの章は、従来の生業史研究が分析する対象の外にあった部門へ注目する試みでもある。従来の生業史研究は、第一章で改めて語るが、農業、とくにコメ栽培以外にもさまざまな生業があることを強調する。ただ、それら研究が実際に分析する対象は、結局のところ、農林水産業すなわちいわゆる第一次産業にかかわるものにかたよるきらいがある。また、日本史上の庶民が営んだ工業、商業・運輸業など流通業、非熟練労働などに関する研究は重厚な蓄積があるのだが、生業史の文脈で考えるものが少ない。この本では生業史の文脈で記録を読みなおすことで、戦国日本のこれら産業部門・生業の歴史も生態系の恵みと制約に応じて戦略が選択されていることを語る。

先に述べた、戦国日本の生態系（社会―生態システム）の中で庶民が生存戦略をどのようにとったのかという問題設定に対し、この本で示す答案を先に結論的にいうと、三つある。①特定の生態系から受ける恵みと制約に応じて多様かつ複合的に生業を営んでいること、②ある社会で生きる人びとが、帰属する社会の外にある社会や市場との関係に応じ、それぞれの社会が相互に密に影響しつつ生業を営んでいること（これは自給自足イメージの否定につながる）、③地域領主・大名・織田信長などの近世統一政権つまり行政権力と相互に依存しつつ生業を営んでいること、である。③は、庶民が生存戦略を主体的に選択した結果として営む生業活動のうえに英雄物語は成立しているという、「はじめに」で述べた問題意識に直接的にかかわる。

以下この本を読むことを通じて、戦国日本の庶民が、英雄物語の客体としてではなく、所与の生態環境のもと生存戦略を主体的に選択して生き抜いたさまを追体験していただきたい。

第一章

山・森林の恵みと生業ポートフォリオ

――越知山

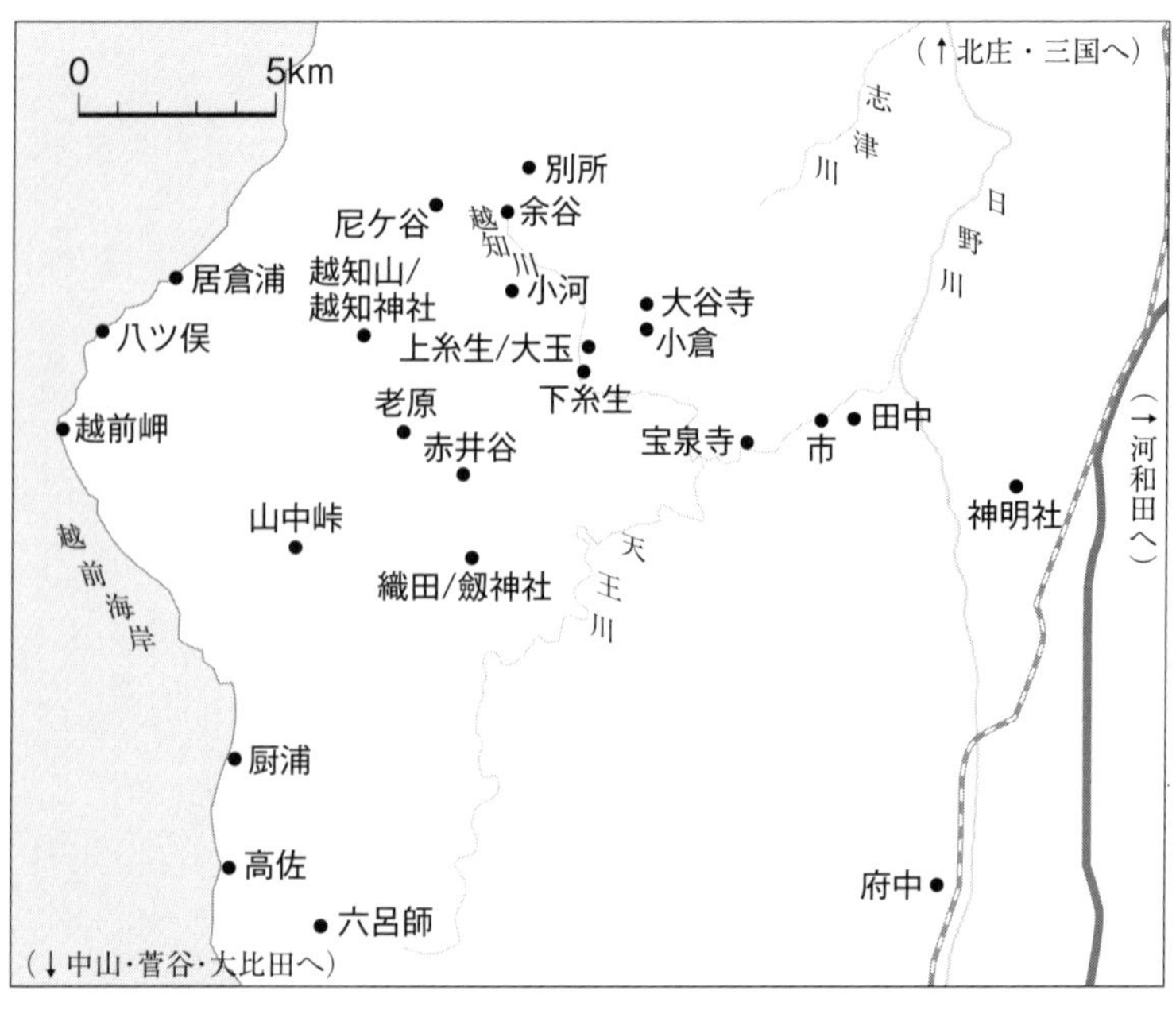

0
5km
（↑北庄・三国へ）
別所
尼ケ谷
余谷
越知川
志津川
日野川
居倉浦
越知山/
越知神社
小河
大谷寺
小倉
八ツ俣
上糸生/大玉
下糸生
老原
田中
越前岬
宝泉寺
市
赤井谷
（→河和田へ）
神明社
山中峠
天王川
越前海岸
織田/劔神社
厨浦
高佐
府中
六呂師
（↓中山・菅谷・大比田へ）

柴田勝家の禁令

天正四年（一五七六）、織田信長政権が越前国を支配していたときの話である。丹生（にゅう）山地の主峰の一つ・越知山（おちさん）のふもとにある余谷（あまだに）（越前町天谷）に三郎兵衛（さぶろうべえ）という名らしい人がいた[1]（以下この本では三郎兵衛と便宜上呼ぶ）。その集落を統括する、庶民の中では上層の存在である。三郎兵衛は、その年の三月一日付けで、信長の家臣で越前国の支配を任されていた柴田勝家から布告を受け取った。内容は、「山林の竹・木は、柴田が文書で許可した以外は伐採してはならない。もし許可書無しに切る人がいれば、捕まえてその名前を報告せよ。もし違反者を見逃して報告しなければ、その地域の人も同罪にする」というものだった[2]。

要は、竹（タケ。以下この本では生物名を原則としてカタカナで示す）や木を伐採するには柴田の許可が必要である、という命令である。山林を利用するのに面倒な手続きが必要になるわけだから、三郎兵衛たち余谷の人びとは迷惑がったかもしれない。

余谷（越前町天谷）

柴田勝家像（福井市立郷土歴史博物館）

なぜ柴田がこのような政策をとったのかについてはおいおい語るとして、実はこの布告は、日本における森林政策の歴史を画す象徴的な法である。それ以前には三郎兵衛ら越知山の周辺で生活していた庶民の生存戦略の長い歴史があり、この布告は彼らの生存戦略に影響を与えることになる。ではそれらはどのようなものだったのか。そのような問題意識のもと、この章では、越知山周辺の人びとが、戦国日本の生態系の中で、生存戦略をどのようにとって生き抜いたのかを見ていこう。

1　この章の舞台

越知山の地理的環境・その1――自然

この章の定点観測地点は、越知山である。[3] 標高六一二メートル、山頂から越前海岸へ直線距離で約四キロメートルと、ほど近い。

さて、越知山周辺にある内陸部集落の人びとが生業を営むにあたり、当地の生態系から受ける恵みと制約を考えるための前提として、まずは自然環境、とりわけ植生について見ていこう。

かつての越前国を含む現在の福井県は、本州の日本海側における常緑広葉樹林（葉が一年以上の寿命を持つ常緑樹をおもな構成要素とする。暖温帯域に分布する）と落葉広葉樹林（冬に葉を落とす落葉広葉樹をおもな構成要素とする。冷温帯域に分布する）との移行帯にあたる。越前国極西部にあたる地域の海岸沿いには、スダジイ（ブナ科シイ属。いわゆるシイ）などを主とする常緑広葉樹林が点在する。海岸から山を上がっていくと、落葉広葉樹であるブナ（ブナ科ブナ属）を主とする林が展開する。また、冷温帯のブナ林と暖温帯の常緑広葉樹林の中間帯に多い、クリ（ブナ科クリ属の総称）や、コナラ・クヌギ（ともにブナ科コナラ属）などいわゆるドングリがなる落葉広葉樹も見られる。

以上のように、暖温帯の植生と冷温帯の植生との移行帯であることを標高の高低、すなわち垂直方向の分布で見ることができる。ただし後に少し触れるが、当地の人びとが歴史上行った伐採のため、現在、常緑広葉樹は少ない。また、常緑針葉樹であるスギがしばしば見られるが、当地の人びとが二〇世紀になって植栽したものが多い。

越知山の地理的環境・その2——人文

越知山周辺の人びとの生業を考えるにあたり、自然環境以外にも留意するべきことがある。生態系から非物質的な恵み（生態系サービスの概念でいう文化サービス）を得る側面、具体的には、越知山自体が信仰の対象だったことである。

越知山山頂付近の植生

伝えには、僧・泰澄が持統天皇の治世である七世紀末に越知山で修行を始め、白山（石川県白山市・岐阜県白川村）を開いたのち、ふたたび当地に戻り亡くなったという。発掘調査によって、八世紀中ごろにはこの山が信仰の対象だったこと（山岳信仰）が確認されている。[4]

現在も、越知山の山頂部にある越知神社（越前町大谷寺）では、越知山を信仰の対象とすることに由来する神がまつられている。また、山頂の東約五キロメートルのところに、大谷寺（越前町大谷寺）がある。考古学的知見によると、九世紀後半ごろにはこのあたりに寺院があったらしい。[5] 明治以前には、越知神社と大谷寺

越知神社

大谷寺

とは神仏習合によって組織的に融合していた。そのため、戦国時代の記録には双方をまとめた組織として大谷寺の名で登場することが多い。

戦国時代の越知神社―大谷寺は、越知山の周辺を支配する地域領主でもあった。中世の寺社は宗教活動に特化した施設ではなく、税をとり、それを再分配し、場合によっては武力も備える、行政権力の一つだった。

赤井谷

志津川（福井市上天下町）

大谷寺が地域領主であることについて触れたついでに、その領域がどの程度まで展開していたかについても述べておく。

大谷寺の領地の範囲を語る、現存するもっとも古い記録が、鎌倉時代の初めごろにあたる、承元二年（一二〇八）のものである。[6]「公文」（荘園の下級官僚の職名の一つ）・「郡司代」（古代律令制度における地方官に由来する職名の一つ）が、「越知山大谷寺」へ寄付した土地について、その境界を記している。東の境界は「沢」（志津川水系？）、南の境界は「赤井谷織田境」（越前町赤井谷・織田）と「古坂山」、西の境界は「海」、北の境界は「大鷹取」などである、という。

東・南の境界ともに内陸部の山または山ぎわである。西の境界の「海」は越前海岸、具体的には現在の福井市居倉町や八ツ俣町などと思われる（第二章）。北の境界の「大鷹取」なども不詳であるが、タカの羽（装飾品や矢の素材に使う）や生体そのものをとっていた（鷹狩——タカ類で他の動物を狩る——のために使う）のでついた地名だろう。内陸部の山間部のどこかと推測できる。[7]

この記録から、大谷寺の領地は内陸部から海岸部までを含んだことがわかる。越知山を中心に、内陸部・海岸部双方の生態系を横断して領地が展開していたことは、この後で紹介するさまざまなエピソードに関係してくるので、そのことを留意して以下読み進めていただきたい。

さて改めて、越知山を定点観測地点にする理由は二つある。一つめは、日本史研究全体にかかわることだが、山間部集落に対するイメージを再構築するためである。前近代日本の庶民が自給自足だったと思われがちであることを冒頭で述べたが、その中でも山間部集落というととりわけ自給自足的・閉鎖的な社会と思われがちである。そのイメージは正しいのかどうか再考してみよう、という問題設定である。結論を先にいうと「正しくない」のだが、そのことを示す具体的な史実はこの後に紹介していく。

二つめが、庶民が営んだ生業活動のありようを示す記録が残っている、という事実そのものである。戦国時代を含む中世日本の記録は、彼らのような領主層にかかわるものが圧倒的多数である。このころ記録を残すのはもっぱら領主側なので、おのずから彼らの関心に沿った内容が残る。だから、庶民が生業を営む中で生産した財・サービスのうち領主が必要とするものは課税の対象になるので記録に残りやすいが、課税の対象外にあるものは記録に残りにくい。しかし幸いなことに越知山の戦国時代の記録には、当地で生きた庶民の生業に関する情報が豊富にある。それが、この章が越知山を定点観測地点に設定する大きな理由である。

2　山・森林の生態系の恵みと多様な生産

大谷寺が森林の伐採を規制する

記録を読みはじめよう。越知山周辺の人びとが営んだ生業活動について語る早い時期の記録が、学校教科書における一般的な定義での戦国時代に近づいている寛正三年（一四六二）に大谷寺が定めた内規である。この章の冒頭で紹介した三郎兵衛が生きた時代から一〇〇年ほど前のものである。これによると大谷寺は、越知山（原文では「御峰之山」）の木を大谷寺の建築に使う以外の目的で伐採することを禁じた。[8]

一見しただけでは「寺が木の伐採を規制したんだ。ふうん」という感想で終わってしまうところである。しかし歴史を復元するにはもう少し考えをめぐらす必要がある。現在にもあてはまることだが、禁止するのは「やらかす」人間がいるからこそである。つまり、建築に使う以外で伐採することを大谷寺が禁じたということは、それ以外の目的で伐採する人びとがいたことを意味する。そしてそれは、越知山周辺の人びとが、木を切ってそれを利用することを生業として営んでいたことを示唆する。

実際、庶民ではないが、近くの別の領主が越知山の木を切っていたことを示す記録がある。大谷寺の内規から少しさかのぼる文安六年（一四四九）、大谷寺が越前国の守護（室町幕府のもとでそれぞれの国の軍事・行政を司った職）である斯波氏へ、将軍に直属する武士で糸生郷（越前町上糸生・下糸生とその周辺。越知山の東側の山麓一帯）の領主でもある千秋氏が神木を切って売ることに抗議する旨の上申書を提出した。[9] このような、大谷寺にとっての無断伐採がその後も続いたことが、先の内規の背景にあったと考えられる。

実は、戦国時代を含む中世日本で領主が自身の領域にある森林を保護しようとする現象は、大谷寺のほかにも日本全体で見られた。各地の寺院は、領地のうち庶民などが利用してよい地を定義し、そ

糸生郷（越前町上糸生）

同（越前町下糸生）

うでない山・森林を寺の関係者以外が伐採したり農地などを開発したりすることを禁じるようになっていた。とくに山岳寺院は、山を信仰の対象とし修行の場とするため、近くで生活する庶民が山・森林を開発することを防ぐ必要があった。だからこそ山・森林の環境を維持することに自覚的であり、その上で森林を保護しようとした[10]。大谷寺の内規もそのような全国的な動きの中で定められた。

ただし、大谷寺の思い通りになったかどうか、それは別の問題である。人びとが越知山の木を無許可で伐採して利用しようとしたのは、生存するためである。つまり地域の人びとが生存戦略の一つとして山・森林を開発しようとし、それをくい止めたい大谷寺とがせめぎあっていたことこそが、この記録が私たちに教えてくれる時代状況である。

そのことに加え、この記録は、生態系からの恵みを利用するにあたり、人びとの考え方が変化してきていることを示している。先に述べたように、越知山はそれ自体が山岳信仰の対象であり、一般の人びとが進入し利用することを拒否する聖域として設定されていた。中世日本では、寺社の木を伐採することは神仏を荘厳（しょうごん）する装置を破壊することであるうえ、神仏への背信行為でもある、と寺社側は認識していた。つまり、聖域にある聖性をまとう木の利用を避ける必要がある、という宗教的脅迫コードが存在した。[11]

しかしこの内規が示す事実は、それでも人びとが、記録原文では「御峰之山」つまり信仰の対象として敬意を表すべく「御」を付して呼ばれる越知山の木を、切っていることである。千秋氏のエピソードでは原文でも「神木」と呼ばれている木を切っている。これら事実は、その木が聖性をまとっているという設定が、伐採を抑止できていないことを意味する。この時代の越知山にかかわるステークホルダー（利害関係者）は、その生態系で得られる資源を利用するにあたり、宗教的なおそれにより行動を控えるよりも、たとえば市場へ参加するため木を得ることを優先するような心性を持つようになっていることがわかる。このような、人びとの心性がどう変化したかという問題について考えることは、生業史研究の大きなトレンドをなしている。[12]

冒頭で述べたように、領主というと領域内の人びとを抑圧的に支配したかのようなイメージでとかく語られる。しかしここまで紹介したエピソードでは、宗教領主が管理する越知山の木を当地の人びとがさほどおそれずかってに切って利用している。供給量に限りがある生態系の恵みの分配をめぐり領主と庶民とが競合し、領主は庶民を服従させようとするも手を焼いた、という構造を持つエピソードはこの後もしばしば登場する。

イカダマ＝筏場？

越知山周辺で伐採した木を戦国時代の当地の人びとはどう使ったのか、ということについて示唆する地名がある。越知山山頂の東約四キロメートルのところにある、大玉（越前町上糸生〈かみいとう〉）である。イカダマと読む。

筏場？（越前町上糸生大玉）

ヨソの人間にはなかなか難読だが、当地のことばを知っていればなぜこう読むかがわかる。当地では「大きい」ことを「イカイ」という（口頭表現では「イッケー」）。大きい玉＝イカイタマ→イカダマ、ということのようだ。

なぜこのような地名がついたのか。ヒントが、学校教科書的な定義で戦国時代に突入している文明三年（一四七一）のものらしい大谷寺の領地に関する記録にある。それに、大谷寺に属する僧が管理する田が「筏場ノ湯屋ノ谷口」にある、と記されている。[13]「筏場」は木材をイカダにして送り出した場所だろう。イカダバ、イカダバ、――イカダマ。日本語の歴史ではbとmの子音どうしがしばしば交替することが知られている（古い落語ファンには、桂枝雀師匠が「すみません」を「スビバセン」といっていたことを思い出してほしい）。

実際に、筏場が転じて大玉になったのか。検証してみる。大玉は越知川沿いにあり、ここからイカダを流したことは十分に想定できる。先に紹介した記録にある湯屋ノ谷は大玉の近くにある「湯屋谷」の字名として残る（越前町上糸生）。このことは筏場＝大玉仮説を支持するとともに、筏場が現在の大玉より広い範囲を指していたことを示す。なおイカダマは豊臣秀吉政権の最末期である慶長三年（一五九八）の記録では「いか玉」と書かれている。[14] 一六世紀末には音声言語での読みにあわせて文字言語化したようだ。

筏場という地名は、一四七〇年代当時、ここから木材をイカダにして流していたことを示唆する。

越知川は越知山頂の東部を源とし、最終的に天王川に合流する。天王川水系を使ってその下流へ用材を運ぶ起点の一つが、この筏場だったのだろう。ちなみにこの章の冒頭で紹介した三郎兵衛がいた余谷（あまだに）は、大玉から上流三キロメートルほどのところにある。近い。三郎兵衛のご先祖も筏場からのイカダ流しにかかわっていたかもしれない。

ではそもそもの話だが、なぜイカダを流すのか。下流にある平野部など、木材を自給することが難しい社会へ木材を供給することが目的にあった、と考えられる。そういえば先に紹介した千秋氏のエピソードで、彼は伐採した木を売っていた。つまり千秋氏が越知山の神木を伐採したのは、自給自足的に消費するのではなく、売却益を得る、または金属貨幣（後述）そのものを得ることを目的としていた。

イカダ（一遍上人絵伝）

同様のことを当地の庶民も行っていたことは十分に想定できる。つまり、越知山周辺で伐採した木をイカダに組んで下流域へ輸送したことは、越知山周辺の社会の外にある社会での需要、とくに市場を介した需要が、越知山周辺の人びとが生業行動を決めるにあたり影響したことを示唆する。

筏場の地名と前の項で紹介した大谷寺の内規の含意とをあわせると、次のことがいえる。すなわち、越知山の生態系から受ける恵みの一つである木に対し、領主はみずからの建築需要ならびに権威の誇示という観点から保護をはかり、当地の人びとは生業活動の一つとして伐採して利用しようとした。それは、当地の人びとがみずから消費することに加え、天王川の下流域で売る、つまりみずからが帰属する社会の外にある社会との関係に応じて生存戦略をとったことを示す。つまり越知山周辺の人びととその社会は自給自足的・閉鎖的だったのではなく、経済社会化という時代状況の中で市場に応じて行動する、生業活動の点では外部に開かれた社会だった。なお、庶民が外の社会との関係に応じて生業を営む、という構造を持つエピソードも、この後しばしば登場する。

以上のように、記録に残る地名一つからも、木材の伐採と外の社会への供給という、庶民が営んだ生業の一端を知ることができる。なお当地の人びとが、越知山の木材とくに用材を当地の外へ供給することはその後も続く。大玉の周辺地域から木材をイカダに組み、天王川・日野川・九頭竜川を経て河口にある三国(みくに)(坂井(さかい)市三国町。一五ページ地図参照)方面へ流すことは、大正年間つまり一九一〇～二〇年代ごろまであった。[15] つまり日本史的にはごく最近まで見られた生業活動だった。

越知山の生態系から得られる資源を税に見る

ここまで木の伐採の話が続いたが、庶民が越知山の生態系から得た資源は木以外にも当然ながらある。その品目を幅広く示すのが、越知神社に伝わる、文明三年(一四七一)の、糸生郷の「山方」と呼ばれる地域、つまり越知山の周辺からの納税に関する一覧である。[16] なおこの納税一覧に記されている対象を徴税した主体は、実は不詳である。糸生郷なので千秋氏が関係していると考えられるが、この文書が越知神社に伝わっていることから、その収税・納税にこのころの越知神社—大谷寺がなんらかの形でかかわっていたと推測できる。

さてこの納税一覧で課税対象にされている糸生郷だが、この章の冒頭で紹介した三郎兵衛が生活した余谷はその一部だったらしい。つまりこの記録から、三郎兵衛の約一〇〇年前に生きたご先祖たちが生業をどのように営んでいたのかを推測できる。

納税一覧というと一般に、品目と数量を羅列するだけのものが多く、ストーリー性を感じにくい。それを使って論文を書くことを生業とする筆者も、読んでいて退屈に思うことがしばしばある。とはいえ、ものは読みようである。実はこの納税一覧に挙がっている品目は、当地の人びとが越知山の生態系の恵みを受けて生業をどのように営んでいたのかをあざやかに示してくれている。そしてその中には戦国日本的な、かつ当地ならではの状況をよく物語ってくれるものがある。結論を先にいうと、当地の人びとがじつに多様に生業を営んでいたことを知ることができる。

この納税一覧にはさまざまな品目が順不同に列挙されている。話をわかりやすくするため、用材すなわちマテリアル源→燃材すなわちエネルギー源→食料→そのほか、の順に整理して紹介する。

ウルシ（wikimedia commonds）

植物性マテリアルの一次的利用――ウルシ

糸生郷からの納税一覧に植物性マテリアルとして最初に登場するのが、ウルシ（漆）である。ウルシは落葉広葉樹である。

この納税一覧は「はい」（杯）という助数詞で納付量を指定

していて、液体の形態、つまり樹液で納めたことがわかる。たとえば椀などの木製品を塗装するのに使う。中世日本では越前国を含む北陸や山陰地方が特産地だった。[17]つまり、ウルシは当地ならではの生態系の恵みを受けて生産された品目である。

ウルシ樹液をとる技術をその後の当地の人びとは受け継ぎ、一九三〇~四〇年代ごろまで生業として営んだ。なお一八八〇年代の調査によると、日本全国のウルシとり職人・ウルシ商人あわせて一万二〇〇〇人のうち、五〇〇〇人が福井県、うち一〇〇〇人が越知山のある丹生郡の人びとだった。[18]つまり近代にいたるまで日本における漆器生産の多くを、当地の人々が支えていた。

ウルシで塗装した器具つまり漆器については後で改めて触れる。

ススキ草地と水田とは似ている

次に、ススキである。糸生郷からのこの納税一覧では、納めるべき品目として束単位で指定している。

ススキというと、現代日本では、どこにでも生えているありふれた草、というイメージがあるかもしれないが、戦国日本ではことのほか重要な物資だった。何に使うかというと、おもに建築素材である。

ススキやチガヤ・スゲなど、屋根材に使う大型の草を総称してカヤ（茅・萱）と一般に呼ぶ。越前国極西部の内陸部ではかつて、山麓や土堤、小高い丘にカヤ原があった。当地ではカヤぶき屋根の家屋が昭和の初めごろまで多かった。ススキを戸や壁に立てめぐらせ、雪害や寒さを防ぐためにも使った。雪囲という。[19]雪が多い当地ならではの利用法である。

ススキ[20]はどこにでも生えているといったが、ススキ草地が存在し続けるには条件がある。日本列島は一般に温暖で湿潤なので、山の火口の近くや水の波にさらされる海岸など、植物にとってストレスが高い場所を除き、長期的に放置すれば森林へ遷移（ある場所における生態系の時間的変遷）する。草が優勢な植生つまり草原・草地が継続的に存在することは、森林への遷移を止める現象つまり攪乱が継続して起きていることを意味する。たとえば自然火災や、人間による伐採が想定できる。

草が優勢な植生の中でもとくにススキが優勢であるのは、ススキの植生を利用するために人びとが維持・管理していることを意味する。たとえばススキ以外の植物を刈る。また、ススキを利用する目的に応じた手間をかける。ススキを屋根材に使うには、まっすぐで直径がそろったものがよい。そのようなものを収穫するためには、人間が放火し（火入れ）、ていねいに刈りとって前季の枯れ草をとり除くなど、家畜の飼料などをとる草地より手間をかけて管理する必要がある。

ススキ

とるにも時期がある。ススキというと、現代日本では極端にいえば雑草なので、収穫期などあるのか、と疑問をお持ちになるかもしれないが、ある。晩秋から冬である。

なぜかというと、先に述べたようにススキはおもに屋根材に使われるが、この時期ならば枯れて水分量が小さくなっているので腐りにくいからだ。また、持続的利用の観点からも都合がよい。それは生物学的理由による。ススキを含むイネ科植物は一般に、成長点すなわち細胞分裂がさかんな部位が地表面の近くや地下に

草刈（七十一番職人歌合）

ある。そのため、地上部を刈られても容易に再成長する。加えて、ススキは葉や茎が含む窒素など栄養分の多くを、枯死する前に地下茎に回収し、次の春に発芽するときに使う。だから、ススキが刈られるのが冬であれば、刈られる前に、地上部にあった栄養分を地下茎に移すことができるので、翌年に再成長するときに有利である。

もし夏に刈る（たとえば肥料として水田にすき込む。こういう、草や木の葉・枝などを用いるものを緑肥（りょくひ）という。第三章）と、このころはススキにとって成長期なので、翌年の成長にネガティヴに影響する。連年で夏にとると、ススキ草地の生産力は落ち、荒廃する。だからススキは冬にとるほうが持続的に利用しやすい。

このような生物学的特性を利用することで、ススキ草地を持続させることができた。つまり日本の歴史上、特定の場所にススキ草地が継続的に存在しているとすれば、それは半人工的な、人間化された景観である。

これと同じ構造を持っているのが、日本史上の代表的生業に伴う原風景的景観として語られる、水田である。コメを得るためおもな生息種をイネに限定した人工湿地である水田も、人間がイネ以外の草を抜くなどの攪乱をすることで遷移を止めている。ススキ草地も水田も、残す生息種（ススキかイネか）とかける手間の内容が違うだけであり、同じようにして持続している。

以上のように、ススキは、雑草扱いされがちな現代とは異なり、戦国日本では庶民の住生活を支える重要な資源であり、人びとが生業活動の中でその管理にそれなりの時間とエネルギーを投入して得る対象だった。つまり糸生郷からの納税一覧にあるススキの記述は、単にそれが納税品目の一つだったというにとどまらず、戦国日本一般における庶民が生態系の恵みをどう利用して生業を営んだのか、その一端を教えてくれる。

植物性マテリアルの二次的加工

糸生郷からの納税一覧は、ウルシやススキのような、とったマテリアルをそのまま使うもの、つまり一次的加工したものに加え、そうしたマテリアルを製品、つまり二次的加工したものも品目として挙げている。

とくに目につくのは木製品である。最初に記されているのが合器（蓋付き容器）[21]と皿である。白拍子（平安時代末期から鎌倉時代に盛行した歌舞）で使うためのもの、と付記している。白拍子がパフォーマンスを越知神社—大谷寺の神前・仏前に奉納するときに使うのだろう。

ロクロ・挽物と木地師——木質容器の工法と素材・その1

この合器と皿について、木地すなわち用材の地肌のままのものである、とも付記している。木地のままの器具をつくる職人を木地師という。ロクロ[22]（轆轤。回転軸に素材をとりつけて成形・加工する木工旋盤）を用いるので轆轤師ともいう。ロクロで成形した木器のことを挽物という。たとえば椀がそうだ。

挽物はブナなど広葉樹が適する。一般に硬くて磨き加工に適するからだ。先に述べたように、越知山周辺はブナなど落葉広葉樹が生えるのに適した環境だった。だから木地師が住んでいたという推測は、当地の生態系と合う。

そのことは当地の地名も示唆する。越知山山頂の東約六キロメートルのところに越前町小倉（おぐら）がある（糸生郷の一部らしい）。オグラという地名は木地師がいたところに多い。[23] 越前町小倉も木地師集落の名残だろう。越前町には六呂師（ろくろし）という地名もある。轆轤師が生活していた名残という。[24] つまりこれら地名は木地の器具製作を生業として営む人びとが糸生郷を含め越前国極西部に広くいたことを示唆する。

以上から、当地ではその生態系の恵みを利用して木地製品をつくる生業を営む人びとがいたと推測

小倉

六呂師

ロクロカンナと轆轤師（七十一番職人歌合）

結物（同）

曲物（近代、越前町教育委員会所蔵）

できる。そしてその生業を営む庶民がいたからこそ、徴税する側は木地の器具を品目として指定できた。

曲物・結物——木質容器の工法と素材・その2

糸生郷からの納税一覧は、そのほか木器として、タライ・半挿（はんぞう）・挽鉢（ひきばち）・灯蓋（とうがい）も挙げている。

タライは現在と同じく、液体を入れる円形の容器である。半挿は小さなタライまたは水挿（みずさし）である。

半挿が小さなタライであるとして、これらタライ類はどういう構造だったのか。挽物・曲物（まげもの）・結物（ゆいもの）の三つのパターンがありうる。挽物とは、先に述べたように、ロクロで成形した木器である。

曲物とは、木の薄い板を曲げて、樹皮でとじ、底板をはめた容器である。[25] 現在でもたとえば駅弁の容器として見ることがある。曲物には一般にヒノキ・スギ（ともにヒノキ科）を使う。ヒノキ・スギを含む針葉樹は、広葉樹に比べ一般に幹がまっすぐで、幹の上方向への細りが緩やかで、軽くてやわらかい。スギはとりわけ軽く、かつ縦方向に割りやすい。樹心に平行な木目に沿ってナタで剥（は）ぐと板がとれる。つまり曲物は比較的単純な技術でできる。

結物[26]とは、一四世紀ごろから普及した、複数の木板をタガつまりタケなどでつくったリング状の部品で固定してつくる容器である。たとえば桶や樽がそうだ。部品を拡張できるので、挽物・曲物より容量が大きいものをつくりやすい。強度・耐久性も高い。曲物と同じくヒノキ・スギなどからつくる。

糸生郷からの納税一覧に登場するタライが挽物・曲物・結物のいずれであるかを特定することは難しい。挽物だとすると、先に述べたように越知山の周辺には木地師がいたようなので、生産は技術的に可能だったと考えられる。

曲物・結物だとしても、同様に考えられる。一六世紀前半の記録によると、越知山の南にある織田盆地（越前町織田とその周辺）を地盤とした地域領主である劔神社へ、スギなどで曲物などをつくる職人（檜物大工）が奉仕していた。[27]同様の生業技術を持つ人びとが糸生郷にもいたことは十分に想定できる。

スギ樹皮の利用と領主―職人関係

糸生郷からの納税一覧と同じ時期の別の記録に、スギなどを用材として工作する生業を営む人びとが大谷寺へ奉仕していたことを示すものがある。文明一〇年（一四七八）の、大谷寺が一月・一〇月の行事で餅を檜皮師へ与える、という記録である。[28]

檜皮師とは、檜皮すなわちヒノキ・スギなどの樹皮で屋根をふく職人である。ヒノキ・スギの樹皮は油分を含み腐敗に強いので屋根材に適する。つまりヒノキ・スギは、内側にある木部に加え、外側にある樹皮もまた、戦国日本の人びとにとって重要な用材源だった。

大谷寺へ奉仕した檜皮師と、先に述べた、劒神社へ奉仕していた檜物大工とあわせるに、スギなど針葉樹を用材として利用する技術を生業の中で使う人びとが越前国極西部に広くいたことがわかる。

戦国時代に当地で生えていた樹種で曲物・結物をつくり檜皮を利用したとすれば、それはおそらくスギ由来だろう。というのは、越知山がある日本海沿岸部にはヒノキの天然分布がほぼない。ヒノキは枝・葉を水平方向へ広げるため雪の重みに弱く折れてしまうので、多雪地である日本海沿岸部では生存に不利だからだ。

ここまで見てきた、糸生郷からの納税一覧に登場するさまざまな木器と、劒神社へ奉仕した檜物大工、大谷寺へ奉仕した檜皮師のエピソードをまとめるに、その含意は二つある。一つめが、当地の庶民が生態系の恵みを受けて生業を営むありようである。納税品目に木地の合器や曲物・結物かもしれないタライなどがあるということは、ブナなど広葉樹を使う製品とスギなど針葉樹を使う製品の双方を越知山周辺の人びとが生産したことを示唆する。また、針葉樹の樹皮など、現代日本では用材としての存在感が薄いながらも、当時においては需要が高い品目があった。このような、当地の庶民が生態系の恵みを受けて生業を営むありようが、糸生郷からの納税一覧から見えてくる。

含意の二つめが、当地の庶民と領主との関係である。大谷寺へ奉仕した檜皮師は大谷寺から建築に関する業務を継続して請け負い、大谷寺は彼らへ毎年特定の時期に餅を与えることで、双方が互いの関係を定期的に再確認したと考えられる。劒神社へ奉仕した檜物職人も、劒神社が消費する木器を生産しただろう。そして実は、劒神社は彼らへコメを与えていた。[29]

つまり彼ら職人は、地域領主である大谷寺・劒神社に対し、特定の奉仕をし、一方で定期的に餅を受贈し、または給与を受けていた。このことは、職人と領主とが一方的な被搾取・搾取の関係にあったのではなく、広い意味での雇用契約的な関係にあったことを示す。このような、庶民と領主との間がギヴアンドテイクの関係にあったことを示すエピソードは、この後でもしばしば登場する。

漆器をつくる

糸生郷からの納税一覧に話を戻し、さまざまな木器の残りを見る。挽鉢は木をくりぬいてつくる鉢である。灯盞は灯明皿すなわち中に油をいれて火をつける素焼きの皿（カワラケ）を置く台、つまり照明器具である。

以上の半挿から灯盞までの木製品だが、それらは「ぬり」（塗り）である、ともこの納税一覧は記している。木地のままでなくウルシで塗装したものを納めろ、という意味だ。当地の人びとがウルシ樹液を生産していたことを先に述べたが、それを用いた加工品も生産していたことがわかる。

実は同じころ、劔神社へも、ウルシ塗装を生業にする人びとが奉仕し、給与としてコメを得ていた。[30]つまり木器製作を生業とする人と同じく、ウルシ塗装を生業とする人びとも越知山に加え越前国極西部に広くいた。これまた当地の生態系に応じて人びとが生業を選んだ結果である。

このことは、戦国時代の越前国全体における漆器供給について考えさせてくれるので、ここで触れておく。漆器が徴税対象になったことは、領主たちの物質生活を当地の庶民が支えていたことを意味する。そのことに関連する例が、戦国時代に朝倉氏が本拠を置き越前国の行政的・経済的中心として機能した一乗谷（福井市城戸ノ内町）で多く発掘されている漆器である。

一乗谷で出土する漆器の供給地を、近世以来の漆器製造地で、現在も経済産業大臣が指定する伝統的工芸品たる「越前漆器」を生産する河和田（鯖江市河和田町）に研究者はおもに求める。[31] 一方で筆者は、越知山周辺の人びとが生産したものもあるかもしれない、と考えている。というのは、一乗谷で多く出土する、廉価な漆器の素材であるブナ属の木が、先に述べたように当地に生えているからだ。ウルシを生産した人びと、ウルシで塗装する技術を持つ人びと、ウルシで塗装する器具を製造する技術を持つ人びと、そして素材になる樹種が越知山の周辺にあったことをあわせれば、一乗谷で出土する漆器の中に越知山周辺の人びとがつくったものもあるのではないか、と推測している。

その推測が正しいかどうかはともかくとして、戦国時代の越前国における漆器生産は、現在も生産地として有名な河和田（一乗谷の南、約五キロメートル）つまり越前国中央部に加え、越知山周辺（一

カワラケ（越前町堤遺跡出土、15世紀、越前町教育委員会所蔵）

漆器椀（一乗谷出土、『福井県史』資料編13　考古図版編）

一乗谷朝倉氏遺跡

乗谷の西、約二〇キロメートル）など越前国極西部を含めて広域的に行われていた、とイメージするべきである。一乗谷遺跡で出土した漆器の中に越知山周辺で生産されたものが含まれていたとすれば、当地の人びとは漆器を税として納める目的に加え、庶民向け商品としても生産していたことを示唆する。つまり、都市一乗谷で生きた庶民の生活もまた越知山周辺の庶民がいくばくなりとも支えていたかもしれない。想像が多いが、越知山周辺の人びとが、一乗谷という同じ越前国の中でも離れて位置する社会での需要に応じて生業を営んでいたかもしれないことを、この納税一覧における漆器についての記述は考えさせてくれる。

多雪地域ならではの道具類――そのほかさまざまな木製品

糸生郷からの納税一覧に記されている木製品はまだまだある。カチギネ・臼・まな板・馬槽（うまぶね）・カンジキ・ユキコスキである。

カチギネは杵（きね）の一種である。次に紹介した臼と対で、穀物などを粉砕・精白するときなどに使う。打撃する方が杵であり、打撃を受ける方が臼である。室町時代のものは竪杵（たてぎね）、すなわち打撃方向とグリップとが同直線上のものである[32]。なお、現在一般的な、打撃方向とグリップの方向とが直交するものは横杵（よこぎね）といい、江戸時代に入り普及する。まな板は現在使うものと同じく、食材を切断するために使う。

馬槽はウマの飼料を入れるオケ、いわゆるカイバオケである。戦国時代の越前国極西部にはウマを輸送動力として使う生業を営む人びともいた（第四章）。ウマたちに飼料を与えるのに、当地でつくった馬槽が使われていたかもしれない。

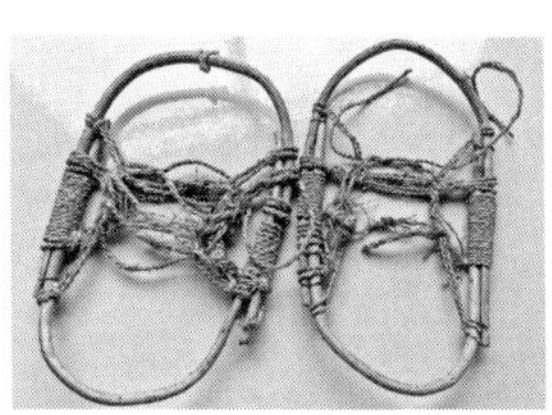
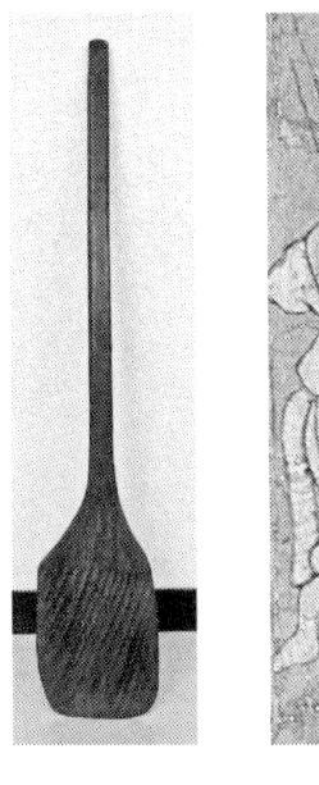

（右）カチギネと臼（福富草紙）
（中）ユキコスキ（越前町教育委員会所蔵）
（左）カンジキ（同）

カンジキは雪の上を歩くときに使うもので、深く踏みこんで動けなくなるのを防ぐために履き物の下に着ける装備である。木の枝やつるなどを円形や楕円形に組んでつくる。ユキコスキは除雪に使う木製のシャベル（鋤〔すき〕）である。当地ではバンバまたはバンバコと呼ぶ。

カンジキ・ユキコスキは日本列島の中でも越前国極西部ならではの品目である。つまり多雪地帯である当地近辺での需要に基づいている。荘園領主が集まって住むが積雪は相対的に少ない京都などでの需要ではない。庶民が生業活動の中で生産する品目、そして領主が徴税する品目にも、自然地理的な条件に応じた地域性があることを示す好例である。

以上が、この納税一覧で挙がっていた、越知山の周辺で得られる植物性マテリアルを二次的に使った品目である。筆者がこの記録をはじめて読んだときの感想が「種類めっちゃ多いやん」だった。その種類の多さは、当地の人びとが当地の生態系から得られる恵みを多様に活用したこと、生態系や自然地理的な条件の地域性が生産する品目の地域性を反映していること、そしてそのような条件に応じて人びとはこれらさまざまな製品をつくる技術を獲得し、その技術を活用して生業を営んでいたことを示す。

燃材は死活を決する――一次的加工木質バイオマスエネルギー

ここまで、糸生郷からの納税一覧に、用材やそれを用いて作られる加工品がさまざま挙がっていることを見てきた。しかし、日本史全体で見た場合、木材の利用量は、そうした用材や加工品といったマテリアル源としてよりも、エネルギー源としてのもの（いわゆるバイオマスエネルギー）、つまり燃材がむしろ主だったらしい。

エネルギー源、とくにここでとりあげる熱エネルギー源は、いわゆる産業革命以前と以後で社会的な意義が異なるので単純に比較することは避けるべきであるものの、今も昔も重要な物資であることはたしかである。前近代の日本で燃材は、たとえば調理・暖房・照明など家計での需要や、製塩・金属精錬・金属製品加工（鉄製工具・農具など）といった産業での需要があった。とりわけ食事と暖をとるという、ヒトがぎりぎり生存していくための行為で消費されたことは、まさに死活を決する物資だったことを意味する。

そのことを踏まえてこの納税一覧にある燃材に関する項目を見ていこう。まず、木質のものである。現在で一般にいうタキギ（原文では「いれ木」＝入木（いれき））、つまり切った木をそのまま燃材に使うものが挙がっている。

樹種は指定していないが、おもに広葉樹だろう。[33] 燃材としての機能に、針葉樹に比べ優位があるからだ。たとえばコナラをはじめとするコナラ属は密度（比重）が高いので、蓄蔵に適し、火持ちもよい。対して針葉樹であるスギなどは密度が低いので、かさばって蓄蔵に不向きであり、火持ちが悪い。

納付時期の季節性について注目するに、この納税一覧では、タキギ類の納付量は一〇月から二月までは増やす、という記述がある。なぜこの時期に増やすのか。理由は二つ考えられる。一つめが、需要要因である。寒冷期は暖房に使う燃材の需要が増えるからだ。徴税する側からすれば、寒冷期に需要が増えて市場価格が上がりがちな商品燃材を買うより、税として集めるほうが安くつく、という目論見があったかもしれない。

二つめが、供給要因である。燃材をとるにも適切な時期がある。日本では晩秋から早春が一般的である（多雪期は除く）。理由はいくつかある。自然科学的には、落葉広葉樹は晩秋に葉を落とすと水分を含む量が小さくなるので、伐採するのに必要なエネルギーが小さくて済み、伐採後の乾燥時間も短く済む。また、クリやコナラなどは萌芽更新（ほうがこうしん）、すなわち切った株や根元から芽が出ることでも世代交代する。クリやコナラなどは葉を落とす前に栄養分を樹体内に蓄える。そのときに切ればその個体は再成長しやすい（逆に春の成長期に切ると成長にネガティヴに影響する）。

社会科学的にも説明できる。労働力と時間をどう分配するか、という話である。この納税一覧で税を納めることになっている人びとは、後で述べるように、実は、コメの生産も営んでいる。労働力・時間を春から収穫までの間に水田の経営のために分配すれば、その分だけ伐採へ分配することができなくなる。一方を選ぶと一方を失う、トレードオフの関係である。一方、コメを収穫した後の晩秋から冬になれば木を伐採することへ労働力・時間を分配しやすくなる。

以上のような条件が、収税者が一〇月から二月に燃材の納付量をより多く求めた背景として考えられる。季節変化は、庶民が生態系を利用して生業をどう営むかを左右すると同時に、行政権力が徴税という庶民支配の最たる行為をいつどのように実施するかも左右した。前近代でコメを税として集めたのがその収穫後すなわち秋ごろであるのと同様に、燃材を税として集めるにも生態学的に適切な時期があった。つまり生態系は庶民の生存戦略に加え、行政権力の徴税戦略も左右した。またその背景には、燃材採取とコメ生産という複数の生業を営むにあたり、季節ごとに労働をどう分配するか、という社会科学的問題もからんでいた。この、生態系に応じて多様な生業を複合的に営む、という構造を示すエピソードも、この後しばしば登場する。

戦国サウナライフ

燃材について触れたついでに日本文化論めいた話を一つする。糸生郷からの納税一覧では杪（ほえ）つまり木の枝を納めるよう指定した項目があり、その用途も指定している。風呂をたくためである。

戦国日本の風呂といえば蒸し風呂、つまりサウナである[34]。サウナは戦国時代を含む中世日本の寺社にしばしばつきものだった。宗教行事などで僧侶や神官が身を清めるために使ったのだが、それ以外にも、一般の人びとへ開放したり、そこで病人の治療を行ったりすることもあった。

サウナ用の燃材について記述があるのだから、当然、越知山の周辺にはサウナがあったことになる。実際、たとえば戦国時代の劒神社に風呂があったことが記録に残る[35]。

サウナといえば北欧のものというイメージがあるかもしれないが、戦国時代の越前国極西部の人びとにとっては、すでに身近な存在だった。この本を執筆している二〇二二年においてサウナブームが続いている。これは、北欧からの輸入文化で、ここ数年来の流行、ということではなく、日本の伝統文化として再解釈できるかもしれない。

越前国は木炭の特産地――二次的加工木質バイオマスエネルギー

この納税一覧で品目として挙がっているエネルギー源には木炭[36]もある。切った木をさらに加工、つまり二次的加工を施して利用する点で、先に紹介したタキギ（入木）や杪、つまり切っただけ・一次的加工だけの燃材と異なる。

木炭をつくる模式的工程は次の通りである。植物のおもな成分はセルロースをはじめとする炭素・水素・酸素などが構成する高分子である。これを熱で分解し、水（水素と酸素の化合物）を放出させ、炭素だけを残す。

木炭をつくるために戦国時代の当地では炭窯（すみがま）を使った（後に再論）。窯そのものの形式は不詳だが、模式的にいうと次の通りである。窯の内部で木材を燃やし、そののち窯の穴をふさいで酸素の供給を止め、火を消す。すると木炭ができる。

このような加工をなぜわざわざするのか。木炭は炭素純度が高いため、一次的加工されただけのタキギよりエネルギー密度が高くなるからだ。なおかつ、水分が抜けて質量・体積が小さくなっている（質量比で原木の約二〇パーセント）ので、ナマの木より輸送費用（貨幣的なものに加え、消費する時間とエネルギーなども含む）が小さくてすむし、貯蔵にも適する。無煙で燃えるので建築物の中でも使いやすい。これらの点でタキギより優位がある。

納税一覧は、木炭の原料にするべき樹種を指定しないが、タキギと同じく、コナラやクヌギなど、おもに広葉樹だろう。比重が高い樹種を使うと、かさばらず火持ちがよい木炭を得られるからだ。

実は日本史全体で見た場合、越知山を含む越前国は歴史的に燃材の特産地だった。序章で紹介した、戦国日本に渡来した外国人宣教師による現地聞きとり記録に、越前国はタキギが豊富にある、との記述がある。[37] 江戸時代には越前海岸にある厨浦（越前町厨）から加賀国（石川県南部）・若狭国・丹後国（京都府北部）へタキギや木炭、つまり木質の燃材を移出した。[38] 越前国が福井県になった後も一九五〇年代ごろつまり高度経済成長が始まるころまで、木炭を全国へ移出した。その供給を丹生山地も担った。[39] このような、越知山周辺で二〇世紀まで連続する産業構造の系譜を、この納税一覧が語る当地の戦国時代における庶民の生業活動に見ることができる。

なお、ここまで紹介してきた燃材は木質のものだったが、木質以外の燃材も越知山周辺の人びとは生産した。糸生郷からの納税一覧には「らふ」（ロウ）も品目として挙げている。このころであれば、ウルシの果実をしぼってとったものだろう。ロウソクの原料などに使われた。

食塩生産は山・森林の生態系が支える

ここまで植物性の燃材について語ってきたが、それに関連する項目をもう一つ紹介する。食塩である。糸生郷からの納税一覧には、「浦」つまり大谷寺の領地の中でも海岸部にある集落（居倉浦〔福井市居倉町〕などらしい。第二章）が納める品目も記述がある。その中で「しほ」（塩）つまり食塩（塩化ナトリウム）を指定している。

ご承知の通り、ヒトが生物学的に生存するために必要な物質である。戦国日本では、内陸部を領域とする武田信玄が、太平洋沿岸を領域にする今川氏らによる経済制裁によって食塩を入手できなくなって困っていたとき、積年のライバルで日本海沿岸を領域にする上杉謙信が送ってきたというエピソードが知られている。実はこれは江戸時代の創作なのだが、この挿話を引き合いにして、食塩は超重要戦略物資であると繰り返し語られてきた。

海岸部集落の人びとが食塩を税として納めたということは、その食塩は海水を使って生産したと考えるのが自然だろう。越前海岸で食塩を生産するときの技術については第二章で述べるが、ごく単純にいえば、海水を加熱して水を分離して食塩を固形化する。このとき、加熱するための燃料が要る。

戦国時代を含む中世日本では、食塩をつくる人びとが山・森林から燃材を得て、その代わりにその地の領主へ特定の対価（食塩現物など）を提供することが多い。[40] この納税一覧の場合、越前国極西部のうち海岸部で食塩をつくる人びとが越知山の周辺で燃材をとる、つまり内陸部の生態系から資源を得る対価として、越知山の領有にかかわる人へ食塩を納めた、と考えられる。

同じような構造は一六世紀において越前海岸の南部でもあったらしい。大比田浦（敦賀市大比田）では食塩を生産していたが、そのための燃材を内陸部集落である菅谷（南越前町菅谷。一四ページ地図参照）が提供し、そのかわりに菅谷は織田政権から免税措置を得たと考えられている。[41] つまり行政権力が食塩という戦略物資の生産に際し、燃材の供給・消費を管理したらしい。

こうした、内陸部から海岸部へ燃材を供給し海岸部から内陸部へ食塩を供給する構造は、内陸部の人びとの生業が内陸部だけで完結せず、海岸部の人びとの生業も海岸部だけで完結しないことを意味する。この章の冒頭でも触れたように、内陸の山間部集落というと閉鎖的と思われがちだが、生業活動の点ではむしろ開放的であり、外の社会との関係に応じて活動していた。

このような、異なる生業・地域・社会の人びとが相互に依存しあう回路、いいかえればお互いがお互いの生産物を生存するために必要としたありようを、生業史研究はこれまで明らかにしてきた。その中でも製塩は、海と森林という異なる生態系を横断的に利用する生業である。[42] つまり製塩は、戦国日本の庶民は自給自足ではなく、むしろ帰属する社会の外にある社会との関係に応じて生業を営むという、この本でしばしば言及している生存戦略を示す典型例である。

蛇足だが、食塩は、世界史的には岩塩鉱床から採取することも多い。だから「食塩は海水から得る」という日本人の常識は世界的には必ずしも常識ではない。先の「敵に塩を送る」創作話をドイツやイタリアの人が聞いたら、「だったら岩塩掘れや武田」と思うかもしれない。

戦国高級スイーツ・ヤマノイモ

ここまで、糸生郷からの納税一覧に登場する用材・燃材を見てきたが、食料も品目として挙げられている。戦国時代の越知山周辺で生きた人びとが何を食べて生存していたのかを反映する記述である。そしてそれは、生態系から受ける恵みと制約の当地ならではの個性を示す。そのことに留意しつつ以下読み進めていただきたい。

まず登場するのが季節納付品目として挙がっている、ヤマノイモ、トコロ（野老）、ワラビ、串柿である。以下その順で見ていこう。

ヤマノイモはヤマノイモ科の多年草であり、地下茎が食用とされる、山で得られる炭水化物源の一つである。戦国時代を含む中世日本でヤマノイモをどう調理したかというと、よく知られるのが芋粥（いもがゆ）である。平安時代の説話集『今昔物語』（こんじゃくものがたり）を元ネタにした芥川龍之介（あくたがわりゅうのすけ）『芋粥』で、高名な武官・藤原（ふじわらの）利仁（としひと）が、ぱっとしない役人であった主人公にふるまったあれだ。ヤマノイモを薄く切ったものを、ツル性の植物の樹液に混ぜて煮てつくられるが、この樹液は糖分を含むので、甘い料理に仕上がる。宴

でひととおりのコース料理が出た最後に先ほどの甘い芋粥がデザートとして出てくる。宴で出てくる

朝倉義景像（心月寺／福井市立郷土歴史博物館）

ヤマノイモ（PIXTA）

朝倉氏略系図

ことが示すように、高級官僚であった藤原利仁のような身分が高い者でなければ食べる機会は少なく、『芋粥』の主人公のような中下級官僚には縁遠い。味つけといい、高級さといい、私たちが芋粥と聞いて思い浮かべるものとは印象が異なる。

ちなみに、越知山と同じ越前国極西部にある劔神社の領域の人びともヤマノイモをとっていた。一五六〇年代から七〇年代初頭ごろのものらしい、劔神社が朝倉義景（戦国大名朝倉氏の五代にて最後の当主。初代・孝景の玄孫）へ新春の祝いとしてヤマノイモを贈ったことへの、義景からの礼状が残っている。[43]

劔神社は織田盆地の中心部にあり、この盆地は越知山などの山に囲まれている。劔神社が朝倉義景へ贈ったヤマノイモも、このあたりでとったものだろう。ヤマノイモは秋・冬にとるので、生態学的にも筋が通っている。

さらに話を広げると、朝倉義景本人がヤマノイモを食べたという記録がある。永禄一一年（一五六八）、のちに最後の室町将軍となる足利義昭が、一乗谷にある朝倉義景の館を訪れた。そのときの宴会の料理にヤマノイモが出ている。[44] もしかしてもしかするとだが、義昭と義景が食べたのは越知山か織田盆地の周辺でとったヤマノイモだったのかもしれない。

飢饉の時代の非常食としてのヤマノイモ・トコロ・ワラビ

――と、ここまで、行政的支配者がお召し上がりになるぜいたく品としてのヤマノイモの側面を紹介してきた。だが、庶民視点になると話は変わってくる。実はヤマノイモは中世日本において、飢饉のときに庶民が非常食として求めた食料、という側面もあった。[45] つまり食糧難が慢性化している戦国日本で、庶民の生存を支える食料の一つだった。

それは、糸生郷からの納税一覧の続きに登場するトコロ（オニドコロ。ヤマノイモと同じくヤマノイモ科の多年草）も同じである。地下茎を粉砕し、水に浸し、アクを抜いて食べる。穀物と混ぜて炊くこともあった。[46] ヤマノイモと同じく、飢饉のときの非常食としても求められた。[47] 山の生態系で得られるこれら根菜を現代人が常食することは少ないが、戦国日本の庶民にとってはその生存を支える重要な食料だった。

そのことは、糸生郷からの納税一覧の続きに登場するワラビ[48]（シダの一種）もまた同じである。現在も山菜として人気であり、若い葉を食べることが一般的である。戦国時代を含む中世日本ではどうかというと、地下茎も食べられた。むしろそのほうがプレゼンスは高い。ただしそのまま食べるのではない。秋に地上部分が枯れたあとに掘り、粉砕し、水に浸し、沈殿したデンプンをとる。これは保存食にもなった。つまりコメなど穀物と同様の、炭水化物源の一つとして戦国日本の庶民はワラビを求めた。ちなみに現在流通しているわらび餅の原材料はジャガイモなどからとったデンプンを使うことが多いが、歴史的にはその名の通りワラビ地下茎のデンプンを使う。

ワラビ（PIXTA）

ワラビは伐採地・林縁部・草地など明るい環境に多い。遷移してできた森林の中の暗いところでは生えない。人間が遷移を止めている環境でとれるというのは、先に紹介したススキ草地や水田と同じである。ワラビというと、現代人は山にふらっと入って気軽に摘んでいる

カキノキ

が、戦国日本の庶民にとっては、植生を攪乱していることに伴い採取できる、厳しい冬をしのぐための炭水化物源だった。

以上のように、ヤマノイモ・トコロ・ワラビは、戦国日本の庶民が飢饉の時代を生存するために求められた非常食でもあった。甘い芋粥を朝倉義景が宴会で食したり、ワラビを現代日本人が行楽ついでに気まぐれにとったりするのとくらべ、切実さが大きく異なる。また、そのような非常食をも徴税対象としたのは、戦時ゆえの短期的な兵站（へいたん）（人的・物的戦闘力の維持機能。たとえば人員・装備・食糧などの補給・整備）需要に対応しようとしたのか、それとも食糧生産不順の時代ゆえの中長期的な備蓄を意図したものか、はたまたその双方なのか。今後の研究課題を与えてくれる記録である。

串柿とカキノキ

串柿は、カキノキの果実の皮をむいて乾燥させたものである。当地ではツルシガキ・ツルガキという。[49]現在でも越前町などにはカキノキが多く生えている。

カキノキは中国大陸原産の落葉広葉樹である。考古学的知見によると、弥生時代には日本で利用されていたらしい。記録でも、奈良時代すなわち八世紀には「柿」が売られていたことが確認されている。[50]日本史上の外来種の中でもそこそこ古い部類に入る。カキノキについては後にも触れるので、ここでは、「越知山周辺にはカキノキがあったらしい」ことだけ覚えておいていただきたい。

複合的な生産という生存戦略

ここまで、糸生郷からの納税一覧に見られる、山・森林の生態系からもたらされた食料の品目を紹介した。一言でまとめれば、多様な食料を生産していた。この、多様な食料の生産という現象が、戦国日本の生態系の中で庶民がとった生存戦略を理解するための一つの重要な鍵である。

どういうことかというと、山・森林の生態系で得られる多様な食料が戦国日本の庶民の生存を支えたこと、そして山間部集落が飢饉に強いことを従来の研究が指摘している。戦国時代を含む中世に加え江戸時代もそうだったのだが、日本では飢饉が起こると平地住民が山へ避難する慣習があった[51]。理由の一つが、その生態系でさまざまな食料を得られることにある。植物性であれば果実、山菜、キノコがある。動物性であればシカ・イノシシ・ウサギなど哺乳類、川・湖沼にいる魚類がある。ヘビなど爬虫類やカエルなど両生類もりっぱな食料となる。昆虫食の習慣も日本各地にあり、近年、世界的にも見直されている。

越知山周辺ではどうだったかというと、これまで紹介したような、山・森林の生態系に由来するさまざまな食料があった。また、越知山と同じ越前国極西部の内陸部にある劒神社では、戦国時代に、お供えものにする魚を天王川でとっていた[52]。これら多様な栄養源を越前国極西部の内陸部では得られた。

森林の生態系で得られる恵み、というういいかたをしてきたが、厳密にいえば、森林にもいろいろある。原植生としては高地を除けば越前国あたりを西限とするブナなど落葉広葉樹の森林では一般にさまざまな山菜やドングリなど堅果類を得られる（ブナの実自体も生で食べられる）。対して、西日本のおもな原植生である常緑広葉樹林では堅果類や山菜などの生産力が相対的に低い。だからこそ歴史上早くから農耕を始めた、という説がある[53]（なお現在、西日本でもコナラなど落葉広葉樹を含むいわゆる雑木林がしばしば展開しているが、原植生である常緑広葉樹林が農地開発などに伴い伐採されたことが背景の一つとしてある）。農耕を行ったとしても、その代表として語られるコメ単作は気候変動に弱い。

そのことは、コメ農業を経済の中心として歴史を見てきた従来型の研究が示す歴史像を揺さぶる。かつての研究はコメの生産力を社会発展の指標に設定して、その地域が先進なのか後進なのか、裕福なのか貧しいのかを判断し、山間部にある集落を、コメを生産できない後進的かつ貧しい農村であり、平地農業集落へ水などの資源を提供する、豊かな平地農業集落に対して従属的な周辺と見なしてきた。つまり山間部集落を、平地農業集落と対比してややもすれば劣った社会として位置づけてきた。そのことは、コメ農業を貴業としそれ以外の農業そして農業以外の生業を賤業と見なす価値判断を付随させる可能性をはらむ。

前近代の日本においてＧＤＰのうち農業生産額が多くを占め、労働力の多くが農業へ分配されたことはおそらく事実だろう。とはいえ、当然ながら、一口に農業といってもコメ以外もいろいろ生産するし、そもそも農業以外にも生業・産業はあり、それらさまざまな生業・産業が人びとの生存を支えた。そのことを自覚して分析することで、社会の成り立ちをより正確に復元することができる。

そのような観点から、近年の生業史研究は山間部集落を、平地農業集落と異なる知が生活するために必要な場と再定義する。[54]その定義には、平地農業・コメ生産集落と山間部集落とを先進・後進、優・劣といった価値基準で区別する視角はない。平地農業集落と山間部集落の人びとの生業の違いは、生態系から受ける恵みと制約に応じた最適化行動が地域ごとに異なること、つまり生存戦略の地域差として解釈するべきである。

ただし、コメ生産の歴史的意義を相対化するために、ブナ林など落葉広葉樹林を過大に評価し、コメ生産以外に労働を多く分配する戦国日本の山間部集落をあたかも理想郷であるかのように語ることも避ける必要がある。たとえば、平地農業集落でコメが不作になる年があるように、落葉広葉樹林でドングリなど堅果類が不作になる年もあるからだ。つまり生存するために必要な収穫を毎季に得られるかどうかは、水田もブナ林も不確実である。科学技術の水準が現在より低い前近代であればなおさらだ。

加えて留意するべきことがある。糸生郷からの納税一覧は、納めるべき品目としてコメも挙げている。つまり当地の人びとは、これまで紹介したさまざまな品目に加え、コメもいくばくなりとも生産していた。

越知山周辺の人びとがコメを生産したことをもってコメが主たる生業だったか従たる生業だったかという問いを設定することは、これまた無効である。当地の人びとは山・森林の生態系で得られる資源を直接的に利用するのに加えてコメも生産するという、複合的かつ並行的に生業を営む戦略をとったことを示す、と考えるべきである。生業の複合が全体としてその人間の生存を維持した、といってもよい。[55]

なぜそのような生存戦略をとったのか。戦国時代を含む中世日本は、生態系が人間の生存を現在より強く制約したこともあり、一つの生業だけで生存するのは難しい環境にあった。そこで多様な生業を複合的に営むことで、危険を分散し環境の変化に柔軟に対応する戦略をとった。[56]つまり戦国日本の庶民が複合的・並行的に生業を営んだのは、それによってやっとのことで生存できる、過酷な環境にあったからこそだった。

そのような生存戦略をとったことを、越知山周辺で生きた人びとの歴史を定点観測することで知ることができる。つまり一地域の歴史を知ることは、従来型の庶民自給自足史観・コメ農業中心史観を相対化し日本史全体を再解釈することにつながっていく。

工兵としての従軍

糸生郷からの納税一覧には、物質以外を提供することを定める項目もある。労働奉仕、つまりなんらかのサービスである。この納税一覧では、戦争のときにヨキ（小型の斧（おの））を持参し、他国での戦争へも従軍することを求めている。

つまりこの納税一覧は戦争に庶民を動員することを想定している[57]。ではなぜそのような規定をつくったのか。思い浮かぶのが、この納税一覧が作成された年に、いわゆる戦国大名朝倉氏の初代である朝倉孝景（たかかげ）が越前国を占領するべく戦争を始めたことである。

この戦争に伴い、具体的には不詳ではあるものの領主のような主体（先に述べたようにもしかすると千秋氏？）が人びとを動員するため作成したのがこの納税一覧だったのではないか。つまりこの項目は、戦争が徴税システムの整備を促すという世界史的にしばしば見られる現象の一つとしてこの納税一覧がつくられたことを示しているかもしれない。ここまで紹介した用材・木質加工品・燃材・食料なども、戦争で消費することを想定している可能性がある。

さてこの項目は、ヨキを使う労務つまり木の伐採・加工にかかわる労務を戦争で提供することを徴税側が期待している。いわば工兵としての徴兵だ。それは、当地の人びとがヨキを使って山・森林の資源を利用する技術を持っていたことが前提にある。このような、庶民が生業技術に即して行政権力へ労務を奉仕する延長線上に、コメなどを提供するのは百姓、製品や商業サービスなどを提供するのは町人といったように、生業活動に応じた奉仕内容に即して特定の身分に人間を政府が配置する、近世日本的な社会編成が成立する。[58]

なおこの納税一覧は、この労務を提供すればそのほかもろもろの納税を免除する、と付記している。つまりこの納税一覧が求める軍事的な奉仕は、庶民が一方的に提供する義務ではなく、徴する側からの見返りもあった。庶民が戦争に動員されるというと、歴史ドラマなど創作ものは、ただただ奴隷的に服従していたかのように描写しがちである。しかし史実は必ずしもそうではなく、行政権力とギヴアンドテイク・相互依存の関係にもあったことを、この規定は示す。そもそも行政権力が工兵を用いた作戦を実行できるのも、その技術を持つ庶民がいるからこそである。この本の冒頭で述べた、

朝倉孝景像（心月寺／福井市立郷土歴史博物館）

ヨキによる伐採（石山寺縁起絵巻）

支配は服従されることで成り立つ、という構造を改めて認識させる規定である。

生業ポートフォリオの多様性・複合性――糸生郷の納税一覧に見る生存戦略・その1

以上、越知神社に伝わる、糸生郷からの納税一覧で挙げられている品目を通して、当地の庶民が生業をどのように営んでいたのかを考えた。そこから見えてきた生存戦略が三つある。

一つめが、当地の生態系から受ける恵みと制約に応じて多様な生業ポートフォリオを複合的に構成することである。当地の人びとは、さまざまな木製品を生産する技術を持ち、燃材の納期やカンジキの生産などが示すように気候その他自然地理的条件に適応して生産活動を営み、木の伐採という生態系を利用する技術そのものを行政権力に提供することが期待され、コメも生産したもののコメ単作でなくさまざまな財を複合的に生産した。これが、この章の冒頭で紹介した三郎兵衛から見て約一〇〇年前に当地で生きた人びとが日々営む生業活動だった。

このように多様なものを生産し複合的に生業を営んだ背景には、そもそも得られる資源が多様だからこそそれを最大限に利用しようとしたことに加え、繰り返しになるが、戦国時代を含む中世日本では生態系が人間の生存を現在より強く制約した、という条件がある。その条件に対し、生業を一つに限定せず、多様かつ複合的に営むことで、危険を分散し環境の変化に柔軟に対応しようとした。それが戦国日本の生態系の中で庶民がとった生存戦略だった。そのことを、糸生郷からの納税一覧という一見無味乾燥な記録が私たちに教えてくれる。

外の社会に応じて行動する――糸生郷の納税一覧に見る生存戦略・その2

糸生郷からの納税一覧から見えてきた生存戦略の二つめが、帰属する社会の外にある社会との関係に応じて生業を営んだことである。食塩生産に関して触れたように、内陸部の庶民と海岸部の庶民それぞれが生業を営むにあたりお互いの存在を必要とした。つまり異なる地域にいる同じ社会階層どうしでも相互に依存した。一乗谷の人びとが使った漆器の中には越知山周辺の人びとがつくったものがあったかもしれない。つまり越知山周辺の人びとは一乗谷という市場向けに商品を生産していたかもしれない。

内陸部の山間部集落というと閉鎖的と思われがちだが、生業活動の点では外の社会に対し開放的であり、その関係に応じて生産活動を行った。これも戦国日本の生態系の中で庶民がとった生存戦略の支柱の一つだった。

庶民と行政権力は相互に依存する――糸生郷の納税一覧に見る生存戦略・その3

糸生郷からの納税一覧から見えてきた生存戦略の三つめが、相互に依存する対象として行政権力と関係したことである。

庶民が税を納めるよう行政権力から求められたことは、負担を強いられたという受動的な事実に加え、能動的・主体的な意味がある。たとえばこの納税一覧の場合、当地の人びとはヨキを持って従軍すれば、税の免除という、一種の保護を得られた。つまり行政権力への奉仕は無償ではなく、なんらかの反対給付があった。納税一覧とは別に示した記録では、大谷寺が檜皮師へ毎年特定の時期に餅を与えていた。これも、地域領主への奉仕とそれに対する反対給付という点で同じ構造を持つ。

この本の冒頭でも述べたが、かつての研究は、戦国時代を含む中世日本における庶民と行政権力との関係を一方的な被支配・支配関係または対立の構造で語ってきた。対して近年の研究とくに生業史研究は、庶民が行政権力へ奉仕するのはその通りだとして、その反対給付として行政権力が庶民へ資源利用権の付与などさまざまな保護を行い、それが庶民の生業を安定させる、という構造を明らかにしている。つまり庶民と行政権力それぞれが相互に依存していた。[59]

そのことは、行政権力が庶民を一方的に支配する、という戦国日本の社会に対する従来的な見かたを変えてくれる。「支配は被支配者が服従することで成り立つ」ことをこの本ではたびたび言及しているが、服従する意欲を喚起するため、支配する側は庶民に対しいろいろと配慮し、それに応じて庶民は服従する選択を行った。これもまた戦国日本の生態系の中で庶民がとった生存戦略だった。そのことも、糸生郷からの納税一覧という一見無味乾燥な記録が私たちに教えてくれる。

以上の三つの生存戦略は、実は、「はじめに」で示した問題提起に対する答案そのものであり、この本でこの後にさまざまな史実を紹介するにあたり繰り返し語ることになる。

3　資源分配をめぐるせめぎあい

ヨキ・ナタを奪う

先に紹介した糸生郷からの納税一覧の後、一四七〇年代に戦国大名朝倉氏による越前国の支配が確立した。すると、越知山周辺の人びとや大谷寺が、生業などにまつわる権利や越知山の生態系から資源を得る権利を保護するよう、朝倉氏政府へ求めるようになる。

尼ケ谷（福井市尼ケ谷町）

別所（福井市西別所町）

その具体的な内容、すなわち彼らがどのような要望をしたのか、そしてその要望に朝倉氏政府はどう対応したのかということを、朝倉氏政府の法廷に持ち込まれたさまざまな訴訟の記録から知ることができる。また、訴訟記録は双方当事者の言い分をしばしば記すので、彼らの肉声を聞くことがときに可能である。その点で納税記録と異なる、歴史の一場面を追体験しやすい記録である。以下見ていこう。

大永四年（一五二四）三月、戦国大名朝倉氏の四代・孝景（先に登場した初代・孝景の曽孫。義景の父）の治世の話である。大谷寺は、その近辺で生活している庶民とトラブルになり、解決を求めて朝倉氏政府へ上申書を提出した。趣旨は以下の四つである。[60]

①前の冬に別所・尼ケ谷（福井市西別所町・尼ケ谷町。越知山のすぐ北方。この章の冒頭で紹介した三郎兵衛がいた余谷の近隣）の人びとが越知山の神木を切るので、ヨキ・ナタ（鉈）を奪い取った。彼らを問いただしたところ、「切った木はユキコスキ（原文では「雪こしき」）・まな板にして朝倉氏政府へ納めた」と答えた。百姓が納税のために神木を使うことはもってのほかである。このことはたびたび申し上げてきた。

②老原（越前町笈松・入尾。越知山のすぐ南方）の人びとが神山で過分に伐採していたので、ナタを取った。大勢いたが撃退した。

③小河（越前町小川。越知山のすぐ東方。余谷の南隣。糸生郷の一部らしい）の人びとが別山（越知山の一部）でクリの木を切り、倉の道具・板・柱に加工して売っている。

④小河の人びとが大谷寺へ木炭・入木・油を納めることを怠っている。

別所・尼ケ谷・老原・小河はすべて、この章の冒頭で紹介した承元二年の記録が示す大谷寺の領内にある。この上申書は、要は、大谷寺の領民が大谷寺の権益を侵し、税が未納であることを問題視している。そのことを踏まえ、趣旨それぞれの意味を考えてみよう。

まず①である。別所・尼ケ谷の人びとがヨキ・ナタを持っていたのは、それらを使って越知山で用材・燃材や緑肥などをとっていたことが前提にある。そういえば先に見た糸生郷からの納税一覧で徴税者はヨキを携行して従軍するよう庶民に求めていた。別所・尼ケ谷は糸生郷の外にあるが、同じく越知山周辺に位置する。当地の人びとはこの上申書が語るような生業活動の中でヨキ・ナタの使用技術を培い継承してきたようすが見える。

とりわけヨキを含むオノは、山で生業を営む人間にとって象徴性がある道具だった。中世日本において、山の利用権を侵す人が持つヨキなどの道具を奪うことは、単に伐採を阻止し動産を押収するにとどまらず、山野の領有権を象徴的に表現する慣行でもあった。[61] つまり大谷寺がヨキ・ナタを奪ったのは、ここは大谷寺の領地である、ということをアピールする意味もあった。

別所・尼ケ谷の人びとが切った木を加工して朝倉氏政府へ納めたユキコスキ・まな板は、先に紹介

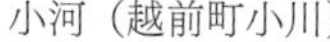

小河（越前町小川）

老原（越前町入尾）

した糸生郷からの納税一覧にも登場する品目である。これら品目を越知山周辺の人びとが実際につくっていたことがわかる。

次に②である。①と同じくナタを奪っている。また、①では朝倉氏政府へ納める物品の用材として伐採することを問題にしていた。つまり用途を大谷寺は問題にしていた。これに対して②では、切っている量が過剰であることを問題にしている。

一見、違いがあるようだが、よく考えれば共通点がある。ある用途で、またはある量を超えて伐採することを排除したということは、別の特定の用途で、または特定の量までなら伐採することを認めていたことになる。つまり大谷寺は領域にいる人びとが越知山の木を切ることを完全に排除したのではなく、利用権をある程度は認めていたことが、大谷寺のこの陳述からわかる。

同じようなことは日本の各地で見られた。戦国時代を含む中世日本では、領主が、管理下にある山・森林の資源をその地域の庶民が利用することを、部分的に認めることがあった。このことは、領主が、その領域で生活する庶民をただ抑圧したのではなく、税などの負担を求めるかわりに、彼らの生業を保護する一面もあったことを意味する。[62]大谷寺の例も同じ文脈にあり、糸生郷からの納税一覧と同じく、庶民と行政権力とが相互に依存した一端を示す。

クリはマルチユース樹種——その1・食料と用材

次に③である。小河村の人びとが伐採したクリの木質部分を加工した製品を売るのを大谷寺はやめさせたかったのだろう。

当地の木を伐採して売るといえば、当地の武士も行っていたことを先に紹介した。③が示すこととあわせると、庶民といい武士といい、みずからが消費するのではなく、売ることも、生存戦略の一つとしてあったことがわかる。大谷寺が許すかどうかは別の話だが。

さてクリ[63]は先に述べたように、落葉広葉樹であり、暖温帯の常緑広葉樹林と冷温帯のブナ林との中間帯・移行帯に多い。越知山周辺はまさにそこにあたる。なお中世日本におけるクリ林の記録は畿内とその周辺から中国地方・九州北部など、西日本に多く確認されている[64]。

現在、クリを利用するというと、堅果を食べることをイメージすることが多いだろう。実際、飢饉が慢性化した戦国日本では重要な炭水化物源の一つだった[65]。同じブナ科の堅果でもドングリと違い、アクを抜かずに食べられる利便性もある。

しかし歴史上は、クリは堅果を食べるほかにもさまざまな用途があった。まず、建築用材に使える。クリは重くて硬い。またクリはタンニンを含むため耐水性に優れ腐敗に強い。この耐久性の高さが戦国日本の人びとが建築用材として求める機能に合った。

クリを建材として利用する歴史は近代まで続いた。二〇〇〇年代初頭に筆者が当地の人へ聞きとりをしたところ、明治から昭和はじめごろまでは蔵の柱・土台・床などの用材として使った、とのことだった。

現在の日本において木材というと、ヒノキ・スギなど針葉樹を建築用材に利用する、というイメージがあるように思う。たしかに、まっすぐで軽くてやわらかいヒノキ・スギに比べ、クリは、広葉樹の中では比較的割りやすくはあるが、曲がっていて重くて硬いので結局のところ加工が難しく、建築用材として使いにくい。

だからといって、越知山周辺の人びとがクリを建築用材に歴史上使ってきたことを、社会の先進・後進や富裕・貧困といった価値基準で区別することは避けるべきである。というのも先に述べたように、ヒノキは多雪地域では生えない。越知山周辺の人びとが当地の植生で得られる樹種の中から建築用材として適するものを探した結果、クリにたどりついた。つまりヒノキを使うかクリを使うかは、その地の生態系から受ける恵みと制約に応じた、人びとの生存戦略の地域差という側面もある。

クリ

クリはマルチユース樹種——その２・燃材として

クリは用材に加え、燃材（タキギ・木炭双方）にも適する。むしろ燃材としての用途が主だったかもしれない。

クリが燃材に適するのは、先に述べた同じブナ科のコナラ属と同じく、密度が高いからだ。加えて、これまたコナラ属と同じく、クリは切った後に萌芽更新（先述）する能力が高い。人びとは用材・燃材を継続的に得たいと思っているので、これら萌芽能力に優れた樹種を選んで残す。対して、ブナは越知山周辺にそもそも生えていたが、萌芽性が弱い。[66] また、越知山周辺でも低地にあった常緑広葉樹も用材・燃材として切られていく。結果、それら樹種は少なくなっていき、そこにクリやコナラ属を主とする林が成立した。[67]

つまり当地でクリやコナラ属が優勢であるのは、人びとが生態系を攪乱し、需要に応じて選択的に残した結果である。広い意味での栽培化といってもよい。越前国では燃材の供給が豊富である、という先に紹介した戦国日本に渡来した外国人宣教師の記録は、こうした経緯で当地にコナラ属など燃材に適した樹種が多く生えていたことを示唆する、貴重な証言である。先にも述べたが、日本各地にあるコナラ属を主とする雑木林には同様の経緯で成立したものがしばしばある。現在、越知山山頂周辺にブナ林が残っているのは、実はごく貴重な残存例である（越前町指定文化財〔天然記念物〕に指定されている）。なお二〇〇〇年代初頭に筆者が当地の人へ聞きとりをしたところ、コナラ属も以前より少なくなった、とのことだった。二〇世紀後半に進んだスギの植林に伴う伐採が一因としてある。

なおクリやコナラなどを燃材として使うために伐採する周期は一般には一〇～二五年ほどだが、江戸時代の越前国極西部では五～六年ほどだった。[68] 周期が短いということは、その個体の径は小さいので、伐採しやすい。また、若い個体は老いた個体より再生しやすい。老いた個体は堅果も小さくなるので優先的に伐採され、排除されていく。以上の経緯により若い個体が残る。

以上述べたように、クリは、食料を供給することに加え、戦国日本の庶民にとってはむしろ用材・燃材を供給してくれる、マルチユースな樹種だった。

最後に④である。木炭・入木など燃材を小河の人びとが生産していたことがわかる。③で登場したクリやコナラ属を素材に使ったのだろう。油の原料は不詳だが、エゴマ（シソ科の一年草）からとったものか。当地の人びとがエネルギー源に木質以外のものも利用していたことがわかる。

以上のようにこの上申書から、越知山周辺の庶民が、当地の生態系で得られる資源、具体的にはクリなどを、ヨキやナタで切って用材・燃材を得るという、生業活動の実態がわかる。それをやめさせたい大谷寺の思いとはうらはらではあるが。

木炭生産と領地の境界をめぐる争い

上申書の④で記述があった、小河の人びとが木炭を生産していたことをめぐり、大永八年（一五二八）から享禄二年（一五二九）にかけて、大谷寺と小河村の人びととの間で訴訟があった。この記録からも、越知山周辺の人びとの生業のありようと生存戦略を知ることができる。とりわけこの記録は一方の当事者である庶民の言い分、つまり肉声を直接的に記録している点で、庶民目線の歴史学にとって貴重な記録である。以下見ていこう。[69]

訴訟の概略は次の通りである。小河村の人びとが、府中奉行人（朝倉氏政府が越前国府中〔越前市府中・国府あたり〕に設置した、越前国南部を管轄する官僚・行政機関）へ訴え出た。いわく、「小河村の山を、大谷寺が新たに「御神山」と呼び、当地の作物を押収し、以前からある炭窯を破壊した。そのため朝倉教景（戦国大名朝倉氏初代・孝景の子。この訴訟のときの朝倉氏四代当主・孝景から見て大叔父）へ税として納めるための木炭を生産できない。ほかに商売をしていないので迷惑している」と（原文でも「迷惑」と書いてある。庶民の肉声！）。

大谷寺が反論していう。「神山のうちの人びとに対し、銭で納めるべき税を課したところ、彼らはとやかく理由をつけて拒否し、御神山を刈り荒らした。だから伐採を禁じた。炭窯は破壊していない」。そして大谷寺は、神山の境界にかつて立てた鉾(ほこ)（武器の一種。柄が長い。もしくはそれをかたどった棒状のものか）の場所を記した文書（後述）を、みずからの領地の範囲を示す証拠として提出した。

府中奉行人は現地へ使者を派遣した。使者が復命していわく、「鉾は朽ちたためか、見つからなかった。文書が記す境界より奥に古い畑（焼畑？）と荒廃した田が少しあることを確認した。大谷寺がいう境界と小河村の人びとがいう境界とは大きく異なっている」。

そうしたところ尼ケ谷の人びとが、「尼ケ谷にある境界に鉾が残っている」と、府中奉行人へ伝えてきた。府中奉行人は使者を尼ケ谷へ派遣した。鉾があった。府中奉行人は、「大谷寺が提出した文書が記す境界は正当であると判断できる。一方、小河の人びとは、自分たちの土地である、と主張するが、そのことを示す証文を一通も持っていない。よって、大谷寺の主張が正当である」と判断した。

府中奉行人からの上申を受け、朝倉氏当主・孝景は大谷寺の主張を認め、「神山を伐採する人は罰する」と裁定した。また、大谷寺が提出した領地の一覧（鉾の場所を記した文書とは別のもの）の裏面にサインすることで、この一覧が記す土地の領有権を保証した。なおこの一覧は、先に紹介した大永四年に大谷寺が朝倉氏政府へ提出した上申書でも求めていた、小河村から大谷寺へウルシ・入木・木炭・灯油を納めることも記している。

以上がこの訴訟の概略である。越知山の生態系で得られる資源と領地の境界をめぐり大谷寺とその周辺の人びとが、またも対立したことがわかる。

市場に応じて商品を生産する

この訴訟からわかる、戦国日本の生態系の中で庶民がとった生存戦略は二つある。

一つめが、市場に応じた生産活動である。小河村の人びとは、ほかに商売をしていないので炭窯を破壊されると困る、と主張している。これは小河村の人びとが生業の一つとして木炭を商品として生産していたことを意味する。もう少しつっこんでいえば、みずから消費する、または税を支払う手段として使うことに加え、売るためにも生産する、という戦略があったことを示す。

これに関連するのが、大谷寺が小河村の人びとへ、銭で納めるべき税を課した、という記述である。改めて銭とは何かというと、おもに青銅でできた金属通貨である。円形で中心に四角い穴があり、四文字の漢字のデザインがある。戦国時代を含む中世日本では政府が銭を発行せず、供給の多くを中国大陸からの輸入に依存した。中国の王朝が発行した銭を日本の商人・職人が模造することもあった[70]。

銭（福井県立一乗谷朝倉氏遺跡博物館）

ただし戦国時代の越知山周辺では、銭を模造つまり自給していたことを現在のところ確認できない。また、庶民へ銭を貸す金融業者がいたかどうかも不詳である。戦国時代に越知山周辺の人びとが銭を得るにあたっては、当地の外にある、すでに銭がある地域へ商品を移出し、その対価として流入することにおもによった、と考えられる。だから、小河村の人びとが銭を税として納めるためには、何か商品を外の社会・市場へ供給する必要がある。つまり当地の地域領主である大谷寺は、小河村の人びとが木炭などを生産し、それを売って銭を得ていた事実を認識していたからこそ、銭で税を納めるよう求めた。

このことは、小河村の人びとが、税として支払うものを生産する以外は自給自足だったのではなく、市場と関係して生業を営んでいたことを意味する。市場と関係して生業を営むのであれば、換金性や売上・利益率がより高い商品を生産することを選ぶだろう。「木炭のほかに商売をしていない」という小河村の人びととの発言は、当地の生態系から得られるさまざまな財のうちマネタイズするのに適していたのが木炭だったのでそれを生産して売る、という戦略をとったことを意味する。

つまり、「木炭のほかに商売をしていない」という庶民の肉声のなにげない記録が、戦国日本を理解する上でのキータームの一つである経済社会化の一端を私たちに教えてくれる。繰り返し述べているように、山間部集落というと自給自足的・閉鎖的と思われがちだが、生業活動の点では、身の回りの生態系から得られる恵みを利用することに加え、都市などの市場における需要に応じて戦略を決めるという行動様式もとられたことを、この記録は示す。同様の例は戦国日本の各地で確認されている。[71]

ただし小河村の人びととの「木炭のほかに商売をしていない」という発言を言葉通りに受けとることには慎重であるべきだ。というのは、人間が裁判でみずからの権利を保護するよう求めて弁論するときに話を大げさに語る、場合によってはウソをつく可能性があるからだ。この話の場合、実際にはほかにもさまざまな商品を生産しているにもかかわらず「木炭を売らないと生きていけないんですぅ」と生業の経営があたかも苦しいかのように主張することで、裁定する主体である朝倉氏政府の心証をよくしようと試みている可能性がある。庶民、よくいえばしたたかだ。このようなうがった読み方も、戦国日本の訴訟記録を解釈するときには必要である。

コネを使う

生存戦略の二つめが、行政権力を使って、みずからの生業にまつわる権利を守ろうとしていることである。

まずそもそも、小河村の人びとが、地域領主である大谷寺より上位にある行政権力である朝倉氏政府へ提訴したこと自体が、朝倉氏政府から木炭生産・販売など生業にまつわる権利を保護されることを期待していたことを示す。

その上での話だが、実はこの訴訟で、小河村の人びとが木炭を納めた相手である朝倉教景は、彼の家臣で、小河村を支配していたらしい小河三郎左衛門尉（さぶろうさえもんのじょう）に、小河村の人びとを支援させた[72]。その背景には、小河村の人びとが木炭を納めることを通じてつくっていた、教景とのコネクションがあろう。小河村の人びとは、越前国南部を管轄する府中奉行人という正規ルートへ訴え出ることに加え、朝倉氏の現当主の大叔父という政府内の有力者とのコネも駆使して訴訟に勝とうとしたらしい。

つまり小河村の人びとが朝倉教景へ木炭を納めたのは、教景に奴隷的に搾取されたのではなく、訴訟など有事の際に保護を受けることを前提にしていたと考えられる。行政権力へ奉仕し反対給付として生業を営む権利を保護されるという、糸生郷からの納税一覧でも見た、庶民と行政権力とが相互に依存する構造である。ここにもまた、庶民のしたたかさが見える。

このエピソードと同じように、庶民が生業にまつわる資源利用権の保護や、場合によっては庶民どうしで生業をめぐって起きた紛争の調停を得ようとして、行政権力に訴訟を持ち込んだ例は、戦国時代の日本各地で確認できる。つまり紛争調停サービスもまた、戦国日本の庶民が行政権力へ奉仕する代わりに行政権力から得ようとしたものの一つだった[73]。庶民が行政権力との回路を持つことでみずからの生業やそれにまつわる利益を得ようとしたことと、庶民と行政権力との相互依存を示す現象の一つでもある。

訴訟に勝つためにデッチアゲ？

なおこの訴訟は、当時の訴訟テクニークについても興味深い点を教えてくれる。注目するべきが、領有を主張する大谷寺が、境界を明示するために立てた鉾の場所を記した記録そのものである。

先に述べたように、中世の日本において人びとが山・森林の利用を進めると、領主は、領地の境界を厳密に定義しようとした。そこで、日本各地で、境界を客観的に示すためにランドマーク（特定の木など）を示す記録がつくられるようになった。[74] とりわけ越前国極西部のような多雪地帯ではそのことが求められた。積雪が深くなると地面が隠れてしまい、そこがたとえば農地なのか何なのかが不明になってしまうからだ。つまり積雪は土地の境界を客観的に示すことを難しくし、ひいては土地を排他的に私有することを難しくさせる要因だった。[75] そのような条件のもと大谷寺はランドマークとして鉾を立て、その場所を示した記録を作成した。

鉾を立てた場所を示した記録は二つある。[76] ともに日付は「永享元(えいきょう) 己酉(つちのととり)年三月十八日」とあり、裏面に府中奉行人のサインがある（己酉は永享元年〔一四二九〕の干支(かんし)。干支は、十干と十二支との組み合わせで年を示す）。

この記録は鉾を立てた地点を一七ヵ所も列挙するなど、この章の冒頭で紹介した鎌倉時代の記録と比べ、境界に関する記述がよりくわしい。永享元年に、何かの理由で境界をくわしく記す必要が生まれ、これら記録がつくられたのだろう。

——と、一見して思うところだ。だが、だまされてはいけない。この、永享元年の日付を持つ記録は、おそらく偽文書である。永享元年は正長（しょうちょう）二年の九月五日に改元してなった。だから永享元年三月一八日という日付はない。令和元年四月三〇日がないのと同じだ。なお己酉という干支は正長二年＝永享元年のものとして合う。だから、永享への改元がされた後のいずれかの時点で、日付をさかのぼって偽造したもの、と推定できる。詰めが甘い。

ではいつつくったのか。裏面にある府中奉行人のサインは本物である。ということは、この記録はつくられたのはサインが据えられる前、だからこの訴訟の前である。つまりこの記録は永享に改元した後から大永・享禄年間までの約一〇〇年のうちのいずれかの時点でつくられたことになる。

想像するに、この訴訟のときに、訴訟を有利に運ぶため、大谷寺がつくったものなのではないか。府中奉行人の使者が鉾を探しに現地へ最初に行ったときには見つからなかったにもかかわらず、その直後に尼ケ谷の人びとが府中奉行人へ鉾がある旨を報告し、府中奉行人の使者が現地へふたたび行ったら、鉾があった。——話がどうもうますぎる。

この想像が当たっているとすると、この記録は、戦国日本の人びとが訴訟を有利に運ぶために記録をデッチアゲた史実を私たちに教えてくれる。ニセの文書というと価値はない、と思われがちだが、必ずしもそうではない。この記録は、「ニセの文書をデッチアゲた」という史実を伝えてくれているであろう点で、学術的に価値がある。先ほどまで「したたか」という言葉を使ってきたが、権益を守ろうとする人びとの切実さが伝わるエピソードである。

また、尼ケ谷の人びとが大谷寺に協力行動をとったのは、なんらかの見返り（資源利用権など？）を期待してのことだったかもしれない。庶民と領主とは単に対立しているだけでなく、領主に対立する庶民もいれば領主と提携して生業の保護を得ようとする庶民もいたことを、このエピソードは想像させる（第四章で再論）。

以上、小河村の人びとと大谷寺との訴訟を紹介した。そこから見えてきた、戦国日本の生態系の中で庶民がとった生存戦略が二つある。庶民が市場に応じて生業活動を選択したことと、生業を保護する装置として行政権力が機能するよう期待したことである。マネタイズに有利な商品として木炭を生産し、訴訟により生業の保護を行政権力から得ようとし、訴訟で勝つため政府の有力者とのコネを活用した（それに対抗して地域領主はもしかしたら文書を捏造していたかもしれない）。生態系という自然的要素に加え、市場や行政権力との回路などさまざまな社会的要素も利用し、戦国日本の庶民は生存をはかった。山間部集落は閉鎖的ではなく、生業活動の点では外の社会に開かれており、生存するために行政権力とのコネが使えるなら、使おうとした。したたかだ。

4　柴田勝家と森林史の近世化

柴田勝家、登場！

そうこうして織田信長が越前国の歴史に登場する。織田政権が越前国へ侵攻し、天正元年（一五七三）、朝倉義景が自殺に追い込まれ、戦国大名としての朝倉氏が滅びる。その後も越前国は不安定な状況がしばらく続く。天正二年（一五七四）、越前国で一向一揆が蜂起する。[77] これには織田荘（織田盆地を中心に展開した荘園）・厨浦など丹生郡からも参加する人びとが多くいた。越前国はふたたび戦争状態になり、極西部も戦場となる。たとえば織田荘では一揆軍と、織田政権に帰順した朝倉氏の残党とが交戦した。大谷寺も一揆により焼かれたという。天正三年（一五七五）、織田政権は長篠（愛知県新城市）の戦いで武田氏に勝利した後、軍を越前国へ転じ、再び占領した。その際、一揆側に二〇〇〇人を超える犠牲者を出した府中での市街戦をはじめ、一揆参加者三万～四万人が捕虜化または殺害され、越知山や織田荘など越前国極西部でも残党狩りが行われた。

鎮圧後、織田政権は越前国の行政を柴田勝家に任せた。柴田勝家の施政期は越前国極西部の庶民にとって戦後復興の時代でもあった。その中で織田政権は越知山周辺の人びとの生業活動へ介入した。そのようすを見ていこう。

柴田の布告と資源分配問題

織田政権が越前国を再占領した翌年たる天正四年（一五七六）の二月二八日付けで柴田は大谷寺へ次のように通知した。[78]「大谷寺の山林敷地でタケや木を切ることを禁じる。必要があれば文書で伐採の許可を申請せよ。たとえ大谷寺みずからの用途だとしても柴田へ届け出ることなく切ってはならない」。

これと同じ趣旨のことを、柴田勝家は同年三月に越前国全域を対象に布告した。この章の冒頭で紹介した、余谷の三郎兵衛が受け取った布告である（余談だが、この布告を受け取ったのが織田政権による越前国再占領の翌年ということは、三郎兵衛の知り合いが一向一揆に参加していたかもしれないし、三郎兵衛自身も余谷の近くにある大谷寺や織田などでの戦闘や、その後の残党狩りを目撃したかもしれない）。先の大谷寺宛の通知は、この布告に先行して出された個別適用事例だろう。

柴田の布告で注目するべき点が二つある。一つめは、大谷寺がみずからの領地にある木をみずからの用途のために切ることも制限しているところである。

これまで紹介したさまざまなエピソードでは、大谷寺の領地の山・森林の生態系から資源を得る権利は大谷寺にある、と大谷寺は認識していた。しかし柴田は大谷寺の利用権を制約した。

なぜか。ヒントが、この布告に記されている。「労働力として人を徴発するには柴田が発給した文書を必要とする。その文書がある以外は、雇用形態であることを双方当事者が承諾している場合でも違法である。柴田の越前国支配の拠点である北庄城（きたのしょう）（福井市中央）の建設を命じてはいるが、農耕へ専念させるためこの

北庄城跡（柴田神社）

措置をとる」、という趣旨の記述である。

この記述は何を意味するのか。この記述によると、北庄城の建設事業が布告の背景にあったことがわかる。柴田が本法を布告する前の年まで、先に述べたように、朝倉氏や一向一揆との戦争があった。戦争は、軍事施設の建築や武器を製作するための用材や、兵が炊事や暖をとるための燃材など、山・森林の生態系で得られる資源を大量に消費する。戦国日本の戦争は山・森林の資源を争奪する戦いでもあった。[79]

また、戦国日本の戦争は放火戦術を多用する。そのため、城郭など軍事施設であれ非戦闘員の住宅など非軍事施設であれ、建築物が多く焼ける（先に述べたようにたとえば一向一揆は大谷寺を焼いたらし

い)。だから戦闘が終わると、再建するための用材への需要が生まれる。そんなときに柴田は北庄城建設という新たな大規模プロジェクト、つまりこれはこれで用材を多量に需要する事業を始めた。

そこで問題になるのが、木は再生に時間がかかることである。建築用材に使えるまでに成長するには数十年以上、つまり生体としてのヒト個体の時間スケールを超えうる時間がいる。同じ植物でもイネが約四ヵ月で世代交代することと対照的だ。だから人間が単位時間あたり消費量を増やすと枯渇しやすくなる。

そのような条件のもとで、先の布告にあるように庶民に農耕をさせようと思えば、彼らが生存を維持するための平時的需要つまり用材・燃材・肥料(緑肥。先述)などを分配する必要がある。これは、政府が建築用材を得ることとトレードオフの関係にある。具体的にいうと、特定の木を政府が建築用材として利用するには、それを庶民が用材・燃材・肥料などとして使うことをあきらめる必要がある。利用できる大きさまで成長させるにもそれなりの時間が必要である。その間は政府も庶民もその木を利用できない。

以上のように、戦争に伴い山・森林の資源が大量に消費され、供給量が減っている時点で、復興のための需要、新規の大規模政府事業のための需要、庶民の平時的需要という複数の需要が存在した。この状況のもと、山・森林の生態系から得られる限られた資源をどう分配するかという、まさに経済学的な問題に柴田勝家は直面していた。

柴田のソリューションは、行政権力へ優先的に用材を供給するため、森林の伐採を許可制にする、というものだった。農業を営む庶民を保護するといいながら彼らの利用を制限する、統制経済である。先に述べたように、越前国極西部は一向一揆に多くの人びとが参加し、戦場にもなった。そして今、戦後復興のまっただ中にある。この布告を受け取った三郎兵衛たち余谷の人びとがこの戦争で被害をどれほど受けたのか不明だが、先祖以来ずっと行ってきた資源の利用、たとえば文明三年の糸生郷からの納税一覧で見たさまざまな生業活動を制限される身としては、迷惑な話だったかもしれない。

この布告が、柴田勝家が、山・森林の資源を人びとが利用する権利を許可制という形でいちおう保護することと、柴田自身もまた資源を確保しようとしていることとが併存していることから、「相反の政策」であると評価する向きがある。[80] とはいえ、政策とはえてしてそういうものだ。限られた資源をどう分配するか、トレードオフの関係にある複数の目標に関し、落としどころをどこにするか、そのサジ加減こそが政治である。

なお戦国日本において、戦争や都市開発に伴う、山・森林の資源への需要量の増加を背景に、その利用を許可制にするなど管理を厳格化する政策は、後北条(ごほうじょう)氏などほかの地方行政権力も行った。[81] 柴田勝家の布告も、これら共時的な政策の一つである。

伐採を許可制にする——日本森林史の近世化・その1

そしてこれら柴田勝家らによる政策は日本森林史の近世化を示す現象の一つである。改めて、近世とはなんぞやという話だが、定義の一つが early modern つまり初期近代、いいかえれば私たちが生きる現代の社会にかなり近づいた段階を指す。つまり近世化する経緯を知ることは、私たちが生きる現在の社会がどのようにしてできたのかを知ることに直結する。その指標だが、たとえば学校教科書がしばしば採用する日本政治史の区分基準であれば、織田信長・豊臣秀吉・徳川家康らによる統一政権の設立、つまり現在の国民国家としての日本の枠組みのおおもとが成立した時期をもって定義することが一般的である。

一方、日本森林史の時代区分では、古代・中世から近世への移行を、森林資源の積極的な管理がない状態からある状態への移行をもって定義されている。具体的には、人工林による再生利用化（森林の栽培化）や、伐採の規制を含む森林保護や育成的林業の政府による推進などが指標とされる。[82] 柴田らによる政策は、森林史における近世の指標の一つである、森林保護の政策的推進にまさにあたる。

なお木を伐採するときに行政権力の許可を求めさせる政策は、越前国では戦国大名朝倉氏がすでに行っていた。延徳二年（一四九〇）、三代・貞景（初代・孝景の孫、四代・孝景の父）は、神明社（鯖江市水落町）の森を伐採するにあたり、朝倉氏政府へ上申するよう求めた。[83] ただしこれはあくまで特例であり、越前国全体の話ではないらしい。そこが、三郎兵衛が受け取った柴田の布告と異なる。

神明社

タケという「外来種」

柴田勝家の布告で注目するべき点の二つめが、タケの伐採を禁止したところである。

改めてタケとは、[84] イネ科タケ亜科の総称で、大型のものを指すことが多い。建築・弓などさまざまなものの原材料、つまり用材に使える。松明など燃材にも使える（マツ以外の種を「松」明に使うことはよくある）。つまりタケもクリなどと同じ、マルチユースの種である。

タケは暖温帯に生え、分布は常緑広葉樹林とだいたい重なる。だから西日本に多い。現在の日本でめだつモウソウチクは一八世紀に中国から輸入した種である。かつてはマダケの存在感がより大きかった。

マダケは人びとが文字記録を残す以前に大陸から輸入した外来種と考えられている。ただし利用が広まったのは南北朝時代、つまり一四世紀より後らしい。この時期より後に、タケに関する記録が頻出するようになることがそれを示す[85]（なお『竹取物語』は平安時代のものである。タケをとってかぐや姫を養育した翁は、当時ではレアな生業だったかもしれない）。

そのことは、同じ一四世紀に結物が普及したこと（先述）もおそらく示唆する。結物の部品のうち、タガの素材にタケを使ったからだ。つまり一四世紀にタケという新素材を生産する技術が普及したからこそ、同じころ、タケを素材の一部に使う結物という新しいアイテムの生産が普及した、と考えられる。

日本史における外来種の導入といえば、たとえば縄文時代の終わりごろ大陸からイネが伝わってきた話は義務教育でも出てくる。しかしイネ以外にも外来種をたびたび輸入したことを学校教育が語ることは少ないように思う。実際にはさまざまある。いまここで話題に出しているタケがそうだし、先に紹介したカキノキもそうである。

イネやタケやカキノキが生えている景観を現代の日本人は、人間にとって有用だった伝統があるなどの理由で、「日本の原風景」などと呼んでポジティヴに評価する。「日本の原風景」という表現は、これらが日本列島であたかもずっと生えていたかのような錯覚を与える。史実はそうではない。人間が別の生態系から持ち込み、既存の生態系を攪乱した点では、たとえば、日本各地において在来の生物をムシャムシャと食べているオオクチバス（いわゆるブラックバス）や、池の水を抜くとしばしば現れるカミツキガメも同じである。しかしこれらの種は、その手のテレビ番組の中では、在来種の生存を脅かすという理由で排斥される（生物多様性を損ねるから、では必ずしもない）。

それが倫理的に善なのか悪なのかを判断することはこの本が語る対象の外にある。筆者がいいたいのは、人びとが当地にもとからあった生物種を利用することに加え、外来種の導入という生態系の攪乱も行った結果として、現在の越知山の景観がある、ということだ。イネ・カキノキの導入は縄文・弥生時代までさかのぼるが、タケの利用拡大は一四世紀ごろという、戦国日本の庶民にとって比較的最近の話だ。現代日本人の目の前にある自然は、あたかも天然・原生であるかのように思われがちだが、実際は歴史上のさまざまな時点で庶民などがとった生存戦略の延長線上にある二次的自然、つまり人間化された生態系であることを、この記録は教えてくれる。

マダケ

タケは人間に依存する

戦国日本の庶民がタケ類を利用したことにつき、その背景として留意するべきことがある。人びとがそれを植栽・育成していたことである。どういうことかというと、大型のタケ類は種子が一般にほぼ実らないので、種子で繁殖しにくい。そのため、人間が地下茎を移植する（栄養繁殖＝根・茎・葉つまり栄養器官から新しい個体をつくる）ことで分布が広がった。つまり日本史上存在した竹林の多くは、それ以前の生態系を人間が攪乱し、新たにつくりあげた生態系である。柴田がタケを切ることを禁じたということは、その時点で越前国にすでにタケが生えていたこと、つまりそれより前の時点で当地の人びとがタケを植栽・育成していたことを示す。

実際、戦国時代の越前国極西部でその行為があったことを示す記録がある。天文三年（一五三四）の、中山（越前市中山町）の小衛門という人が畠・田の耕作を受託することを約束した文書に、「地代として毎年支払う銭四〇〇文のうち、七七文は「竹」と「杉」を「御はやし」することに伴い控除する」、という趣旨の記述がある。[86]「はやす」という動詞には、成長させる、という基本的語義がある。そこから派生して、植物を育成する、という語義もある。植物を育成する行為には、自然に再生するに任せて放置する、伐採量を制限する、選択的に伐採する（間伐）、人間が播種・植栽して増やすなど、消極的なものから積極的なものまでさまざまある。中山の人びとがタケを「はや」したというのは、タケを選択的に育成する行為、おそらく地下茎を植えて増やす行為も含むと考えられる。

スギも人間に依存する

なお中山の記録にはタケに加えスギも「はや」す、とある。戦国時代に越前国極西部の人びとがスギを植栽したことは劔神社に伝わる記録でも確認できる。一六世紀前半に劔神社は「杉植田」つまりスギを植栽する財源となる田を領地の中に設定していた。[87]

実はスギも、タケと同じく、日本の歴史時代においては人間が植栽することで分布が広がった。どういうことかというと、縄文時代までさかのぼれば、本州の日本海側ではスギ林が発達していたが、時代が下るにつれ消滅していった。スギが好む低湿地が水田開発の対象になり、スギが排除されたためである[88]。

その後スギ林が再生するにはどのような条件が必要か。そもそもスギは、花粉をあれだけまき散らすにもかかわらず、ほかの植生との競争や、攪乱に弱い。それにはいくつか理由がある。まず種子だが、その本体に比べて翼が小さいので、飛ぶ距離が短い。種子を生産する量の年変動も大きく、不作になる頻度が高い。種子から発芽までの死亡率も高い。発芽したとしても初期の成長が遅い[89]。だから人間がそれなりの量のスギを得るためには、種子から芽が出るのをただ待つのではなく、苗をつくったり、さし木（つまり栄養繁殖）したりすることで増やす必要があった。

つまりスギも、タケと同じく、人間による植栽と保護という行為が分布の拡大を促した。中山の記録も、小衛門をはじめ当地の人びとがスギを植栽したことを示す可能性が高い。なお現在、かつての越前国極西部にあたるいたるところでスギが生えているが、その多くは、一九五〇年代以降に進んだ造林事業によるものである[90]。なお当地はスギが生存するのに不利な条件にある。日本海沿岸に自生するスギは雪に比較的強い形態を持つというものの、若い個体はべた雪の重さに耐えられずしばしば折れてしまうからである[91]。

スギ（白山(はくさん)神社、越前町八田新保(はったしんぼ)、同町指定文化財）高さ約40メートル、胸高周囲約６メートル。ただし樹齢は200～300年ほどらしいので、この大きさのものでさえ、戦国時代は経験していない

タケ・スギを植栽したことの意味——日本森林史の近世化・その2

以上のように、戦国時代の越前国極西部の広くにわたり、人びとはタケ・スギを植栽し育成していた。先に述べたように、森林の栽培化は日本森林史における近世の指標の一つである。だからこれらの記録は、当地で起きた森林の近世化の一端を教えてくれる。

森林の栽培化とは、自然を積極的に人間化する行為である。種子繁殖が難しいタケや、自生していたかもしれないが競争力が弱いスギを人びとが選んで植栽・育成したことは、人間が当地の生態系を攪乱・改変したことを意味する。時間スケールを大きくとれば、先に紹介した外来種たるカキノキの導入と同じである。それら森林の栽培化もまた、戦国日本の生態系の中で庶民がとった生存戦略の一つだった。その結果として存在した戦国時代の越知山周辺の森林は「手つかずの自然」どころか「手つきまくりの自然」だった。

日本史全体を振り返るに、政府が人びとへ植林を命じたことは、実は九世紀つまり平安時代には確認されている。行政権力みずからが用材として消費するためである。これら、政権交代を指標とする学校教科書的な時代区分でいう古代・中世日本において人びとが森林を育成した史実を、従来の研究は、あくまで萌芽的なものと評価してきた[92]。

しかし近年の研究は、戦国時代を含む中世日本において人びとが木やタケを植栽・育成していたことを示す例をぞくぞくと発見している[93]。つまり、学校教科書的な時代区分では中世とされる時期に、森林史研究でいう近世的要素が成立していた。

このことは政治史的な定義による近世が始まるより早い段階で、日本森林史上の近世が始まっていたことを示す。時代区分というと政治史的に定義するのがほぼ常識化しているが（学校教科書がそうなっているからでもあるが）、それ以外の基準でも分けることができるし、別の基準を使えば歴史の見えかたも変わってくる。

そして越前国においては、森林史上の近世化を、ここまで見た柴田の布告と中山の記録などが語るように、一六世紀に見ることができる。はからずも、学校教科書的な定義による近世の始まりと合致する。記録の不在は史実の不在を必ずしも意味しないが、一六世紀になってやっと記録で確認できるようになるということは、越前国における森林史の近世化がほかの地域よりもむしろ遅いことを示している可能性がある。

なお柴田勝家は天正四年の布告の後も、同様の規制を続けた。天正八年（一五八〇）に柴田が越知山の修行場（＝大谷寺）へ宛て、越知山の木を切るには柴田の文書が必要である旨を布告している。[94]

このように、織田政権は越知山の生態系で得られる資源を当地の人びとが利用することに関し、積極的に介入し続けた。

それら介入は、当地の人びとにとっては、それまで開かれていた利用が規制されたこと、つまり生業活動に制約がかかったこともまた意味する。繰り返しになるが、戦後復興にいそしむ三郎兵衛たちにとっては迷惑な話だったかもしれない。

季節外れの大雪？

三郎兵衛が柴田勝家から布告を受け取った数年後の話である。織田政権が越知山の資源を調達するにあたり、それを輸送するサービスも提供するよう当地の人びとへ求めた。

天正八年（一五八〇）、織田政権は劔神社へ、板材を越知山から北庄へ運ぶ人を出すよう命じた。劔神社は「その類の負担は免除する旨を記した文書を柴田勝家からもらっている」と主張したが、結局は応じることになった。その後劔神社は、織田政権で板の管理を担当する官僚へ宛てた同年一〇月九日付けの文書で、「天気が荒れているので納品を延期する」と伝えた。また、柴田勝家の家臣へ宛てた同月一八日付けの文書で、「このたびの雪のため板をとり寄せることが難しい、坂の雪が消えたら力の及ぶ限りとり寄せる」と伝えた。[95]

　このエピソードで注目するべきことが、天候不順・積雪を伝えるこれら文書の日付が一〇月九日と同月一八日であることだ。現在の暦に換算すると一一月中旬から下旬にあたる。先にも述べたが、現在の当地ではおよそ一二月上旬に初雪、年が明けて雪が深く積もり、三月下旬に終雪がある。

　だから、劔神社が事実を語っていると信じて素直に読めば、二一世紀現在の気象を基準にすると、早い時期に深い積雪があったことになる。この年の気象が当時の平均より逸脱していた、もしくは一六世紀後半は二一世紀より一般に寒冷・多雪だったことを示す証拠の一つと解釈することもできる。

　一方、うがって読めば、劔神社にとって人夫を出すのは迷惑なので、積雪を大げさにいうことで先延ばししようとしていることを示す、とも解釈できる。つまり、気候条件を知っていると、同じ記録を読むにも解釈が変わってくる。筆者は、歴史上のさまざまなプレイヤー（このエピソードの場合は庶民ではなく地域領主たる劔神社だが）の主体性・したたかさを重視したい気持ちがあるので、ここでは先延ばし説を支持したい（根拠のない妄想だが）。

規制は秀吉の時代・江戸時代にも続く

天正一〇年（一五八二）、信長が本能寺の変で自殺する（「はじめに」で紹介した久三郎が京都に来たころである）。天正一一年（一五八三）、柴田勝家は豊臣秀吉との戦いに敗れ、北庄城で自殺する。秀吉は織田政権でのかつての同輩である丹羽長秀に越前国の支配を任せる。同年、丹羽は北庄に入る。そしてこの年、丹羽は大谷寺や神明社に対し、それぞれが管理する木を伐採するには政府へ文書で届け出る必要がある旨を伝えた。[96] つまり越前国の広域行政の担当者は柴田から丹羽へかわったが、同じ政策を継承した。

神明社宛ての文書は木・苗を植えることも命じている。これも注目するべき政策である。先に述べたように、日本森林史における近世の指標は、森林の栽培化、政府による伐採規制を含む森林保護、政府による育成的林業の推進などに求められている。越前国における森林の栽培化と政府による森林保護が朝倉氏や柴田勝家の治世にあったことを先に紹介したが、政府による育成的林業の推進は丹羽の布告の中に見ることができる。つまり越前国では丹羽の時代に日本森林史の近世の指標となる現象が出揃ったことになる。

丹羽長秀像（東京大学史料編纂所）

ここで、越知山の森林に関する政策の経緯を、織田・豊臣政権より前にもさかのぼってまとめておこう。中世においては、地域領主たる大谷寺みずからが領内での伐採について法を定め、庶民が利用することを制限した。朝倉氏の時代でも、大谷寺にとってあるべき資源利用のありようを大谷寺自身が定義し、それを朝倉氏政府が追認した。統一政権は、戦争や都市開発に伴う山・森林の生態系で得られる資源への大量な需要に伴い、大谷寺みずからがその領内にある資源を利用することを制限した。大谷寺からすれば、これまでの自律的な管理が否定されたことになる。越前国における森林史の近世化をまさに示す現象であり、中世的な森林管理の終わりでもある。

江戸時代に越前国を治めた福井藩も織田・豊臣政権の政策の方向性を継承した。福井藩は承応二年（一六五三）に山・森林の資源の利用に関する包括的な法を定めた。[97]「百姓」の所有地でみずから消費する木を切る場合でも藩政府の担当部局の許可が必要である、マツ・スギ・ケヤキ・キリは伐採不可である、などの内容を持つ。木の利用を強く規制する、一六世紀以来の森林政策の着地点である。

規制を意に介さない庶民たち

――と、行政的支配者目線の話であれば、ここで終わる。しかしながら山・森林の資源を利用して生業を営む庶民を主語にすれば、見える像は変わってくる。伐採許可制である旨を行政権力が人びとに対し何度も布告したということは、とりもなおさず、無許可で伐採する人びとがいたことを意味するからだ。

それが実際にあったことを示す記録がある。慶長三年（一五九八）、豊臣政権は越前国で太閤検地、つまり土地調査を行った。その直後、この検地の実務を統括した高級官僚である長束正家が大谷寺へ書状を送った。[98]いわく、「越知山の木を切ることを以前から禁じているが、かってな伐採が行われている。もってのほかだ。今後はかたく禁止する。切ることを容認することがあれば僧たちがその責めを負え。木地師の統制も乱れているので従来の規定通りにせよ。違反者は捕らえて報告せよ」。

この記録から、行政権力が口酸っぱく命じたにもかかわらず、越知山周辺の人びとは無視し、規制をかいくぐって越知山の木を利用し続けていたことがわかる。木地師云々の記述も、詳細は不詳だが、彼らが無許可で越知山の木を切って製品の素材に使っていたことを示していよう。行政権力は庶民に対して強く出たかもしれないが、庶民は意に介さず、生きるためにはしたたかに行動したようだ。

先に、柴田勝家からの布告を受け取った三郎兵衛たちは迷惑に思ったかもしれない、との妄想を示したが、「そんな規制守ってられるかよ」と、木を無断で切り続けたのが史実だった。戦国日本の庶民は、英雄たちにより一方的に抑圧されたとイメージされがちだが、実際はそんなに従順ではなかった。

この章のおわりに——多様性・複合性／外部社会との回路／行政権力との相互依存

この章では、戦国時代における越知山周辺をおもな舞台として、当地の庶民が生業をどのように営んできたのか、そのありようを見てきた。そこから見えてきた、戦国日本の生態系の中で庶民がとった生存戦略は、大きく三つにまとめられる。

一つめが、人びとが当地の生態系から受ける恵みと制約に応じて多様かつ複合的に生業を営んだことである。

納めるべき税として指定された品目が多様だったことは、多様な生業活動を営んでいたことを反映している。その多様性は、当地の生態系で得られる資源、当地の場合であれば森林という、ハゲ山でなく木や草が優勢である生態系だからこそ得られる資源に応じたものだった。また、森林の利用といっても当地ならではの地域性もあった。たとえば当地は落葉広葉樹であるクリやコナラ属が生えるのに適した環境だったからこそ、それらを、腐敗に強い建材として使い、商品として比較優位のある木炭を生産した。ススキを継続的にとるため遷移を止めることもあれば、種子での繁殖が難しいタケや、競争に比較的弱いスギを植栽し育成することもあった。タケは、いわゆる日本の原風景のモチーフの一つとしてしばしば表現される対象だが、時間スケールを大きくとればカキノキやイネと同じく、海という地理的障壁を越えて人間が導入した外来種であり、それまであった植生を攪乱した例でもある。

越知山周辺ではコメ生産の存在感が小さいが、そのことは当地の社会が後進であることを意味せず、所与の環境への適応の地域的特徴を示す。このような生業ポートフォリオを設定することが、三郎兵衛たち越知山周辺で生き抜いた庶民が当地の生態系に応じて選択した生存戦略だった。

ただし、所与の環境へ人間が適応した史実をもって「自然との調和」の一言で説明することもまた問題がある。近年、メディア等が、山間部集落や里山を引き合いに出して「自然との共生・調和は日本の伝統」という趣旨のことをしばしば語る。研究者も「自然と社会を調和させて生きてきた前近代の民衆」と表現することがある。[99] しかしながら、前近代の日本で「自然と社会」が調和したというのは、あくまで結果論だ。資源の自己更新力より多く消費、つまり乱獲し続ければ、その資源を獲得することがいつかは難しくなる。とくに山や海は所有者が不明瞭であることが多く、境界設定が難しい。結果、「コモンズの悲劇」として語られる略奪的な利用をしばしば生む。実際、現在、個別の主体が経済的自由の名のもとに行う略奪的・破壊的な自然利用が社会全体へネガティヴに作用するという社会的ジレンマが問題になっている。

同じような略奪的利用により生態系を破壊したあげく破綻した社会は前近代にもある。現在ある社会は、歴史上の人びとによる資源の消費と、その再生産とがたまたま均衡した結果である。そのような、たまたま現在も存続している社会の過去をさかのぼって確認することができる人間の行動を寄せ集めて「自然との調和」「自然との共生」というラベルを後付けかつ願望的に貼っているだけである。[100]

それら言説の幻想性や偽善性を告発することは、この本の目的ではない。ときには生態系の恵みを過剰に利用し、ときには生態系を攪乱したことの倫理的な善悪を判断することは、この本が語る対象の外にある。この本の目的は、戦国日本の庶民が、生態系から受ける恵みと制約に応じて生業を営む中で、ときどきの状況においてどう主体的に生存戦略をとり、それが英雄物語に代表される社会の動きをどう左右したのか、を考えることにある。「調和」「共生」は幻想であるといったが、そもそも越知山周辺は理想郷ではない。生態系を破壊してみずからの生存を危うくするリスクを引き受けた上で、営みうる多様な生業を複合的に営むことを強いられる過酷な環境だった、ともいえるからだ。

戦国日本の庶民が複合的に生業を営んだ史実は、日本社会の歴史全体を理解する上で、また別の意味がある。伝統的な歴史学は、歴史・時間の経過とともに生業は専業化する、専業化していることをもって社会が発達しているとみなす発展段階モデルで説明する。対して近年の生業史研究は、経済的分業のありようを生態系への適応行動として解釈し、経済合理性に基づく戦略として、専業化・複合化双方へ可逆的に変化したことを明らかにしている。それは、得られる資源の変化や市場動向などに応じ、人びとがみずからの労働力の分配を主体的に選び最適化した結果である。[101]

この章で見た、戦国日本の生態系の中で庶民がとった生存戦略の二つめが、一つめとかかわることだが、帰属する社会の外にある社会や市場との関係に応じて生業を営んだことである。

越知山の周辺つまり内陸部の人びとは海岸部へ、食塩を生産するための燃料を供給し、海岸部の人びとは内陸部へ食塩を供給した。それぞれの地域の生態系で得られる資源が異なることが、それぞれの社会の人びとの生業が相互に依存する構造を生んだ。

小河村の人びとは木炭を生産し、商品として外の社会へ供給した。当地の生態系で得られる資源のうち外の社会で需要が大きく商品化に適したものを探索した結果である。そしてその回路を通じて銭を得た。筏場からイカダを流した人びとも、外の社会・市場へ木材を供給することで対価を得ていたかもしれない。彼らは、行政権力から指定された品目を税として納める以外は自給自足だったのではない。

以上のように、越知山周辺の人びとは、当地の生態系で得られる資源を利用するにあたり、帰属する社会の外にある社会と相互に依存しつつ、また、市場に応じて生産する財を選択した。この章で繰り返し言及したように、山間部集落というと自給自足的・閉鎖的と思われがちだが、生業活動の点ではむしろ外へ開かれていた。日常生活の範囲をこえた地域に生存を依存するというと、歴史的には、都市社会に特有の現象であると語られることが多いが、都市以外の社会もそうだったことを、越知山周辺の人びとの生業の歴史は教えてくれる。そして戦国時代における越知山周辺の人びとの歴史は日本における市場経済化・経済社会化の一端も物語る。

この章で見た、戦国日本の生態系の中で庶民がとった生存戦略の三つめが、庶民にとって行政権力は、一方的・抑圧的に支配してくる、対立する対象では必ずしもなく、緊張関係がありながらも相互に依存する対象として関係したことである。

庶民が行政権力へさまざまな負担を行ったのは一方的に搾取されたのではなく、その反対給付としてさまざまな行政サービス、すなわち生業・資源をめぐるステークホルダー間の対立を調整し生存を保護する機能を、行政権力が提供することを期待した。たとえば越知山の生態系から得られる限りある資源をめぐり、地域領主と庶民とで対立することがあった。その際、越知山周辺の人びとは、朝倉氏政府など行政権力から利用権の認定や紛争調停などのサービスを得ることを期待した。場合によっては、ある庶民と対立する地域領主に協力することで生業の保護を得ようとする別の庶民がいたかもしれない。庶民は、生存するために行政権力が使えるなら、使おうとした。

行政権力にとっても、庶民が生業活動を営んでいるからこそ、彼らからそれに伴う財・サービスを税として得ることができた。糸生郷からの納税一覧に挙がっているさまざまな品目は、そのことを象徴的に示す。

ただし行政権力は、庶民の生業を保護するというポジティヴな機能を持つ一方で、庶民の生存そのものに対してネガティヴに機能することもあった。糸生郷からの納税一覧で、徴税者は、越知山周辺の人びとを工兵として戦争に動員しようとしていた。庶民にとっては、生業・生存の保護を得るために生命を危険にさらす必要がある、アンビバレントな話だ。行政権力は伐採許可制という形で、地域領主や庶民が山・森林の資源を自律的に利用することを制約することもあった（それに三郎兵衛たち庶民が従ったかどうかは別の話だが）。つまりポジティヴ・ネガティヴ両面の効果を持つ回路で、庶民は行政権力とつながっていた。以上のように、戦国日本の庶民と行政権力とは、単なる一方的な被支配・支配関係ではなく、緊張関係がありながらも相互に依存した。

ここまで述べた、生態系から受ける恵みと制約に応じて多様かつ複合的に生業を営んだこと、外の社会・市場との関係に応じて生業を営んだこと、行政権力と相互に依存することで生業の保護をはかったこと、これら三つの生存戦略は、この後で紹介するエピソードの中でも繰り返し現れる。次の章では、海岸部の人びとに主語を移し、記録を追ってみよう。

第二章

「海あり山村」の生存戦略

——越前海岸

居倉浦
浜北山町
大谷寺
八ツ俣
越知山/越知神社
越前岬
天王宮
玉河浦
梅浦
織田/劔神社
宿浦
新保浦
小樟浦
道口浦
北陸自動車道
厨浦
越前海岸
茂原浦
府中/府中総社
高佐/白浜
干飯浦
北陸本線
中津原
河野浦
若狭湾
赤萩
池大良
0
5km
大谷浦
（↙若狭国・出雲国へ）
（↓敦賀・気比神宮へ）

朝倉貞景が戦功を褒賞する

文亀三年（一五〇三）、戦国大名朝倉氏の三代・貞景の治世の話である。越前海岸に位置する居倉浦に、山本九郎という人がいた。この集落の統括者である。第一章の冒頭で紹介した三郎兵衛と同じような立場にあったらしい。

九郎は、この年起きた戦争で負傷する。敦賀の支配を任されていた朝倉景豊（貞景の祖父たる戦国大名朝倉氏初代・孝景の弟の子）が起こした反乱でのことである。鎮圧するために貞景が敦賀へ派兵した[1]中に、山本九郎もいた。九郎は、同年四月三日の大きな戦闘で負傷した。この戦闘後ほどなく反乱は鎮圧された。

居倉浦（福井市居倉町）

朝倉貞景は、同月七日付けで、山本九郎に対し、戦闘で負傷したことを褒賞する旨の書状を出した。[2] 戦国日本では戦争があると、戦功のあった者に対してこの手の文書（感状という）を与えることが多い。もらった側からすると、後日に恩賞などの給付を請求するときの根拠書類にもなる。

この山本九郎だが、居倉浦の代表者という立場なので、ヒラの庶民（？）と呼ぶのははばかられるものの、専業武士では少なくともない。では九郎が従軍することになったのはなぜか。実はその背景には、九郎たちが生活する海岸部の生態系を利用して営んだ生業活動があった。では九郎たち居倉浦の人びとは平時には生業活動をどのように営んでいたのか。そのような問題意識のもと、この章では、九郎たち越前海岸の人びとが、戦国日本の生態系の中で、生存戦略をどのようにとって生き抜いたのかを見ていこう。

1　この章の舞台

越前海岸の地理的環境

この章の舞台は、越前海岸である。序章でも触れたが、改めて紹介する。

越前海岸は若狭湾の一部と重なる。若狭湾とは、越前海岸の西端である越前岬と、丹後半島の北端である経ケ岬（京都府京丹後市）とを結ぶ直線より南の海域を指す。越前岬沖の海底の傾斜はきつく、急に深くなる。

海そのものを見ると、日本海の深層にある固有水（栄養塩類を豊富に含む）と日本海を流れる暖流である対馬海流が接触することで植物プランクトン・動物プランクトンが増殖することに伴い、魚類にとって食料が豊富な環境にある。結果、越前海岸を含む若狭湾は現在、日本列島近海の代表的な漁場の一つとして機能している。

人びとが日々生活する陸に目を転じると、越前海岸は、ほぼすべてが岩石海岸である。海波などが侵食してできた地形が多い。各集落の湾も規模が小さい。二〇世紀とくに後半に漁港の整備が進むまで、係留できるのは小型船だけだった。

海岸部の集落は、海岸段丘の崖の下のごく狭い平地に展開する。そのため景観は密である。海岸の背後は険しい斜面である。そこに農地や牧草地を開発することは難しい。
海産物の供給が豊富で農業・牧畜業が困難であるというと、当地の人びとは生業に漁労を選んだだろう、と予想されるかもしれない。とはいえ、戦国時代に越前海岸の人びとが生業として営んだのは漁労だけだったのか、利用したのは海の生態系で得られる資源だけだったのか。これは考えるべき問いである。日本の海岸部集落と一口にいっても地域により生態系から受ける恵みと制約は異なることを想定して歴史を考える必要がある。

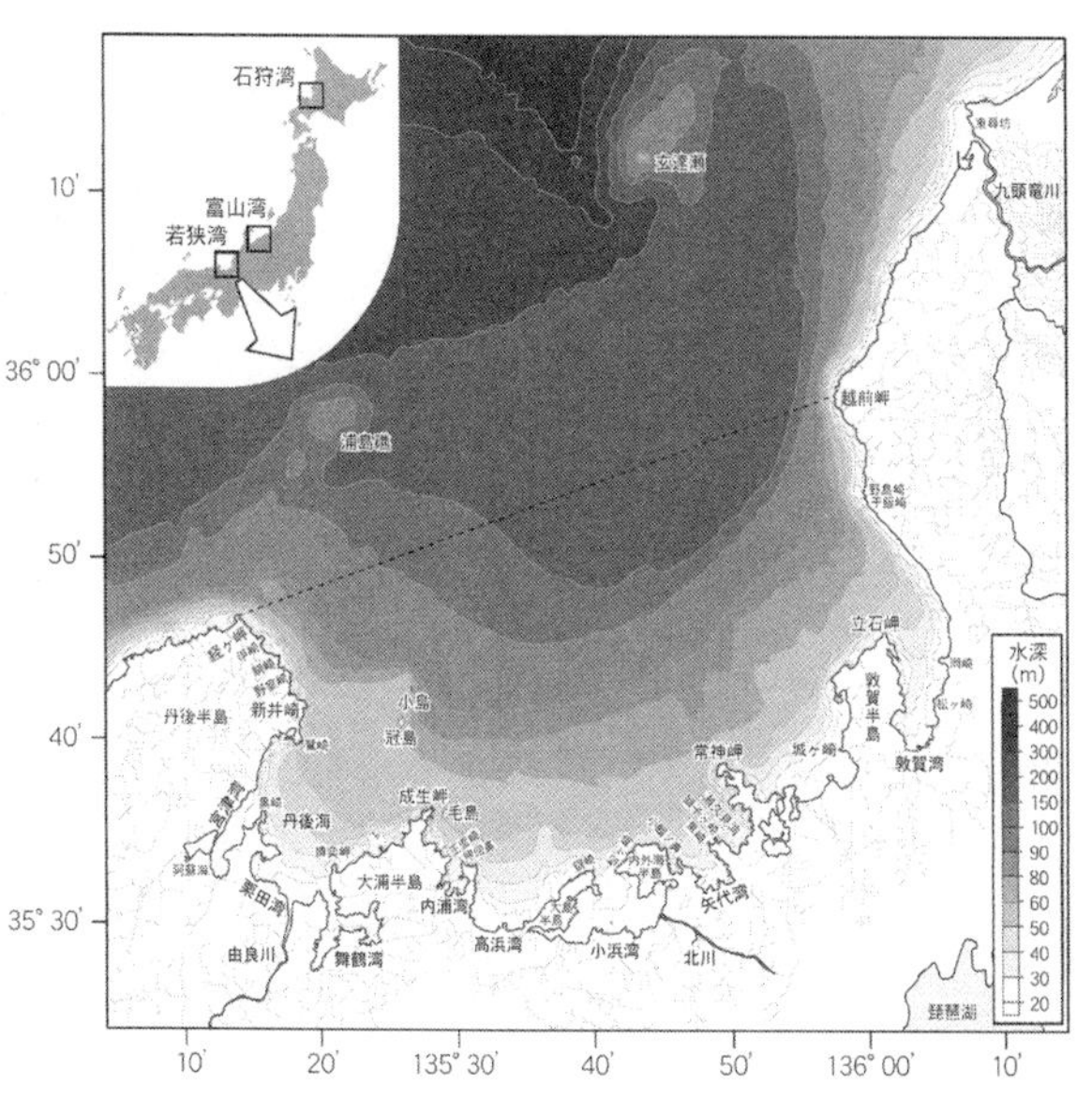

若狭湾海底図（青海忠久『若狭のおさかな』改訂版、晃洋書房）

居倉浦の地理的環境

越前海岸の中でもこの章の定点観測地点に設定するのが、冒頭で触れた、居倉浦である。居倉浦は、越前岬から北東へ直線距離で約四キロメートル、越知山（おちさん）山頂から北西へ直線距離で同じく約四キロメートルのところにある海岸部集落である。

居倉浦を定点観測地点に設定する理由

越前海岸の集落景観（越前町宿）

は、第一章と同様に二つある。一つめが、海岸部集落に対するイメージを再構築するためである。山間部集落と同じく自給自足的（海岸部なので漁業専業的）・閉鎖的と思われがちだが、そのイメージが正しいのかどうかを再考するという、日本史研究全体にかかわる問題意識である。

二つめが、戦国時代の記録が比較的多く残っており、これに、越前海岸の生態系で得られた資源や当地の人びとが営んだ生業について語る記述が多くあるからだ。なお越前海岸にある海岸部集落の人びとが営んだ生業に関する記録は居倉浦に関するもの以外にもいくつかあるので、これらも含めて、以下見ていこう。

2　生業は海岸部だけで完結しているか

最初に紹介する記録が、絶対年代は不詳だが南北朝時代から室町時代にかけての時期にあたる一四世紀から一五世紀ごろ、つまり山本九郎が生きた時代から数十〜二〇〇年ほど前らしいと考えられているものである。[4]居倉浦から「公方」すなわち当地を管轄した行政権力（武士か）や、越知神社―大谷寺や天王宮（越前町天王。現八坂神社）ほか当地の神社などへ納めた税の一覧である。

第一章でも述べたように、納税一覧というと一見退屈だが、うまく読めば庶民が営んだ生業活動の実態が見えてくる。とくにこの納税一覧は納期の月ごとに品目を記すので、季節に応じた納税のありよう、ひいてはその背景にある生業活動の季節性が見えてくる。以下、納期順に紹介しよう。

鏡餅と串柿が語ること

一月に納めるべき品目として、鏡餅・串柿・銭五五〇文が挙がっている。

鏡餅と串柿はともに、現在の日本でも一月に飾る慣習があり、季節性を示す品目である。それら現物を税として納めていた。

八坂神社

鏡餅の素材は一般的にはコメである。そのコメを居倉浦の人びとはどのように調達したのか。当地で生産していたか、当地で得られるコメ以外の産物を誰かに売ってコメを得たか、だろう。

前者ならば居倉浦の人びとが、越前海岸という水田耕作が難しい地理的条件の中でコメを栽培していたことになる。後者ならば居倉浦の人びとが外の社会へ売る商品を生産していたこと、つまり当地から見て外の社会と市場に応じて生業を営んでいたことになる。また後者だとすると、徴税する側が、居倉浦の人びとが生産していないものを納めるよう指示した、つまり外の社会との交換活動により入手することを前提に、その品目を指定したことになる。どちらにせよ、近代以前の海岸部集落といえば漁業専業で自給自足的・閉鎖的、という先入観を砕いてくれる。

串柿は第一章で触れた。当地に生えていた、もとをたどれば外来種であるカキノキの果実を使ったのだろう。銭は、当地で生産した商品を誰かに売って得たものだろう。市場との関係に応じて居倉浦の人びとが生業を営んだことを示す品目である。

つまりこれらの記述は、居倉浦の人びとが漁労以外の生業を営んでいた可能性があること、少なくとも当地が海の生態系で得られる資源だけを利用して自給自足する閉鎖的な社会ではなかったことを示す。もう少し具体的にいえば、カキノキなど陸の生態系の恵みも利用しつつ、生産した商品を市場へ供給していた。つまり第一章で紹介した越知山周辺の人びとと同様に、外の社会・市場との関係に応じて生業を営む、生業活動の点で外の社会へ開かれていたありようが、この納税一覧の一月の記述だけからも見えてくる。

「漁村」ではなく「海岸部集落」「海あり集落」

これまで「漁村」ではなく「海岸部集落」の語を使ってきたが、その理由が、ここまで述べた、居倉浦の人びとが漁労専業でないことにある。

従来の研究は、海岸部にある集落であればなんでも「漁村」と表現しがちだった。しかし近年の日本史研究は、漁労専業的な含意がある漁村の語で表現することに慎重である。海に面していても漁労を行わない、または漁労に不向きな集落があるからだ。さらにいえば、日本史上、山間部集落・平地集落の人びとも河川・湖沼・水田などで漁労を行うこともあったことに鑑みるに、「海に面していれば漁村」「海に面していなければ漁村でない」というラベリングは無効である。[5]

そのことを踏まえ、その集落の人びとの生業が何であるかを問わない「海村」という中立的な表現をする向きがある。[6] 傾聴するべき意見だが、この表現もこの本では避ける。どういうことかというと、海村の語は、山村・平地村などの語との対照で一般に使われる。しかし序章でも述べたように、越前国極西部では内陸部も海岸部も山があるので、海岸部集落も「山村」と呼べる。そのため山村・平地村との対比で海村の語を使うことは越前国極西部では有効性が低い。

だから、越前国極西部で集落の属性を定義するには、ほぼすべてが「山村」であることを前提に、海に接しているかどうかという基準で区別する必要がある。これが、この本が海岸部・内陸部という基準で集落を分類してきた理由である。「海あり集落」「海なし集落」と呼んでもよかったかもしれない。

このようにいうと、山の要素を含む海岸部集落は越前海岸だけの特殊な例ではないか、と反論する向きがあるかもしれない。しかしながら、そのような集落は越前海岸以外にも日本中いたるところにある。日本列島はそもそも山がちゆえのことだ。[7] 日本列島に数多くあるそれら例の一つが居倉浦である、と考えるべきである。

食塩をつくる

居倉浦からの納税一覧に話を戻し、記述の続きを見ていこう。納期が二月以降の品目には、海のかおり漂うものが登場する。二月から一一月まで毎月納めるべき品目として食塩が挙がっている。

第一章で、居倉浦で製塩があったことについて触れたが、ここで改めて越前海岸全体における製塩の実態について確認しておこう。

気比神宮

玉河浦（越前町玉川）

干飯浦（越前町米ノ）

大谷浦（南越前町大谷）

越前海岸で食塩を生産していたことを示す古い記録が、鎌倉時代でも初期にあたる建暦二年（一二一二）の、気比神宮（敦賀市）の収税一覧である。[8] 越前海岸にある玉河浦（越前町玉川）、干飯浦（越前町米ノ・午房ケ平・高佐あたり）、大谷浦（南越前町大谷）が納めるべき品目として丸塩[9]（食塩を土器などの容器に入れて丸い形に焼き固めたもの）が挙がっている。気比神宮での祭祀に用いたと考えられている。

塩田の地域差：製塩技術を推測する

戦国時代を含む中世の越前海岸の人びとがどのような技術を使って食塩を生産したのか、残念ながら記録上不詳である。そこで近隣の地域や後の時代における製塩の技術[10]を手がかりに推測してみよう。

そもそもの話として、第一章でも述べたように、日本では一般に海水を原料として食塩を生産した。海水を煮沸すれば水が蒸発して食塩が残る。しかし少しの量の食塩を得るために燃材を大量に消費する。同じ量の燃材を消費するなら、より濃度の高い塩水を使えば、より多くの量の食塩を得られるので合理的である。

そこで人びとは、砂を使って海水を濃縮することを思いついた。模式的にいうと次の通りである。海水の塩分がついた砂を容器状の装置に入れ、それにさらに海水をかける。すると砂についていた塩分が溶け、装置の排水口から濃い塩水が出てくる。これを煮沸する。

このワークフローにおける、海水の塩分を砂につけるための土地区画を一般に塩田という。越前海岸では塩浜(しおばま)と呼ぶ。戦国時代を含む中世の越前海岸の人びとは揚浜(あげはま)という塩田システムを使っていたと考えられている。

揚浜とは模式的にいうと次のようなシステムである。塩田の地盤面を満潮面より高いところに設定する。人間が海水をくみ上げ、塩田にある砂にまく。太陽熱や風などにより乾燥すると、食塩の結晶がついた砂を得られる。あとは先に述べたワークフローの通りである。

揚浜はどのような特徴があるのかを知るため、ほかの塩田システムと比較してみよう。揚浜と対照的でかつ代表的なものが自然浜[11]である。揚浜との違いは塩田の地盤面を満潮・干潮の間に設定するところにある。模式的にいうと次の通りである。満潮時に海水がかぶる。干潮時に干潟になり、乾燥すると、食塩の結晶がついた砂を得られる。あとは先に述べたワークフローの通りである。なお一四世紀末になると、太平洋側では、塩田の周りに堤防を築いて海水の出入りを調節することで、干潮・満潮どちらでも作業ができるタイプのもの（入浜）が登場する。

　自然浜は、砂に海水をつけるにあたり人間のエネルギーが不要である。そうであるならそれを使えばよさそうだが、ではなぜ越前海岸の人びとは揚浜を使ったのか。日本海沿岸は干満差が小さい（約〇・二〜〇・五メートル）ため、干潟ができないからだ。ちなみに瀬戸内海沿岸は干満差が二メートルほどもあり、干潟が大きく展開するので、入浜に適した。結果、江戸時代には入浜の技術により食塩を大規模に生産することになる。

　越前海岸の塩田が揚浜を採用した理由は、気候条件にもあった。冬の強い波浪は、海岸近くにある塩田を破壊する危険性があるからだ。実際、江戸時代の初めである元和五年（一六一九）、大比田浦（第一章）とその周辺の人びとは、塩田が波で毎年破壊される旨を福井藩政府へ報告している。[12] だから波が来るところを避ける、つまり標高が比較的高いところに塩田を設定することが望ましかった。これらの理由により、越前海岸の人びとは揚浜を選んだ。

　考えてみれば、自然浜・入浜も揚浜も一長一短である。自然浜・入浜は海水を人間がまく工程が不要だが、立地を干満差の大小に依存する（入浜のうち初期型の堤防のつくりが不完全なものは満潮時に作業できない）。揚浜は海水を人間がまく工程が必要だが、立地を干満差の大小にかかわらず設定でき、満潮時でも作業できる。つまり自然浜・入浜と揚浜のどちらを採用しているかの差は、技術が進んでいるか後れているかではなく、地域ごとの地理的環境に応じた最適解の違いである。[13] 後の時代にメジャーになったもの以外の技術を使っていることは一般にネガティヴに評価されがちだが、特定の条件下ではむしろ合理的なこともある、という前提で歴史を考える必要がある。

燃材調達と製塩の季節性

製塩のワークフローに話を戻す。塩田を使って得た濃い食塩水を煮沸するために燃料がいる。近代以前の日本では、第一章で言及した、植物性バイオマスエネルギーにおもによった。江戸時代から近代にかけて越前海岸の人びとはタキギに加えカヤ（第一章）など草も使った。高佐では集落の背後にある山でとることに加え、同じ越前海岸にある玉川から買うこともあった。

以上のように、同じ海岸部でも、燃材を供給される集落とする集落とがあった。このような、同じ海岸部での分業関係は戦国時代にもあったと筆者は想像している。またその背景には、第一章で紹介した、そもそも越前国は燃材供給が豊富にある、という条件もあった。つまり越前海岸は岩石海岸かつ山そのものなので広い塩田を設定するには不利なのだが、植生の面で燃料を調達するには有利だった。

居倉浦からの納税一覧では先に述べたように旧暦二月（新暦三月ごろ）が食塩の最初の納期である。[14]この納期も、食塩の製造技術に関係する。食塩を生産するのは技術的には通年可能だが、夏・秋が一般的である。日照時間が長いからだ。越前国を含む北陸地方は一般に多雨であり、冬は海の波が荒いので、晴天が比較的多く高温な旧暦六〜九月（新暦七〜一〇月ごろ）に操業することが一般的だった。

これに対して居倉浦は旧暦二月から一一月まで食塩を納めるよう定められている。これは、北陸地方での一般的な操業開始時期より前つまり寒冷期にも操業し、かつ標準的なありようよりも長期にわたって操業したことを示す。理由は不詳だが、それだけ長期にわたり操業することで必要な量をやっと確保できた、という過酷な労働環境を反映しているのかもしれない。

この納税一覧は当地の人びとが食塩を税として納めるため生産したことを語っているが、商品として生産することはあったのか。記録上は不詳だが、近代の状況が参考になる。一九〇〇年代初めごろまで、高佐から現在の越前市中津原町（なかつはら）へ食塩を運び、コメやダイズと交換した。また内陸部へ、海水を煮沸するために使った燃材の灰を運び、コメと交換することもあった（灰は肥料に使うのだろう。第三章）。このことから、越前国極西部の海岸部で生産した食塩と内陸部で生産した農産物との直接交換は戦国時代にもあったと類推できるのではないか、と筆者は考えている。

中津原町

漁労「も」含めて生業を営む

居倉浦からの納税一覧に登場する海のものは食塩以外にもある。食塩と同じく二月から一一月まで毎月納めるべき品目として、「月の菜」が挙がっている。地先の磯海で得た海産物のことらしい。[15] 具体的な種を指定しないので、なんでもよい、ということかもしれない。

一月の納付品目に海産物がないことを踏まえれば、二月に漁期が始まったということだろう。最後の納期が一一月であることは、それまでが漁期だったことを意味する。[16] つまり極寒期を除き、ほぼ年がら年中漁労を営んでいた。

この話は、居倉浦の人びとは漁労もしたことを示す。海に面しているから当然だろう、と思う向きもあるかもしれないが、先にも述べたように、そこは慎重に考えるべきである。同じ越前海岸にあっても漁労を行わない集落はある。たとえば江戸時代のごく初期にあたる元和九年（一六二三）、大谷浦は「大谷浦では漁をしていない」と福井藩政府へ報告している。[17]

そもそも、目の前に魚がたくさんいたとしても、漁労より少ない資本・労働量でより高い所得を得られる生業がほかにあるのなら、それを選ぶ人びとは多いだろう（そのことが現在、漁業従事者の後継者不足の一因になっている）。そのような前提のもと、居倉浦の人びとは、一月の納付品目にあったような陸の生態系から得られる財（串柿など）と、二月以降の納付品目にあるような海の生態系から得られる財（食塩・海産物）の双方を生産した。複合的に生業を営むのは、内陸部にある越知山周辺の人びともそうだったが、海岸部にある居倉浦の人びとも同じだった。

海岸部集落の人びともススキを納める

居倉浦からの納税一覧に登場する、三月に納める品目は、ふたたび陸の生態系から得られる恵みである。第一章でも紹介した、ススキである。

現在の居倉町に隣接する福井市浜北山（はまきたやま）町では、一九五〇年代ごろまで、その後背にある山の頂上付近で、春先にススキをとっていた。この納税一覧で納期を旧暦三月つまり新暦四月ごろに指定していることと符合する。冬に枯れたものを収穫し、税として納めたと推測できる。[18]

この時期にススキを領主が求めた理由は不詳だが、使い道はいろいろある。たとえば第一章で述べたように屋根材に使う。つまり用材である。加えて先に述べたように、越前海岸の人びとは食塩を生産するときの燃材にカヤつまりススキの類も使った。つまりススキもまた多用途の資源だった。だからこそ、人びとは労働を投入してでもススキ草地を維持した。

そういえば第一章で見たように、居倉浦の後背にある越知山周辺の人びとも、ススキを税として納めることになっていた。つまりススキをとるのは内陸部集落・海岸部集落の人びと双方が営む生業活動だった。海岸部にある居倉浦の人びとを主語にすれば、串柿と同じく、彼らが陸・海の生態系を横断的に利用して生業を営んだことを示す。

ワカメは初夏、ノリは雪が降ってから

居倉浦からの納税一覧をさらに読み進めると、こんどは海産物の具体的な名前が出てくる。まず四月に納めるべき品目として、ワカメが挙がっている。[19]

ワカメは岩石海岸が生活に適している。越前海岸はまさにそれである。ワカメは潮下帯(ちょうかたい)、すなわち干潮時にも海水にひたっている部分に生える。

ワカメは冬・春に繁茂し、夏に胞子を出して枯死する。現在の福井県におけるワカメ漁の許可期間は三月一日から六月三〇日までである。居倉浦を含め、中世の越前国・若狭国でワカメを税として指定した記録を見ると、標準的な納期は旧暦四~六月(新暦五~七月ごろ)である。現在の漁期とだいたい合う。このころの越前海岸では網場漁業が主軸でない(後述)かわりにワカメとりが一年の前半での基幹的な生業だったと考えられている。[20] なお筆者が当地の海産物店で聞きとりをしたところ、現在も潜水漁業(いわゆる海人(あま)漁)などでワカメをとっており、市場へ供給している。また、磯見(海面より上から海中・海底を見る。居倉浦ではノゾキともいう)でもワカメ漁を行っている。[21]

戦国日本におけるワカメのおもな用途は現在と同じく、食料である。炭水化物に加えてヨウ素・カリウムなどミネラルを得ることができる。一般に、乾燥させて保存する。たしかに居倉浦からの納税

一覧では、束和布（たばねめ）（束にしたワカメ）または帖和布（じょうめ）（一定枚数をまとめたワカメ）、つまり乾燥した形態で納める旨が記されている。

中世日本では、ワカメを最初から生で食べることもあったらしい。一二世紀の源平争乱を語る戦記文学『源平盛衰記（げんぺいじょうすいき）』（鎌倉時代後期ごろに成立？）に、平氏政権により鬼界島（きかいがしま）（鹿児島県三島（みしま）村硫黄島（いおうじま）か）へ流刑された僧・俊寛（しゅんかん）が、波がたたない日に磯で岩のコケ（イワノリ？）をむしり、海水で洗って食べ、海岸に打ち寄せたワカメをとり、やわらかいところをかんで暮らした、という趣旨の記述がある[22]。この逸話は流刑者が困窮したさまを表現することが主旨かもしれないが、中世に庶民がワカメを生で食べていたことを示すとも解釈できる。[23]

この納税一覧には、ワカメ以外の海藻として、ノリ（着生性藻類の総称）も品目に挙がっている（納期は不詳）。なお、先に紹介した鎌倉時代の玉河浦・干飯浦（かれい）・大谷浦からの納税一覧も、ノリを一月に納めるべき品目として挙げている。

ノリ[24]はワカメと同じく岩石海岸が生活に適しているが、満潮線と干潮線の間、つまりワカメより浅いところに生えることが一般的である。この納税一覧の場合の用途は食用だろう。ワカメと同じく乾燥させて保存食にもできる。

筆者が当地の海産物店で聞きとりをしたところ、現在、越前海岸では、ワカメと同じく潜水漁業でとっている。ほぼすべて自家消費であり市場には出ないが、すこぶる美味らしい。当地では、ノリをとるのは雪が降ってから、といういい方をする。鎌倉時代の納税一覧におけるノリの納期が旧暦一月（新暦二月ごろ）であることと一致する。

以上のように、ワカメやノリといったさまざまな海藻も居倉浦の人びとは利用した。それは越前海岸が岩石海岸であることによる生態系をまさに反映していた。

二つの生存戦略

以上、一四世紀から一五世紀ごろのものらしい、居倉浦からの納税一覧を通して、当地の庶民が生業をどのように営んでいたのかを考えた。そこから見えてきた生存戦略が二つある。

一つめが、第一章で紹介した糸生郷（いとうごう）からの納税一覧で見たものと同じく、当地の生態系から受ける恵みと制約に応じて多様かつ複合的に生業を営んだことである。餅・串柿・ススキや、さまざまな海産物を納めるよう求められたことは、陸・海双方の生態系を横断的に利用し、そこで得られる資源や市場を当地の人びとが利用していたことを示す。食塩を生産するのに揚浜を使ったであろうことは、地理的制約へ適応した結果である。食塩を冬にも生産したことは、越前国の中でも当地では相対的に雪が少ないことを反映している可能性がある。ワカメなどの海藻類が品目に指定されていることは、岩石海岸である越前海岸ならではの生態系の恵みを利用したことを示す。

二つめが、これもまた第一章でも見た現象だが、帰属する社会の外にある社会や市場との関係に応じて生業を営んだことである。たとえば銭を納めるよう求められたことは、銭を得るためなんらかの商品（当地での生産品?）と交換する行為があったことを示す。つまり居倉浦の人びともまた、市場とアクセスして生業を営んでいた。第一章で述べたように、食塩を生産するための燃材を内陸部集落から調達することもあっただろう。鏡餅を製造するための原料たるコメ（または餅そのもの）も、もしかすると市場で調達したものかもしれない。

以上のように、生態系から受ける恵みと制約に応じて多様・複合的にかつ外の社会との関係に応じて生業を営むありようが、この納税一覧からも見えてきた。先に述べたように、納税一覧というと一見退屈だが、要は読みようである。先人たちがどう生業を営んだのかを教えてくれるし、糸生郷からの納税記録などほかの納税記録と比べてみることで、生業活動の地域性も見えてくる。この章の冒頭で紹介した山本九郎に寄せていえば、彼の数十~二〇〇年ほど前に居倉浦で生活していた人びとがこのような生業活動を営んでいたことを、居倉浦からの納税一覧は物語る。

3 海の生態系のさまざまな恵みと技術革新

「浦の納所」からの戦国時代の納税一覧

次に紹介する記録が、第一章でも紹介した、越知神社に伝わる納税一覧[25]である。文明三年(一四七一)のもので、これは戦国大名朝倉氏の初代・孝景が越前国制圧のための戦争を始めた年にあたる。この章の冒頭で紹介した山本九郎のエピソードから見て約三〇年前のものである。九郎自身もすでに生まれていたかもしれない。

この記録を第一章では「糸生郷からの納税一覧」と呼んだが、実は、「浦の納所(なっしょ)」つまり海岸部集落の人びとが納めるべきものも列挙している。内陸部の人びとの生業活動に加え、海岸部の人びとの生業活動についても教えてくれる、貴重な記録である。

この「浦」が具体的にどの集落であるのかをこの記録は明記しないが、おそらく居倉浦とその周辺の集落だろう。というのは、第一章で紹介した鎌倉時代の記録にあるように、越知山・大谷寺からみて西にある海岸部、つまり居倉浦があるあたりが大谷寺の領地だった。また、先に紹介した居倉浦の一四世紀から一五世紀ごろのものらしい納税一覧に、ワカメを越知神社（＝大谷寺）へ納める、という記述があった。加えて、これまた第一章で紹介した文明一〇年（一四七八）の大谷寺の年中行事の記録[26]に、居倉浦が大谷寺へワカメを六月ごろ納める、という趣旨の記述がある。以上のように居倉浦が越知神社―大谷寺へワカメ、つまり越前海岸の産物を税として納めていたことを居倉浦側・越知神社―大谷寺側双方の記録から確認できる。

さらに文明三年の納税一覧は八ツ俣（やつまた）（第一章）すなわち居倉浦の南西約二キロメートルのところにある海岸部集落から納めた品目についても記す。越前海岸のうち越前岬より少し北にある一帯が越知神社―大谷寺の影響下にあったことがわかる。これらのことから、文明三年の納税一覧がいう「浦」は居倉浦や八ツ俣などの地域を指すと推測できる。

よって、越知神社に伝わるこの納税一覧のうちの「浦の納所」に関する記述（以下、「浦の納所」からの納税一覧）をもとに、山本九郎のエピソードから三〇年ほど前の居倉浦とその周辺で生活していた人びとの生業を探ることができる、と考えられる。

「浦の納所」からの納税一覧は、納期は不詳ながら、海産物の具体的な種を明記するところに特徴がある。以下、品目のカテゴリーごとに整理して紹介する。

時代をこえて生産される食塩・海藻類

「浦の納所」からの納税一覧と、先に見た居倉浦からの一四世紀から一五世紀のものらしい納税一覧とで重複する品目が、食塩・ワカメ・ノリである。これらを、これら時期を通じて、当地の人びとが生産・採取し続けていたことを示す。生業にも時代により変わるものと変わらないものがあるだろうが、これらは「変わらないもの」だった。

食塩が品目にある背景には、例によって、居倉浦の人びとが製塩のための燃材を越知山など内陸部から得ていたことがあろう。つまり海岸部の人びとと内陸部の人びととが相互に依存する構造も中世を通じて長く続いていたと考えられる。

アワビ・サザエとワカメがともにいることの意味

ここからは、「浦の納所」からの納税一覧に新たに登場する品目を見ていこう。海の生態系で得られるさまざまな生物である。越前海岸といえば海のおいしいものパラダイスとして現在知られるが、その歴史的系譜をこの一覧に登場する品目に見ることができる。

まず貝類である。この納税一覧には、品目として「くしあわひ」つまり串に刺して干したアワビが挙がっている。

アワビ[27]は幼生が着底しやすい岩石海岸を好み、ワカメなど海藻類を食べる。先に述べたように、越前海岸は岩石海岸でありワカメが生えている。つまりワカメと、ワカメを食べるアワビを税として納めるのは、生態学的に筋が通っている。岩石海岸であることは先に述べたように塩田を築くには不利だが、ワカメやアワビをとるには有利な環境だった。当地の民俗では、ワカメと同じく潜水または磯見でとる[28]。

戦国時代に越前海岸の人びとがとった貝類としてアワビと対で理解するべきが、サザエである。一四八〇年代後半から一五一〇年代はじめごろのものらしい記録によると、居倉浦の人びとがサザエを

梅浦

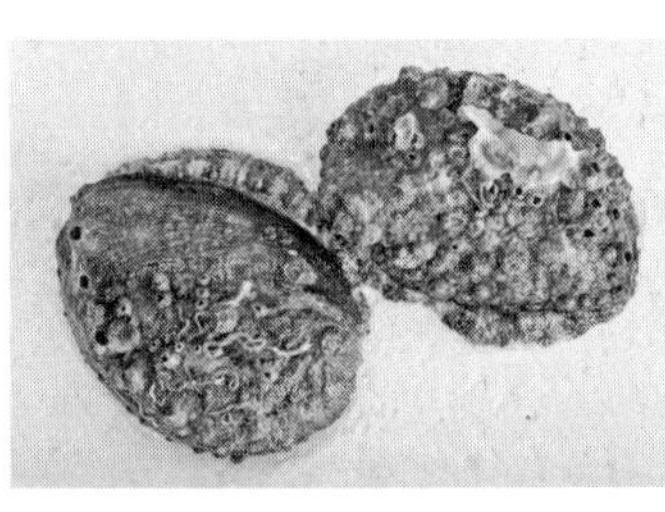

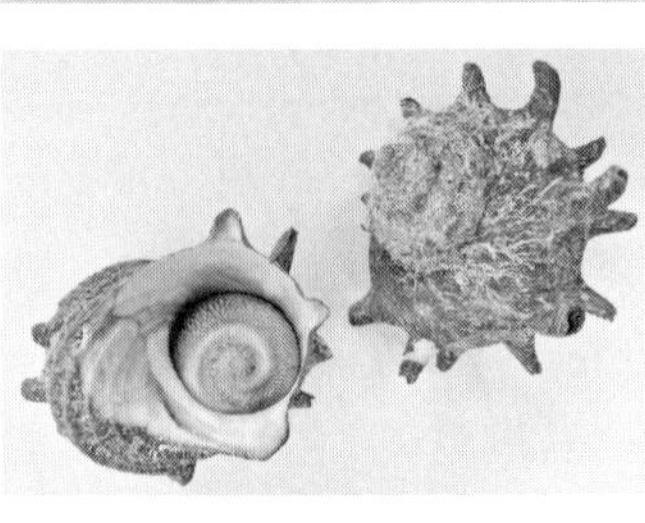

（上）アワビ（PIXTA）
（下）サザエ（PIXTA）

朝倉貞景へ贈った。[29] 当地でとったものだろう。サザエは潮間帯から水深五〇メートルぐらいの岩礁で生活し、おもに海藻類を食べる。[30] アワビと同じような生活スタイルである。

そのアワビとサザエだが、劔神社の秋の祭礼で不定期に行われる御幸（おわたり）という神事で、祭神の従者の子孫という伝えがある越前町梅浦（うめうら）の善船（ぜんせん）家が、劔神社へ献上する慣例がある。[31] アワビとサザエとが対であることは、これら二つの種が岩石海岸と海藻類を媒介に生活しているという生態系の恵みを越前海岸の人びとが受けていたことを示す。当地ならではの生態系の恵みの利用を象徴的に示す品目である。

タイは網でとったのか

この納税一覧には、これまた当地の海の生態系で得られる美味である、魚類・頭足類（とうそくるい）の具体的な種の名も挙がっている。先に紹介した一四世紀から一五世紀ごろのものらしい居倉浦からの納税一覧では「月の菜」とのように魚種を指定していなかったことと異なる。以下、見ていこう。

まず、サタイ・ヒタイである。サタイは細鯛、つまり小さいタイ（タイ科魚類の総称）[32]か。中世日本の記録で「鯛」とあればマダイを、「小鯛」とあればキダイを指す、と考える向きもある。[33]そうだとすると、サタイはキダイを指すかもしれない。ヒタイはタイ類を干したもので、保存食である。

戦国時代の越前海岸の人びとがタイをとった方法は残念ながら記録上不詳である。想定されているのが、網による漁である。[34]通常、マダイは水深三〇～一五〇メートルほどの海底の近くで生活しているが、産卵期である新暦三～七月ごろになると沿岸に近づくので、そこを文字通り一網打尽にすると合理的だ。産卵前は栄養をためているので味もよい。

実のところ、越前海岸の人びとが網を使って漁を行った記録は、「浦の納所」からの納税一覧以前は確認されていない。そのため、先に述べたように、このころまではおもに網場漁業以外の方法で海の生態系の恵みを得ていたと考えられている（たとえば先に紹介したワカメ採集）。

対して、戦国時代に入ると、対象がタイであるかどうかはともかくとして、越前海岸の人びとが網で漁を行ったことを示す記録が確認できるようになる。その早い例が、一四九〇年代ごろ、越前海岸の南部にある河野浦（南越前町河野）の人びとが、若狭国の人びとからの技術移転により、ハマチ（ブリの若魚期の呼称）をとるための網を導入した、という記録である。「はまちあミ」（ハマチ網）を「さし」た、とある。この網は、二～三人で操作する、小型の底刺網（海底に固定して張り立て、網目に魚を刺させてとる）らしい。[35]このような、生業活動にまつわる技術革新が遅くとも一四九〇年代ごろまでにあった。なおブリを網でとる漁は、同じ北陸地方の能登国（石川県北部）では一四～一五世紀には行われていたらしい。[36]

新保浦（越前町新保）

小樟浦（越前町小樟）

一六世紀後半になると越前海岸で大型の網も使ったことを示す記録が確認できるようになる。戦国大名朝倉氏の五代・義景の治世である永禄二年（一五五九）、越前海岸のうち南部にある集落・池大良（南越前町大良）で、同地の庶民のうち下層の人びとが「大網」を新たに立てていることを、同地の庶民のうち上層の人びとが不服として朝倉氏政府へ申し立てた。[37] 永禄六年（一五六三）の池大良ならびに赤萩村（南越前町赤萩）に関する記録にも「大あミ」（大網）との記述がある。[38] これら記録にある大網とは大型の定置網（魚群の通路に設置して網のなかへ誘導する）らしい。つまり越前海岸でも南部の人びとは一五五〇〜六〇年代ごろまでに大型の定置網を導入していた。その技術は隣国である若狭国から伝わったと考えられている。[39]

一七世紀初頭つまり江戸時代の初めになると、越前海岸でも中部・北部の人びとも大型の定置網を使ったことを示す記録が確認できる。大坂冬の陣の四年前にあたる慶長一五年（一六一〇）、小樟浦（越前町小樟）と新保浦（越前町新保）とが「大あミ」（大網）の設置場所の境界をめぐって紛争した。[40] また絶対年代は不詳ながら、徳川家康の次男にして福井藩初代藩主・結城秀康の施政期である一七世紀初頭（秀康は慶長一二年〔一六〇七〕没）に道口浦（越前町道

道口浦（越前町道口）

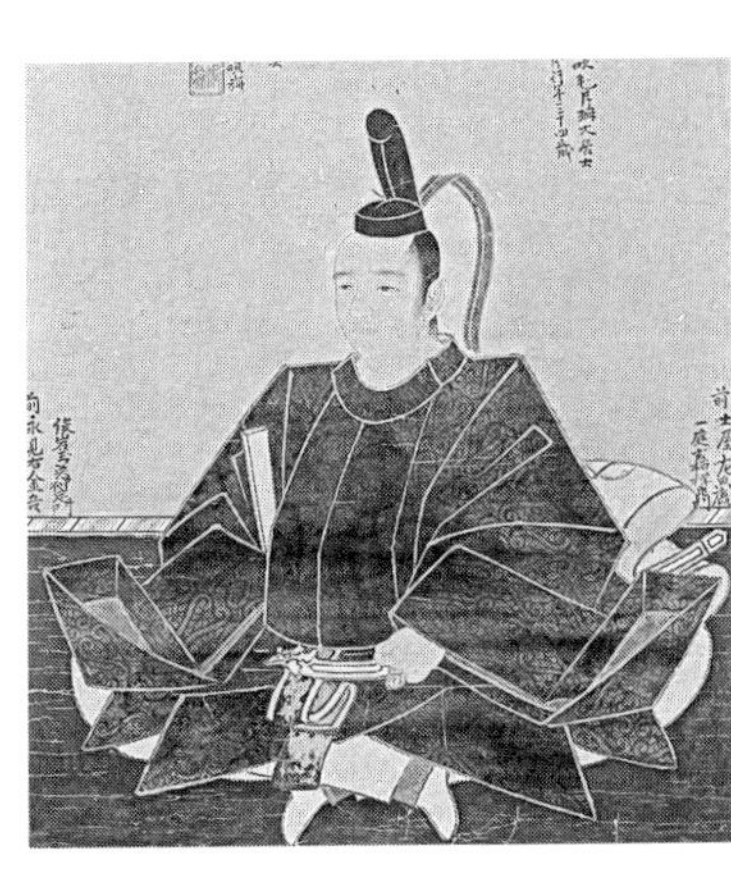
結城秀康像（東京大学史料編纂所）

口）でも「大網」を使っていた。厨浦・茂原浦（越前町茂原）も同様だったらしい。[41]これら記録から、越前海岸における大型定置網の利用は、同じ若狭湾に面する若狭国から技術提供を受けてまず南部で始まり、徐々に北進していったことが想定できる。

同じ若狭湾沿岸でも導入にタイムラグがあるのはなぜか。理由の一つに、越前海岸のうち北部・中部は水深が大きく海流が速いので、藁でつくった太い縄でつくる大規模な網を立てることが難しいという、自然地理的な条件がある。[42]それを克服する技術革新があった結果、大型定置網の利用範囲が拡がった、と考えられる（なお網を藁、つまりイネなどの茎でつくったということは、その素材の供給をイネ生産地域、つまり外の社会に依存したことを示唆する）。

以上のような、一五世紀の終わりから一七世紀初めにかけてあった、網にまつわる技術革新が、「浦の納所」からの納税一覧でタイが品目として指定される背景にあった。当地の人びとは生業として漁労を営むにあたり、前からあるやりかたを漫然と継承したのではなく、その生態系で利用しうる新たな恵みを探索し、それを得るための技術革新を試みてい

茂原浦（越前町茂原）

厨浦（越前町厨）

た。このような、生業活動の範囲を主体的に広げていく変化が戦国時代を含む中世から近世へ向かう中で起きていたことを、ここまで紹介した記録は物語る。なお一七世紀つまり江戸時代に入ると、通年でタイを釣る技術が出雲国（島根県東部）から越前海岸へ伝わったらしい。[43] これもまた一つの技術革新である。

さてここまで網にまつわる技術革新について述べたが、留意するべきことがある。使っている網の違いは、技術が進んでいるか後れているかの差を示すものでは必ずしもないことだ。たとえば地曳網（陸から網を引く）は、波が荒く暗礁がある越前海岸では不向きである。またそもそもの問題として、どのような網だろうが、越前海岸は網を使うには不利な条件にある。一年を通じて多雨多湿なので、網を乾燥させにくく、消耗しやすいからだ。

だから、どのような網を使っているのか、そもそも網を使っているかどうかは、技術の発展の度合いではなく、地域ごとの自然環境に応じた最適解の違いを示すと考えるべきである。[44] 塩田にも揚浜か自然浜かの地域差があったが、これと同じだ。

トビウオ

他にもおいしそうな魚種が挙がっている。たとえば、トビウオ

（トビウオ科の総称）である。当地ではアゴとも呼ぶ。

この納税一覧でのトビウオの納期は不詳だが、長禄四年（一四六〇）の記録によると、先にも触れた河野浦つまり越前海岸の南部にある集落の人びとはトビウオを府中総社（総社大神宮。越前市京町）へ税として四月・五月に納めた。[45] 新暦で五月から六月あたりである。現在の福井県でのハイシーズンと合う。

戦国時代の越前海岸でトビウオをとった方法は記録上不詳だが、隣国である若狭国では一三～一四世紀の段階で定置網によりとっていたらしい。[46] 河野浦の例の場合も、納付量が一二〇〇匹と多いので、釣りではなく、定置網でとったと考えられている。[47] つまり先に紹介した定置網の採用という技術革新に伴う生業活動の変化があったことを、トビウオに関する記録は示す。ちなみに現在の若狭湾でもトビウオはおもに定置網でとる。

トビウオ（PIXTA）

総社大神宮

タラ、最古級の記録

納税一覧にはシオタラ（塩鱈）も見られる。タラを食塩か海水に漬けて干すなどの加工を施したものである。これを食べることでタンパク質・塩分双方を得られる。保存食でもある。

タラはタラ科の総称であるが、おもにマダラ[48]を指す。古代日本の記録にタラは登場しない。マダラは

足利義政像（東京大学史料編纂所）

水深一五〇～二五〇メートルあたりで生活するので、古代の人びとにとって深すぎてとることが難しかったらしい。

日本における最古の記録は、一五世紀中ごろに編集された『尺素往来』という用語集にある「多楽」（タラ）という記述[49]である、と従来の研究ではされている。絶対年代が明らかなものとしては、応仁の乱が始まる前々年にあたる寛正六年（一四六五）一月に将軍・足利義政が家臣から「鱈」を進上されたエピソード[50]がある。ただし産地は不詳である。

しかし実は、絶対年代が足利義政のエピソードより古い、かつ産地までわかる記録がある。それが越前海岸のものである。トビウオの項で紹介した、長禄四年（一四六〇）の、河野浦の人びとが府中総社へ納めた税の記録の正月の項に、「あみのたら」（網のタラ）という品目が挙がっている。そして足利義政のエピソードに次ぐ日本タラ史で最古級の記録が、ここまで読み進めている、「浦の納所」からの納税一覧つまり文明三年（一四七一）の記録に登場するシオタラの記述である。

河野浦の記録はありがたいことに、網でとったという、漁法まで教えてくれる。冬の産卵期に比較的浅い海に来ることを越前海岸の人びとは知り、網でとる技術を開発したのだろう。河野浦の記録での納期が旧暦一月（新暦二月ごろ）であることがそのことを示唆する。足利義政がタラを進上された（つまりおそらく食べた）のも旧暦一月だった。冬の日本海でとったタラをすぐさま京都へ送ったと考えれば自然である。

以上のように、深海にいたのでとることが難しかったタラを、遅くとも一五世紀後半になると越前海岸の人びとはとり始めたことを、ここまで紹介した越前海岸に関する記録は示す。日本の人びとがタラを利用し始めたことを語る、日本漁業史における記念碑的な記録である。

そしてこれら記録は、越前海岸の人びとが、網によるタラ漁の導入という、戦国日本の庶民が試行錯誤しながら技術革新を行いつつ生業を営んださまを教えてくれる。内陸にある京都で生活する足利義政がタラをおいしく食べることができたのも、庶民が生業活動を営む中で技術革新を試みたからこそだ。この本の冒頭でも述べた、英雄たちの物質生活の基盤が庶民の生業活動とその技術革新に依存していたことを象徴的に示すエピソードである。なお一七世紀つまり江戸時代に入ると越前国はタラの名産地として日本社会一般で知られるようになる。[51]

サバを塩干し、イカも乾燥

納税一覧で次いで登場するのが、サバ[52]（サバ科サバ属の総称）である。越前海岸ではマサバが多い。戦国時代の越前海岸における漁法は不詳だが、江戸時代にはおもに一本釣りでとった。

この納税一覧には、サバの加工品である、サシサバも品目として挙がっている。サバを開き、食塩に漬け、干し、二尾重ねて一刺にしたものである。盆つまり旧暦七月中旬（新暦八月中旬ごろ）に贈答する習慣がかつてあった。

塩干ししたサバは、ヒタイ・シオタラと同じく保存食であり、それを食べることでタンパク質と塩分を両方得られる。塩で加工することでウマ味・コク味のもとであるグルタミン酸とペプチドが増える。ただしサバの脂質は不飽和脂肪酸が多く、空気乾燥させるときに酸化して独特の臭いを発する。

同じサバでも、タイセイヨウサバ（現在の日本では「ノルウェーサバ」などとして知られる）は脂肪が多いので不向きである。[53] 日本海にいるマサバは脂肪量が相対的に少ないことが塩干ししても美味という結果をもたらした。

「浦の納所」からの納税一覧には頭足類も登場する。スルメである。スルメイカなどイカ類の内臓をとり除き乾燥させたものである。これも保存食だ。戦国時代の越前海岸におけるイカ類の漁法は不詳だが、江戸時代には釣りでとっており、現在もそうである。[54]

以上のように、この納税一覧は、戦国時代の越前海岸の人びとが魚類・頭足類を加工したありようについても教えてくれる。これまた生態系で得られる資源を最適に利用しようとしたことを示す例である。

オケツケ＝スシ？

魚類などを加工した品目であろうものがほかにも挙がっている。「おけつけ」、すなわち「桶」に「漬け」た何か、である。

では何を漬けたのか。ヒントが、先に紹介した、鎌倉時代における玉河浦・干飯浦・大谷浦から気比神宮への納税一覧である。八月に「甘鮨桶（あますし）」、一〇月に「大鮨桶（おおすし）」、つまりスシを桶に入れたものを納めよ、と定めている。

中世日本でスシといえば、ナレズシ[55]を指す。魚類に食塩とコメなどデンプン類を加えて発酵させたものだ。これまた保存食である。ナレズシと同様の食品は東アジア・東南アジアの各地にもある。つまりユーラシア極東部の人びとが広く共有している食文化の一つである。

これまで読み進めている納税一覧に登場するオケツケとは、桶に漬けてつくったナレズシだろう。納期が旧暦八月・一〇月つまり新暦九月・一一月ごろであることは、海が荒れるので漁が難しい冬に向け、保存食であるナレズシを秋に生産したことを物語る。[56]

現在の福井県でも若狭地方でマサバのナレズシをつくっている。これがもしタイセイヨウサバだと、脂肪量が多いためコメの部分が黄色に変色し香味が劣る。つまりナレズシはサシサバと同じく、日本海にいるマサバの脂肪量が相対的に少ないことでおいしくできあがる結果をもたらした。

なお鎌倉時代の玉河浦などの納税一覧に出てくるアマスシは、ナレズシのうち発酵が甘い＝浅いスシ、または味が甘い＝コウジ（麴）を添加しているスシ、と解釈されている。後者の材料であるコウジは遅くとも一四七〇年代に越知山周辺で生産されていた。[57] だから戦国時代の越前海岸では両方つくっていたことがありうる。どちらにせよ、魅力的な解釈だ。

ただしコウジを添加すると発酵が進むので賞味期間は短くなる。つまりコウジを使うスシは、日本スシ史における脱保存食化の過程の一つを示す。先のアマスシの二つの解釈はどちらが正しいか、筆者としても甲乙つけがたいが、このようなにげない記録からも、日本の食文化史を考える手がかりを得られる。なお現在一般的な、保存食的要素がゼロに近いニギリズシは江戸時代も終わりに近い一九世紀初めに登場する。

ヤマノイモふたたび

ここまで、「浦の納所」すなわち居倉浦周辺の人びとが納めるべき品目として指定されていた海産物を見てきた。最後に、海産物以外も見ておこう。ヤマノイモである。

この納税一覧の「浦の納所」以外の項目でヤマノイモが登場する（第一章）。ただし居倉浦の人びとが負担したとの明記はない。しかしながら別の記録を見ると、居倉浦の人びとがヤマノイモを採取していたらしいことがわかる。この納税一覧から少し時期が下った一四八〇年代、居倉浦の人びとは戦国大名朝倉氏の二代・氏景（うじかげ）（初代・孝景の子）へ「薯蕷（しょよ）」（ヤマノイモ）を贈り、氏景は居倉浦の代表者（この章の冒頭で登場した山本九郎の父かそれに準ずるだれかと思われる）へ礼状を送った[58]。居倉浦の後背にある山・森林、つまり越知山周辺でとったものだろう。

この礼状は旧暦一二月（新暦一月ごろ）付けである。ヤマノイモの収穫期は秋・冬である（第一章）。冬にとったヤマノイモをすぐさま献上したということであれば、生態学的に筋が通る。この章で先に述べた串柿やススキと同じく、居倉浦の人びとが陸の生態系も利用して生業を営んでいたことを示す例である。つまり居倉浦の人びとが海・陸の生態系を横断的に利用して複合的に生業を営んでいた一端がここにも見える。

「浦の納所」からの納税一覧からわかる生存戦略

以上、「浦の納所」からの納税一覧で挙げられている、居倉浦の人びとが納めるよう定められていたらしい品目を通して、当地の人びとが生業をどのように営んでいたのかを考えた。そこから見えてきた生存戦略が二つある。

一つめが、例によって、当地の生態系から受ける恵みならびに制約に応じて多様かつ複合的に生業を営んだことである。海の生態系で得られる恵みが貝・魚類など多様であるということもさることながら、ヤマノイモの記録が示すように、海以外の生態系からの恵みも受けて生業を営んでいた。つまり海・陸の生態系を横断的に利用するという、生業ポートフォリオの多様性・複合性が見える。それは、第一章で見た、越知山周辺の人びととの生存戦略と同じである。

二つめが、一つめとかかわることだが、生態系から受ける恵みを利用するために技術革新を試みていたことである。前に紹介した、一四世紀から一五世紀ごろのものらしい居倉浦からの納税一覧における記述との大きな違いは、さまざまな魚種を具体的に指定しているところである。このことは、それら特定の魚種をねらってとる技術・ノウハウ（季節性などを含む）を越前海岸の人びとが得ていたことを示す。また、波が荒く網を干す時間が少ないという越前海岸の自然地理的条件による制約の中で大型の網を徐々に導入したり、タラの漁獲方法を開発したりと、技術革新を試み続けるさまが見える。指定されている品目に保存性を高めるために加工したものが多いのは、現在のような冷凍・冷蔵技術がない時代での人びとの知恵である。

以上のように越前海岸の人びとは、生態系から受ける恵みと制約に応じ、効用を最大化するべく、試行錯誤し、さまざまな技術革新を行った。戦国時代を含む中世日本の技術革新というと、水田二毛作の導入など農業に関することは学校教科書にも記述があるが、漁業について語られることは少ない。農業以外の生業部門でも技術革新があったことは、もっと知られてよい。

この章の冒頭で紹介した山本九郎が「浦の納所」からの納税一覧がつくられたときにすでに生まれていたとすれば、居倉浦で生きていく中で彼が見てきた、そして平時に営まれていた生業活動は、このようなものだっただろう。「筆者が子どものころファミリーコンピュータの登場を目の当たりにした」のと同様に「山本九郎が子どものころタラ漁の開始を目の当たりにした」という幼少時体験があった、と妄想することもできる。

4　行政権力が生業技術を求める

山本九郎、登場!!

さてその山本九郎がついに登場する。「浦の納所」からの納税一覧の後、戦国大名朝倉氏の治世になった。居倉浦の人びとは朝倉氏政府へさまざまな負担を行うことになった。たとえば先に述べたように、朝倉氏の当主へサザエやヤマノイモを贈った。

それら当地の生態系で得られる恵みに加え、サービスそのものを提供することもあった。そのことを示すのが、この章の冒頭で紹介した、文亀三年（一五〇三）の朝倉貞景の敦賀出兵に九郎が従軍して負傷したエピソードである。

九郎がこの戦争に従軍したということは、朝倉氏政府が海岸部集落の人びとに対し、生態系から得られる財に加え、戦闘へ参加するというサービスを提供することも求めていたことを意味する。では行政権力が従軍を求め、九郎が従った背景には何があったのか。

行政権力との相互依存、ふたたび

読者のみなさまはお気づきかもしれない。第一章で紹介した、糸生郷からの納税一覧（この章では「浦の納所」からの納税一覧としても紹介した）にあった、越知山周辺の人びとが伐採用具を持って他国への出兵に従軍することを求められた、というエピソードとの類似である。この一覧での収税者は、越知山周辺の人びとが木を伐採・加工するという生業に伴う技術を期待して、納税一覧にその規定を載せた。これと同じような話ではないか、——と思った読者のみなさま、おそらく正解である。

山本九郎のエピソードの場合、彼が持っていた、軍事にも転用できる、海岸部集落ならではの生業技術とはなんだったのか。この章でこれまで紹介してきた、居倉浦の人びとが生業の一つとして営んでいた漁労に伴う操船技術が想定できる。それら技術を朝倉氏政府は敦賀出兵に際して兵・物資の輸送や水上での戦闘に利用し、その結果として九郎は負傷した、ということだろう。

第一章で紹介したエピソードの場合、越知山周辺の人びとは行政権力へ生業技術を軍事面で提供することでなんらかの保護、具体的には免税措置を得ることを期待できた。山本九郎が免税措置などを得られたかどうか、残念ながら不詳である。しかし褒賞する旨の文書を九郎が得ていること自体が、彼らの軍事的な奉仕活動が奴隷的に搾取されたものではなく、それなりの人格権を認められてのことだったことを示す。だから、九郎は従軍するにあたり、漁労や山での採取を行う権利の保護や治安の維持などさまざまな行政サービスを得ることを期待していたと考えてよい。

以上まとめるに、山本九郎が戦傷を負ったエピソードは、越前国極西部の庶民が、生態系を利用して営んだ生業にまつわる技術を行政権力へ提供するかわりに、さまざまな保護・行政サービスを得ることを期待する、という構造があったことを示唆する。つまり山本九郎が単に一戦闘員として動員されたということを越える含意を、朝倉貞景からの書状は教えてくれる。

また、山本九郎が従軍したエピソードより前に紹介した、越前海岸の人びとがさまざまな税や贈与などを負担したことの歴史的意義も、同様の文脈で解釈できる。奉仕への対価として、行政権力は庶民が生業を営むことを保護する構造である。つまり九郎をはじめとする居倉浦など越前海岸の人びとが行政権力へさまざまな奉仕を行ったのは、九郎たちにとって生存戦略の一環だった。第一章でも述べたが、歴史上の庶民というと行政権力に一方的に服従していたかのように語られることがしばしばある。しかし史実はそうではなく、もっとしたたかに生きた側面こそ知られるべきである、と筆者は考える。山本九郎のエピソードはその象徴的な例である。ただし、生きるために生命を危険にさらすという、アンビバレントな話だが。

この章のおわりに――海・山の生態系を横断的に利用する

この章では、居倉浦など越前海岸を舞台として、当地の庶民が生業をどのように営んでいたのか、そのありようを見てきた。そこから見えてきた、戦国日本の生態系の中で庶民がとった生存戦略は、第一章と同じく三つにまとめられる。

一つめの、生態系から受ける恵みと制約に応じて多様かつ複合的に生業を営んだことについては、越知山周辺の集落と同じく、その納税品目が多様かつ複合的であることから知ることができた。品目により納期が別々であることは、彼ら庶民が複数の生業ワークフローを並行的に進行していたことを意味する。

海の生態系を利用すること一つをとっても、製塩、磯での採取、網を利用した漁労など、さまざまあった。加えて、木の果実（カキ）、草（ススキ）、地下茎（ヤマイノモ）など山・森林の生態系から得た資源も利用した。その背景には、居倉浦をはじめとする越前海岸の集落は山が近い、というより山そのものであるという地理的特徴がある。

つまり越前海岸の人びとは海と山の生態系を横断的に利用して多様かつ複合的に生業を営んだ。越前海岸といい、第一章で見た越知山の周辺といい、どちらもほぼ山なので、山という要素が生業戦略に強く影響した。だから戦国時代の越前国極西部の社会を山村・海村（または漁村）に分類することは無効である。常識を揺さぶるよい例だ。

なお中世において、越前海岸を含む若狭湾沿岸には、畠作・製塩を主とするものや、漁労・製塩を主としコメ生産・養蚕も加わるものなど、さまざまな生業パターンの集落があったことが知られている[59]。それぞれのパターンは、それぞれの集落の人びとが、それぞれの地の生態系などの違いに応じて生業を最適化した結果である。居倉浦の、漁労・製塩・山の利用というパターンは、そのような数ある例の一つである。

また、生態系から受ける恵みを利用するにあたり技術革新を試みた。たとえば大型定置網の導入やタラの漁獲開始がそうだ。戦国日本の庶民は前からあるやりかたを漫然と継承していたのではなく、効用を最大化するために技術面の試行錯誤を続けていた[60]。

二つめの、帰属する社会の外にある社会・市場との関係に応じて生業を営んだことについては、海岸部集落の人びとと内陸部集落の人びととが資源の面で相互に依存したことを見た。たとえば海岸部集落の人びとは製塩のための燃材を内陸部集落または同じ越前海岸にある別の集落に求め、内陸部集落の人びとは海岸部集落から食塩を得た。その構造を第一章では内陸部から見たが、この章では海岸部から見た。お互いがお互いの生産物を、生存するために必要とする構造は、内陸部集落も海岸部集落も同じだった。

また、税として納める財を、当地で得られる財と市場で交換して得た可能性も想定した。海岸部集落の人びとといっても、魚だけをとり、それを税として支払い、それ以外は自給自足していたのでは、ない。生業活動の点では外の社会へ開かれ、市場に応じて生きていた。これも越知山周辺の人びとと同様である。なお、当地での生産物を商品として外の社会へ供給したことについては、第四章で改めて論じる。

三つめの、行政権力と相互に依存することで生業の保護をはかったことについては、居倉浦の人びとは行政権力へ、海産物など物質的なものから戦争での従軍という生業技術に即したサービスまで多様なものを提供し、一方で、行政権力から反対給付として保護を受けることを期待していた、と考えられる。山本九郎が生命を危険にさらしてまで従軍し、戦傷を負ったのは、逆説的ではあるが、その構造を象徴する例である。なお、池大良の人びとが大網の利用権を制限するべく朝倉氏政府へ訴え出た例は、改めて考えれば、みずからの生業を保護するため政府の認証を得ようとしていたことを意味する。総じて、第一章で見た、越知山周辺の人びとが行政権力に対して抱いていた期待と同じ構造が見える。

この章まで、特定の地域の人びとが生存戦略をどのようにとり生業をどのように営んだのか、という視点で語った。次の章からは特定の生業を営む人びとに主語を移し、その生存戦略を考える。これまでの章で見た庶民の三つの生存戦略を踏まえつつ、記録を追ってみよう。

第三章
工業も生態系の恵み
——越前焼

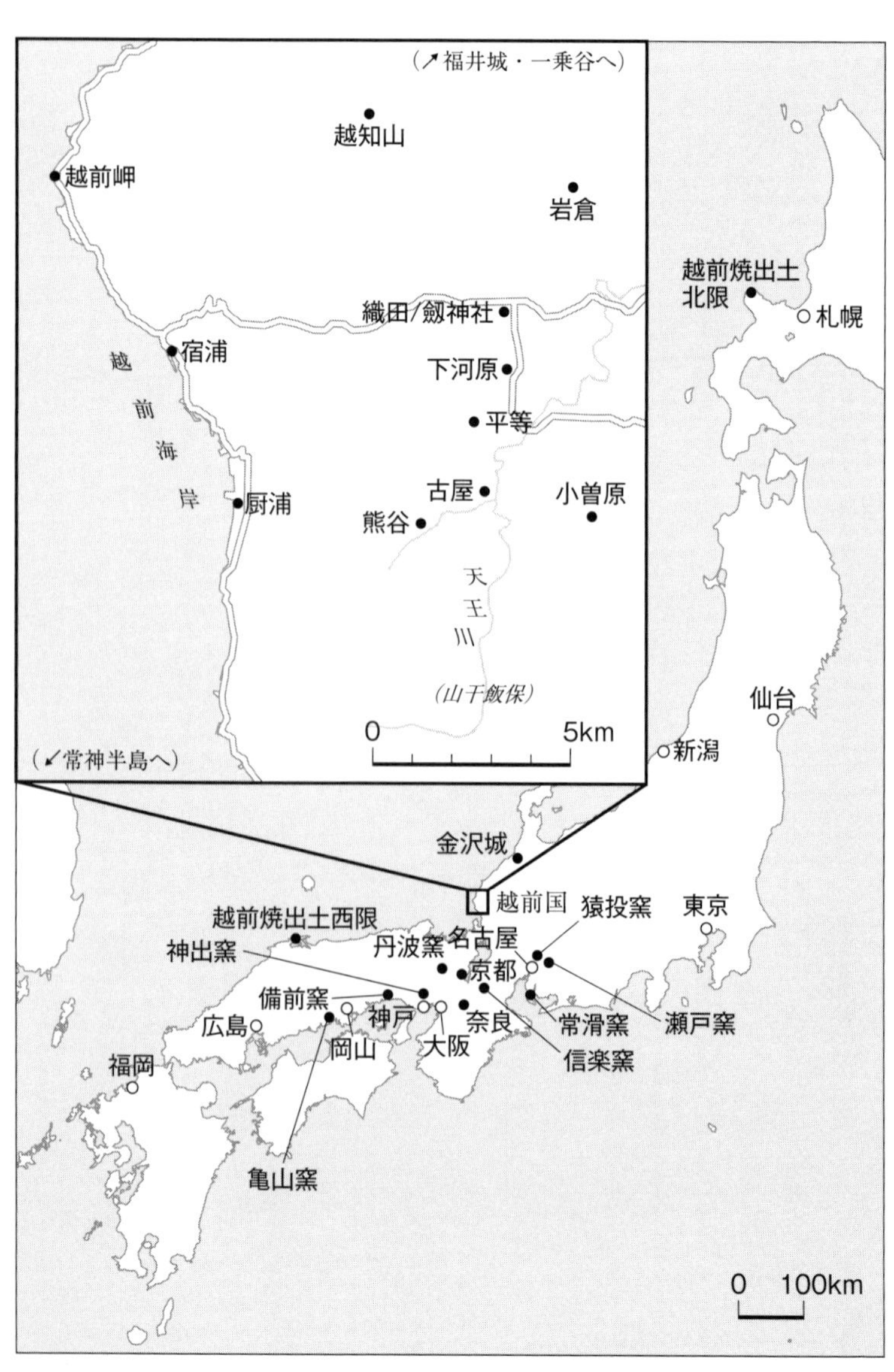

（↗福井城・一乗谷へ）
越知山
越前岬
岩倉
越前焼出土
北限
札幌
織田/劔神社
宿浦
越
前
海
岸
下河原
平等
古屋
小曽原
厨浦
熊谷
天
王
川
（山干飯保）
0
5km
仙台
新潟
（↙常神半島へ）
金沢城
越前国
猿投窯
東京
越前焼出土西限
名古屋
神出窯
丹波窯
京都
備前窯
神戸
奈良
常滑窯
瀬戸窯
広島
岡山
大阪
信楽窯
福岡
亀山窯
0
100km

平等の人びとの誓約書

天正五年（一五七七）、織田政権が越前国をふたたび占領（第一章）してから二年ほど経ったころの話である。越前国極西部の内陸部にある平等（越前町平等）という集落に、さかや助五郎という人がいた（つまり第一章で登場した三郎兵衛と同じく戦国大名朝倉氏を滅亡させた戦争や一向一揆の争乱を生き延びることに成功した人物である）。この年の九月八日付けで、助五郎ら平等の人びとは連名で、コメ建てで定められた特定の課税基準額（石高）に基づき納税することを誓約する文書を作成した。[1] これは、この年、平等で、織田政権が課税基準額を確定するため行った検地つまり土地調査に応じてつくられたものである。この調査を担当したのが前田利家・佐々成政・

平等

前田利家像（東京大学史料編纂所）

佐々成政像（法園寺蔵）

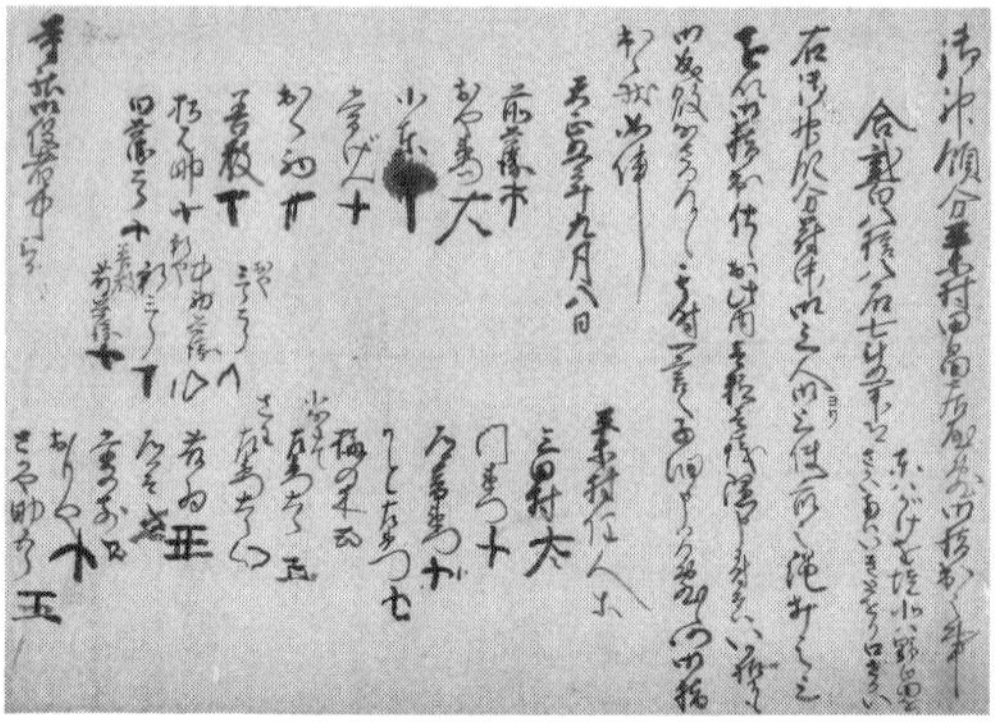

さかや助五郎たちの誓約書（劔神社所蔵）

不破光治の三人だった。彼らは越前国のうち府中近辺の支配を委ねられており、また、平等は佐々成政の領地だった。[2]

助五郎らがつくった誓約書の字面だけを見ると、彼がコメ栽培に従事していたかのように思えるが、実は甕や壺をつくる窯業生産も生業としていたことが、後に紹介する、別の証拠からわかる。つまり結論を先に述べると、彼もまた複合的に生業を営んでいた。そして先の誓約書をさらに分析すると、戦国時代に越前国極西部で窯業を生業とした庶民がとっていた生存戦略の、深いところが見えてくる。そのような問題意識のもと、この章では、助五郎たち窯業を営んだ人びとが、戦国日本の生態系の中で、生存戦略をどのようにとって生き抜いたのかを見ていこう。

1　この章の対象と舞台

越前焼とは

この章では工業、その中でも土など非金属原料を高温で処理し土器・陶器・ガラスなどの製品をつくる産業である窯業をとりあげる。

なぜ工業部門をとりあげるのか。序章でも触れたが、生態系と生業との関係の歴史につき、従来の研究は農林水産業をおもな分析対象にしてきた。いかにも「自然の恵み」を直接に享受し消費する生業であることが、その背景にあるだろう。一方で、工業もまた生態系と相互に作用して展開する。工業開発が環境を破壊するという、生態系にネガティヴな影響を与える現在的問題もさることながら、そもそも工業的な生業は生態系から受ける恵みと制約に応じて存立してきた。その歴史的経験を戦国日本なかんずく越前国極西部に見る、というのがこの章の趣旨である。

（右）越前焼壺（12世紀、越前町教育委員会所蔵、越前町織田文化歴史館写真撮影）
（左）越前焼すり鉢（16世紀、越前町教育委員会所蔵、越前町織田文化歴史館写真撮影）
（下）越前焼甕（16世紀、越前町教育委員会所蔵）

この章で注目するのが、越前国極西部で中世以来生産されている窯業製品、すなわち越前焼（えちぜんやき）である。越前焼を生産した窯を総称して越前窯（よう）と呼ぶ。

越前焼の生産が始まったのは、この章の冒頭で紹介したさかや助五郎が生きた時代から約四〇〇年前、平安時代の終わりから鎌倉時代のはじめごろにあたる一二世紀後半のことである。

戦国時代を含む中世での主力製品は甕・壺・すり鉢だった。後にも述べるが、どちらかというと、高級品ではなく、庶民向け商品である。

製品は現在の北海道から島根県にあたる地域まで、日本海沿岸各地へ広域的に普及した（第四章で再論）。東日本の太平洋側を中心に普及した常滑焼（愛知県常滑市）、西日本を中心に普及した備前焼（岡山県備前市）にならび、生産量・普及範囲が大きい点で、戦国時代を含む中世日本を代表する窯業製品の一つである。なお二〇一七年に文化庁は越前焼を構成文化財の一つとする日本遺産「きっと恋する六古窯」を認定した。

天王川中流域の地理的環境

この章の定点観測地点に設定するのが、越前町平等とその周辺、すなわち天王川の中流域である。平等とその周辺を定点観測地点に設定する理由は三つある。一つめが、そもそも当地が中世以来の越前焼の生産地であり今もそうであるという現在的事実である。現在も営まれている生業・産業の系譜を歴史に探ることをこの章では試みる。

理由の二つめが、例によってだが、戦国時代に当地の人びとが越前焼の生産を生業として営んだことについて語る記録が残っているからだ。ただし、量は少ない。実のところ、中世日本の窯業に関する記録は全国を見渡してもわずかである。その断片的かつ希少な例をじっくりと見ていくことで、窯業を生業とした人びとの生存戦略を復元してみよう。

理由の三つめが、記録が少ないことと対照的に、平等とその周辺で行われた越前焼を生産した窯そのものの発掘調査などによる、考古学的な知見が豊富にあるからだ。越前焼の生産を生業とした人びとのありようを復元するには、むしろこちらに強く頼ることになる。というのは、発掘調査をすると窯業製品はよく出土する。紙と違い、腐らず、焼失せず、虫が食うこともない、耐久性の高さゆえだ。記録が少ないことは研究にネガティヴにはたらくが、考古学的知見とあわせた複数の方法論を使えることは、学際的なアプローチの面白さを知ることができるというポジティヴな面もある。これら複数のアプローチにより、窯業を生業とした人びとの生存戦略を考えてみよう。

さてそもそもの話として、天王川中流域の人びとは越前焼をつくることを生業になぜ選んだのか。理由の一つが、当地の生態系から得られる資源が窯業に適していたことにある。

越前焼の原材料はおもに二つある。製品の素材となる土（粘土）と、製品にするときに高温処理するための燃材である。土の供給については、天王川が関係している。序章で触れたように、天王川水系は丹生（にゅう）山地を縫うように展開する。河道が変化したことに伴い、河底の名残である河成（かせい）段丘ができた。この段丘に堆積した粘土が窯業製品の素材に適した。[3]

燃材の供給についていては、第一章で触れたように、当地を含む越前国極西部は燃材に適するクリなどが豊富に生えていた。実際、越前焼の窯跡で検出された炭化材には、クリなどの広葉樹から針葉樹まで、さまざまな樹種が確認されている。[4] また、一八世紀初頭つまり江戸時代中期の記録にはクリなどを燃材に使ったことが記されている。[5] つまり越前焼の生産は越前国極西部で素材・燃材を得られることを前提とした生業だった。

2　大量生産化と資源分配——考古学的知見が語る生産戦略

技術は誰が伝えたのか

それでは越前焼をつくっていた人びとの生存戦略を、まずは考古学的知見に基づいて見ていこう。越前焼の生産は、考古学的知見によると、一二世紀後半、すなわち平安時代から鎌倉時代に移ろうとしている時期に、現越前町小曽原(おぞわら)すなわち天王川中流域のうち東部の丘陵地で始まった[6]。

実は、小曽原の人びとは越前焼の生産が始まる前から窯業生産を行っていた。学校教科書にも登場する、須恵器(すえき)である。

須恵器とは、五世紀ごろつまり古墳時代に朝鮮半島から渡来した人びとが技術を伝えた窯業製品である。窯業製品には、原料の土を成形して焼く前に表面に溶液(釉薬(ゆうやく))をかけて高温で処理、つまり焼いてガラス質化させることで製品に液体が透過しないようにし、また強度を上げるものと、そうでないものがある。須恵器は釉薬をかけないので、ごくおおまかにいうと素焼きである。ただし高温(摂氏一〇〇〇度以上)で処理することで土の粒子がとけて粒子どうしがさらにくっついてすきまが埋まるので、液体が製品を透過する度合いは低い。だから液体の容器として使える。

小曽原での須恵器生産は一〇世紀で終わる。その後時間を少しおいて一二世紀後半から小曽原で越前焼の生産が始まる。須恵器と同じく釉薬はかけない。結果的に自然釉(しぜんゆう)(窯の中で製品の表面についた灰などがとけてガラス質化したもの)がつくことがあるが、部分的なので、液体が製品を透過することを防ぐにはあまり貢献しない。一方で焼成温度は須恵器より高く、摂氏一二〇〇度以上である。そのぶん、より固く焼き締まる。

窯業製品には土器や陶器といった分類があるが、中世の越前焼は何にあたるのか、一概にいうのは難しい。窯業製品の分類定義がさまざまあるからだ。たとえば釉薬をかけずに九〇〇度以下で焼くものを土器、釉薬を表面にかけ一二〇〇度以上で焼くものを陶器と定義する向きもあれば、釉薬をかけなくても陶器に分類する向きもある。越前窯の技術のもとである常滑窯が、尾張国（愛知県西部）などで古代に生産されていた釉薬をかけてつくった製品の技術の系譜を引くことなどを根拠として、越前焼を陶器に含める向きもあれば、陶質土器・炻器といった分類をあてる向きもある。以上のことにより、中世の越前焼をどの分類にあてるかは、ものの本によりさまざまである。ここでは分類論争は避け、焼く前に釉薬をかけていないことだけ確認しておく。

小曽原

越前焼は、常滑焼の技術の系譜を引く点で、同じく中世以来の窯業地として有名な信楽窯（滋賀県甲賀市）や丹波窯（兵庫県丹波篠山市）と兄弟関係にある。常滑焼の技術が当地に伝わった経緯は記録上まったく不詳である。領主がその影響下にある技術者を当地へ派遣・誘致したのか、各地を遍歴する自由な技術者が自発的に当地に居ついたのか、いろいろ想像できる。

筆者は、越前焼の始まりの地である小曽原が山干飯保という名の国衙領（律令制に基づき国ごとに設置された行政官である国司が管理する地）だったことに注目している。中世日本の窯業地は国衙領にあるものが多く、その成立と生産に国衙が関連していたと考えられている。代表的な例が神出窯（兵庫県神戸市）や、猿投窯（愛知県名古屋市・瀬戸市など）である。[7] 越前窯も同様だったのではないか、と筆者は考えている。

なぜ転々と移動したのか

越前窯が成立した後、越前焼をつくっていた人びとはその立地を変えていった。一三世紀には小曽原での操業を終え、越前町熊谷や平等で生産を始めた。つまり天王川中流域のうち右岸（東部）の丘陵地から、左岸（西部）の丘陵地へ立地を移した。室町時代のまっただ中である一五世紀には熊谷での生産を終え、戦国時代まっただ中である一六世紀には平等でだけ生産するようになった。つまり立地が天王川中流域の各地に分散していたのが、平等へ集約されていった。

なぜ立地を移動させていったのか。燃材を得る都合が要因として大きいらしい。どういうことかというと、燃材となる木を窯の周辺で切り尽くすと木がある地へ窯を移していったと考えられている。

これに対し、越前焼の原料に使われた土は、越前町小曽原・下河原（平等に隣接する）あたりのものに限定されることが、福井県窯業試験場による土の分布調査でわかっている。江戸時代の記録にも、平等でつくる越前焼の原料土を下河原あたりで採取した旨の記述がある[8]（後に再論）。燃材を求めて窯の立地を移動させるが、土をとるところは窯の立地に関係なく同じということは、立地を決めるとき燃材があるところの優先順位を高くし、土があるところの優先順位は低かったことを意味する。

なぜこのような順位なのか。理屈でいえば、窯業製品の原料である燃材と土とを比べると、製品をつくるときに消費する質量と、工程で質量が減損する度合いの双方において、燃材のほうが大きく、土のほうが小さい。だから、燃材を移動させるより土を移動させるほうが経済的に合理的である。よ

下河原

熊谷

って燃材があるところに立地させる動機がはたらく。[9]
また、立地が転々と移ったことは、場所を移すことを領主があまり規制しなかったことを意味する。同様の例が常滑窯である。考古学的知見によると、常滑焼をつくっていた人びとは、複数の荘園がある知多半島（愛知県）全体で、それぞれの荘園の領域を超えて立地を移した。[10]

記録を見ても、中世において越前焼の生産に対し当地の行政権力が強く管理した様子は、ない（記録の不在は史実の不在を必ずしも意味しないが）。コメについては生産する人びとに関する記録が一般的に多く残ることと対照的である。中世において越前焼をはじめとする窯業生産は、庶民が自律的に営む、領主などによる管理が弱い生業だったようだ。

つまり中世日本の窯業生産は、行政権力に強く従属する人びとが行政権力の需要をみたすために行ったのではなく、比較的自由な個人が経済合理性に基づいて戦略をとりつつ自律的に営んでいたらしい。「立地が変わっていった」という考古学的知見は、これだけのことを教えてくれる。

技術革新と大量生産化——生産の合理化

平等へ窯が集約されていったことに伴い、窯の数自体も一四世紀以前に比べて減った。縮小均衡路線をとったように思えるが、史実は逆である。むしろ大量生産化が起きる。では生産装置の数が減ったにもかかわらず生産量が増えたのはなぜか。その背景には三つの技術革新があった。

一つめが、窯の立地が集約されたことにかかわることだが、立地の固定である。中世において越前焼を焼いた窯は丘陵の斜面を掘って築いた。そのとき最初に、丘陵の斜面の低いところに設定する。同じ窯を複数回稼働すると、熱のため窯の内壁が劣化して崩れ、使えなくなる。そうなると、天井を崩し、上へ向かって掘り直して、新しい窯をつくる。これを同じ場所で五回程度行った。この方法は、窯を新たに築くより費用が小さかった。つまり製造原価を節約できた。

技術革新の二つめが、窯の大型化である。越前焼の窯の大きさは、一二世紀に生産が始まったころのもので全長一一～一四メートル、焼成室の最大幅が二メートル台だった。時代が下ると大きくなる。一六世紀には全長二四メートル、焼成室の最大幅が五・五メートルのものが登場する。全長・幅それぞれが二倍、容積が約八倍に増えた。焼成室を長くすると窯内部の温度分布がばらついて熱効率が悪くなりかねないが、床面の傾斜を大きくすることで効率化した。

窯一回の稼働（焼成）で生産できた量は、窯が大型化した一六世紀で、器高四〇センチメートル程度の甕ならびに壺がそれぞれ約六〇個と、口径三〇センチメートル程度のすり鉢約一二〇〇個と推計されている。一三世紀後半～一四世紀前半の窯に比べ数量ベースで、たとえばすり鉢だと約六～一二倍に増えた。また、窯を大規模化したことは単位製品あたりの燃材消費量を減らすことにつながったと考えられている。[11] つまり窯の大規模化は単位製品あたりの製造原価を小さくする効果もあったらし

い。

技術革新の三つめが、窯の内壁に石を使うようになったことである。これにより窯の耐久性が高まり、窯を使う回数を増やすことができた。窯の熱効率も高まった。これらも製造原価を節約することにつながった。

なおこの石は、耐火性が高い軽石で、江戸時代の記録によると、平等から北へ直線距離で約五キロメートルのところにある岩倉（越前町岩倉）でとれた。なお平等の人びとは石を得る対価として岩倉へ甕を提供した。[12]これまた、外の社会との関係に応じて生業が成り立っていることを示す例である。

そういえば、先に述べたように、越前焼の原料土は小曽原・下河原あたりのものに限られていた。

岩倉

つまり生産要素を外の社会に依存したのは、原料である土もそうだった。

燃材の供給も外の社会に依存するようになったらしい。先に触れたが、かつては、燃材となる木を切り尽くすと別の地へ立地を移した。これに対し、窯の立地を固定したことは、燃材を求めて移動しなくなったこと、つまり燃材も外部から求めるようになったことを意味する（これも後に再論）。以上のように、内壁材たる石、原料土、燃料を外の社会から得たことと、窯の立地を固定したことは、表裏の関係にあった。

まとめるに、越前焼をつくっていた人びとは、窯の立地を集約・固定化し、窯自体を大規模化し、窯の内壁材として石を採用するなどの技術革新を行うことで、大量生産化を達成した。第二章まででも述べたが、戦国時代を含む中世の庶民は、前からあるやりかたを漫然と継承したのではなく、そのときどきで最適な解を得るべく技術革新を試みた。その結果が越前焼の場合、大量生産化につながった。その試行錯誤の跡を考古学的な知見は私たちに教えてくれる。これら三つの技術革新の背景に共通してあるのが、経済合理性に基づいた行動を庶民がとったことである。経済社会化が進む一端を示す現象であるともいえる。

また、これら技術革新から見えてきた生存戦略が、外の社会との関係に応じて生業を営んでいることである。先に紹介した技術革新を実装するための生産要素たる窯の構造材料や製品の原材料を、自給自足的にまかなうのではなく、外の社会から調達した。第一章・第二章で見た人びとの生存戦略と同じ構造である。

庶民の必須アイテム、甕・壺・すり鉢

ここまで、「どのようにつくったのか」、つまり生産技術についての戦略を述べた。ここからは、「誰に売るため何をつくったのか」、つまり営業戦略について考えてみよう。

先に、中世の越前焼は高級品というより庶民向け商品だった、と述べた。では具体的にどのような種類のものを生産していたのか。中世の越前焼には水注（みずさし）や硯（すずり）などさまざまな種類の製品があったが、主力は甕・壺・すり鉢の三種類である。そのことは、これら種類の製品を当時の人びとが需要したことを意味する。その需要の具体的な中身、つまり用途は何か。

甕・壺は、ご存じのように、容器である。たとえば水・酒など液体や、穀物の種子を蓄蔵した。なお定量的な定義はないが、口と胴の直径の比が小さい（口が大きい）ものを甕と呼び、比が大きい

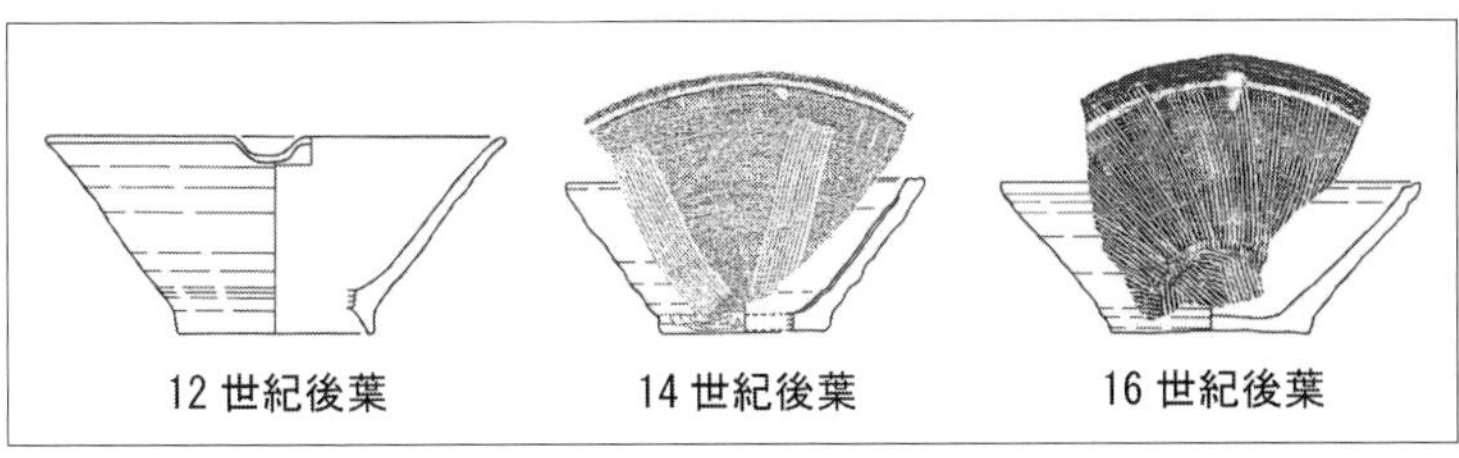

越前焼すり鉢のすり目の変遷（『越前焼総合調査事業報告』2016年をもとに作成）

（口が小さい）ものを壺と一般に呼ぶ。

すり鉢は、これまたご存じのように粉砕に使う。現在の日本社会において使う機会は少ないが、戦国日本の遺跡では頻繁に出土する。つまり、戦国日本においては庶民の毎日の生活を支える必須アイテムだったようだ。

では戦国日本の庶民はすり鉢をどのように使ったのか。実は、記録的にも考古学的にも不詳なのだが、民俗学的知見を参考にすると、次のように考えられる。[13]

まずそもそもの話として、越前窯は成立した初めごろから鉢をつくっていたが、これにはすり目がない。単なる鉢だ。それが一四世紀前半つまり鎌倉時代の終わりから南北朝時代にかけてのころになると、すり目を施した鉢が登場する。すり目を施すにも工夫があった。登場当初のすり鉢のすり目は一定の間隔を開けて数本ずつついている。それが、時期が下るにつれその間隔が詰まっていき、一六世紀には現在のものと同じようにすり目がびっしりつくようになる。このことは、時を追うごとに粉砕性能が上がっていったことを示す。また、越前焼のすり鉢をつくっていた人びとが、使用者にとっての利便性を高める（それは売れ筋商品になることにつながる）べく設計を変えていったこともまた示す。

ではそもそも、戦国日本の庶民はすり鉢で何を粉砕したのか。二一世紀を生きる筆者はトンカツ店でゴマをすることが多いが、当時の人びとがすったのはおもに穀物らしい。

どういうことかというと、現在の日本ではコメを粒のまま食べる（粒食（りゅうしょく））ことが多い。対して、戦国時代を含む中世日本では穀物を粉砕して食べる（粉食（ふんしょく））ことが多かった。生物学的には、機械的消化（咀嚼（そしゃく））を外部化することで、化学的消化（酵素で分解する）を容易にする効果を持つ（アゴと消化器の負担を軽くする）。具体的現象でいうと、前提として、戦国日本の人びとはコメや、コムギ・アワ・ヒエなどさまざまな穀物を生産した。生存可能性を上げるためである。それら穀物それぞれを、またはまとめてすり鉢で粉末化し、そのままその鉢でこねてダンゴまたはそれに類するものをつくり、食べる。

なお乾燥した穀物を製粉する性能は、すり鉢よりも、石製の臼がより高い。しかしながら石臼は中世において相対的に高価であり、使うとすれば庶民の中でも上層の、所得が相対的に高い人びとに限られた。一般庶民も所有できる相対的に安価な商品であるすり鉢で穀物を粉砕するには、相対的に低い粉砕性能を補うため、水につけるなり煮るなりしてやわらかくしてから行ったらしい。

戦国ごはんは砕いて・ビチャビチャ・パサパサ・ザリザリ

とはいえそれら方法も手間がかかる。戦国日本の庶民がすり鉢に求めた性能は、完全な粉末化よりも、粒がある程度残る、ほどほどの粉砕性能だったと考えられる。

そのことは穀物を調理するときの当時の方法から推測できる。現在、日本で伝統的なコメの調理法というと「炊く」、つまり水を加えて加熱し、その後蒸らして水分をコメに吸収させてやわらかくモチモチにすることが一般的である。この調理法が登場したのは室町時代、普及したのは江戸時代、全国的に広がったのはせいぜい第二次世界大戦後のことらしい。[14]

では戦国日本では一般的にどうしたかというと、二つの方法が想定できる。水に入れて加熱してやわらかくするのは「炊く」と同じだが、水を多めにしてビチャビチャな粥（かゆ）にするか、煮えたら水をとってパサパサなできあがりにする。なお後者を湯取り法という。現在も東南アジアなどで一般的なコメの調理法だ。

どちらの方法にせよ、水に入れる前に穀物を砕くことが多かったらしい。現在穀物を炊くといえばきれいに精白されたコメ単体で炊くことが一般的である。しかし戦国時代であれば、脱穀・精白するときに砕けたもの、収穫したうち未熟のもの（現在であれば商品にならないが戦国日本はだいたい食糧難なので食べられるものは食べる）や、先にも述べたコメ以外の穀物も混ぜて調理する（雑穀ごはんが近年流行しているのは戦国日本への回帰ともいえる）。これらは粒が小さい（アワやヒエが典型的だ）ので火が通るのが早い。粒が小さいものに合わせて、コメなど大きめの穀物を砕いておけば、加熱時間が短くすむので、燃材を節約できる。実際、戦国時代には「ワリ（割）ノ粥」「ヒキ（挽）粥」を食べた、という記録がある。[15]なお粥にせよ湯取り法にせよ、野菜・野草・海藻など、穀物以外の食材も混ぜて調理できる。ビチャビチャ雑炊またはパサパサ混ぜご飯だ。だから一四～一六世紀ごろの日本がモデルらしい映画『もののけ姫』（スタジオジブリ、一九九七年）でジコ坊とアシタカが、買ったコメを雑炊にして食べているのは、考証として適切である。

すり鉢は、穀物以外の食材も粉砕できる。たとえばトコロ・ワラビからデンプンをとるときに粉砕する工程（第一章）で使ったことを想定できる。

すり鉢には粉砕する以外にも機能がある。たとえば煮沸である。つまり土鍋がわりに使う。日本で出土する中世のすり鉢には外面にススがついたものがしばしばある。[16]穀物を粉砕し、水を加え、場合によっては野菜などを加えてそのまま火に直接かけ、ワリ粥・雑炊・パサパサ混ぜご飯などをつくったのだろう。ズボラなようだが調理道具を節約できるので合理的だ。

以上のように、すり鉢は現在でこそ調理道具の中で脇役扱いされがちだが、戦国日本においては庶民の食生活の中軸を支えた多機能調理具だった。すり鉢は粉砕性能が石臼より劣ると先に述べたが、安価で、器具の体積や質量が相対的に小さいという利便性もあった。

越前焼をつくっていた人びとは、すり鉢の供給の一端を担うことで、おおげさにいえば、戦国日本において庶民の食生活を支えた。そして越前焼をつくっていた人びとは、安価ながらもすり目を増やして機能を高めるなどの工夫を施した製品を供給した。市場とくに庶民の需要に応じて生産戦略を立てた姿が見えてくる。

ただし、安価な大量生産商品の歴史は「安かろう悪かろう」と隣り合わせである。そのことは製造工程が示す。甕・壺は液体が漏ると困る。だから、窯のうち火がよく当たる手前部分に置くことで強く焼き締める。対してすり鉢は液体漏れを心配する必要性が比較的少ない。だから、窯のうち温度が比較的低い奥の部分で焼いた。結果、すり鉢は、焼き締まりが相対的に悪くなる。そのようなものを使ってゴリゴリ粉砕する。だからすり鉢は甕・壺と比べて消耗しやすい。

実際、発掘されたすり鉢は、する面がしばしば摩耗している。そうなるまで人びとは使い込んでいた。このことは、すり鉢で粉砕してつくった料理に、粉砕されたすり鉢がいくばくなりとも混ざっていることを意味する。戦国日本の庶民が食べたごはんはビチャビチャかパサパサでザリザリだったようだ。

大量生産化はどのように起きた？――一五世紀生産革命説

以上のような用途で戦国日本の庶民は甕・壺・すり鉢を求めた。そしてこれら器種を主力商品として大量生産化したことは、市場とくに庶民の需要に応じて生産器種を選んだことを意味する。つまり外の社会・市場との関係に応じて生産するという、これまで紹介してきたものと同じ戦略を、越前焼をつくっていた人びとの行動に見ることができる。このころ進んだ経済社会化の一端を示す現象でもある。

越前焼をつくっていた人びとが一五世紀に大量生産戦略をとった大きな契機として考えられているのが、このころ戦国大名朝倉氏が城下町一乗谷を建設したことである。平等と同じ越前国に大規模な人口集中地が出現したことは、越前焼を大規模に消費する需要を生んだ。実際、一乗谷朝倉氏遺跡では越前焼が大量に出土している[17]。

また、先に少し述べ、かつ第四章でも述べるように、越前国以外、とくに日本海沿岸各地で越前焼が出土している。越前焼が広域的に需要されたことを示す。広域的な需要、つまり越前焼をつくっていた人びとが帰属する社会の外にある社会における需要に応じて、大量生産を行ったことの裏返しでもある。

実は中世において越前窯以外の窯業地でも少品種大量生産化が共時的に起きた。大量生産化は、窯業以外でも、石塔など石製品や、結物（ゆいもの）（第一章）をはじめとする木製品などで、一五世紀の日本各地で生産地・品目を越えて起きている。技術革新と集約化・大量生産化を含むこの現象は一五世紀生産革命と呼ばれている。[18]

この説は一五世紀に大量生産化が起こった背景を次のように説明する。農地開発の拡大に伴い人口が増え、それに伴い商品への需要が増えた。一方、一四世紀に起きた鎌倉幕府の滅亡・南北朝の争乱以後、武士を中心とする紛争が続いた。このことは高所得層である武士による相対的に高価な工業製品への需要を減らした。それら製品をつくっていた人びとは、相対的に低所得である庶民を代替的な顧客に設定し、彼らでも買える安価な消費財の供給を試みた。結果、粗製化を伴う大量生産化が起きた。その具体的な現象の一つが越前焼の大量生産化だった――、という筋書きである。以上のようにこの説は高所得層の需要が縮小したことに伴う戦略転換を重視する。

大量生産化した契機に関しては、諸生業間の相互関連・相乗効果という視角[19]からも説明できる。生産革命説が語るように一五世紀には結物の生産量も増えた。結物は容量が大きい点で同じ木製品でも曲物（まげもの）などより優位にあり（第一章）、甕・壺と競合する。

実際このころ窯業製品と木製品とが容器市場で競合したことが考古学的に確認されている。関東にある一五世紀から一六世紀の遺跡では、それ以前の遺跡に比べ、出土する常滑焼の甕の数量割合が小さくなる傾向がある。その背景に、容器市場における桶など木製品との競合とその敗北に伴う退出があった可能性が想定されている。[20]

同じような競合が越前焼にもあったのではないか。つまり廉価化などにより木製品との競争力を高めるべく、大量生産化を試みたのではないか、と筆者は考えている。

生産革命説は、それぞれの品目の大量生産化が相互にどう関連したかを語らない。一方、筆者が示した仮説では、ある品目の大量生産化が、同じような機能を持つほかの品目との競争を生み（つまり代替財的な関係にある）、そのことが後者の大量生産化を促すという、異なる品目それぞれの大量生産化の相互関連を説明することを試みた。どちらの説明にせよ、越前焼をつくっていた人びとが経済合理性に基づき行動し、広く見れば経済社会化が進んでいることを想定している点では一致する。

生産革命で人びとは豊かになったのか

大量生産化・生産革命説に関し参考になるのがこの時代の日本のGDP推計である。人口一人あたり実質GDP増加率が年率で、一三世紀末から一五世紀前半で〇・〇二パーセント、一五世紀後半から一六世紀（つまり学校教科書における一般的な定義での戦国時代）で〇・一三パーセントだったという。[21] 一五世紀半ばを境に成長率が上がっているという見立ては、越前焼などの大量生産化の現象と合う。

ただし、この数値をどう評価するか、生産額が増えたといっても過大評価は控えるべきかもしれない、という問題がある。実際、近年の研究には、中世日本の庶民が物質面で貧しかったことを強調する向きがある。[22] 彼らの物質的な貧しさは、窯業製品のリサイクルのありようからも察せられる。たとえば常滑焼の場合、割れた甕の下半分がすり鉢の代わりに使われたことや、製品の割れた面が鉄製農具など金属器を研ぐための砥石（といし）の代わりに使われたらしいことが出土した資料で確認されている。[23] つまり中世庶民は、限られた動産を、本来の使用価値を失った後も、別の用途で使えるだけ使った。

以上のように、戦国日本は物質的にはまだまだ貧しい社会だったことが、出土した窯業製品から見えてくる。大量生産化に伴い戦国日本の庶民の生活水準は向上したというものの、それはあくまで「前に比べてわずかにマシ」という話として解釈するべきだろう。

森林伐採を禁止してもらう

越前焼の大量生産化は、つくっている人びとにとっては所得を増やす機会だったかもしれないが、それ以外の人びとにとっては生態系から得られる恵みの分配にネガティヴに影響することがあり、結果、トラブルが起きたらしい。そのことは、朝倉氏政府が当地の地域領主である劒神社へ出した山・森林の伐採を規制する命令から察することができる。

戦国大名朝倉氏の三代・貞景の治世である明応六年（一四九七）、朝倉氏政府は、劒神社の領地の山林等につき、集落の堂舎（集会所の機能を持つ）や道・橋をつくるために伐採することを禁じた。[24]翌明応七年（一四九八）には、その用途はとくに限定せず、劒神社の領地の山林等をかってに伐採することを禁じた。[25]同年、劒神社の領地の山林等を劒神社の建築に使う以外の目的で伐採することを禁じる旨を、織田寺（劒神社の別当寺。越知神社と大谷寺との関係と同じ）へ命じた。[26]要は、朝倉氏政府は一四九〇年代に劒神社が持つ山林を伐採することを禁止する命令を集中して出している。

このことは何を意味するのか。これら一連の命令書は劒神社に伝来している。戦国時代を含む中世日本では、ある人間が、保護してほしい権利の内容を、場合によっては文書に書いてほしい文面そのものを行政権力に申し出て、それを受けて行政権力はその人間へ文書を与える、という場合がしばしばある。そして、その文書を持つことで利益を得る人間のもとに伝来することが多い。とくにこの手の禁止命令の類に顕著である。[27]

つまり劒神社に伝わる一連の命令書は、劒神社が、みずからの権利を守るために朝倉氏政府からもらってきたものである。行政権力が山・森林の伐採を禁じることに同意する背景には、山・森林の資源を有事に利用するため確保しておく目論見がある（第一章）。

そのことを踏まえて劔神社に伝わる山・森林の伐採を規制する命令書を読み直す。注目するべきが、禁じる行為が山・森林の伐採だけであることだ。

そのことは、後の時代に劔神社が得た禁止命令と対照的である。戦国大名朝倉氏の五代・義景は、元亀（げんき）三年（一五七二）、劔神社の内部ならびにその門前での「山林竹木」の伐採に加え、殺人・略奪・暴行を禁じた[28]。

殺人・略奪・暴行なども禁止対象とすることは、劔神社が、森林伐採以外のさまざまなことも防止するよう行政権力へ求めたことを意味する。その背景としては、このころ続いた、朝倉氏政府と織田政権との戦争などに伴って治安が悪化したことを想定できる。第一章で述べたように、このころの戦争は森林の資源の争奪戦でもあった。劔神社は、戦争に伴い、領地にある山・森林の資源を守るため、政府へ伐採の禁止を求め、加えて、神社の近隣にいる人びとの生存や物権の保護も求めた、ということだろう。

なぜ一四九〇年代なのか

これに対して一四九〇年代の禁止命令の対象は山・森林の伐採だけである。つまりこのとき劔神社は伐採行為を唯一の対象として、行政権力へ禁止を求めている。

その背景は何か。一四九〇年代の当地ではめだった戦争や治安の悪化は記録上ない。ではどう解釈すればよいのか。

断言は難しいが、これまで語ってきた、生態系の恵みの利用とステークホルダーたちの関係という視点から仮説を示す。劔神社が、領有する山・森林を当地の人びとが過剰に利用することから保護したい、とつねひごろ考えていたことは想定できる。第一章で述べたように、戦国時代を含む中世日本では山・森林の資源が庶民の生活を強く支えたゆえに、それを消費する需要が強くあったからだ。ただしそれは中世一般にあてはまることである。ではなぜほかならぬ一四九〇年代に禁止命令が集中して出されたのか。いいかえれば、山・森林の保護を劔神社に強く意識させた、この時期特有の背景は何か。

そこで思い出されるのが、このころつまり一五世紀後半から一六世紀にかけて越前窯が平等(たいら)に集中し大量生産化が起こったことである。越前焼の大量生産化は燃材の大量消費化を意味した。推計によれば、大型の窯で、稼働一回当たりで燃材五〇トンを消費した。[29] しかし燃材となる木を再生産するにはいわゆる雑木で短くとも五～六年ほどかかった（第一章）。つまり燃材への需要が増えても、供給は弾力的に増やせない。

そうであるにもかかわらず、先に述べたように、越前焼をつくっていた人びとは窯の立地を固定化した。このことは、窯の周辺にある燃材となる木を切り尽くし、木の再生産がまだであっても、その地に居続けていることを意味する。

では燃材をどのように調達したのか。一つには、外部の社会から買う、という選択肢がある。二つめに想像できるのが、劔神社の領地にある、宗教的な畏怖などがあったため伐採を避けてきた木を無許可で伐採するようになったのではないか、ということである。そしてその行為から保護するよう劔神社が行政権力へ求めた結果出されたのが一四九〇年代の伐採禁止命令だったのではないか、と筆者は考えている。なお一四九〇年代といえば第二章で紹介した山本九郎が敦賀での反乱鎮圧に従軍した少し前の時期だ。九郎は、「居倉浦から少し離れた平等で越前焼の大量生産が最近進んでおり、燃材の伐採が盛んになった」ということを見聞きしていたかもしれない。

燃材、それとも肥料

以上はあくまで想像だが、このような、燃材として使える植物資源の分配をめぐる対立が、地域領主と越前焼をつくっていた人びととの間に加え、同じ地域の庶民の中でも越前焼をつくっていた人びととそうでない人びととの間で起きたことが記録で確認できる。次のエピソードは、記録自体は一六世紀末から一七世紀初頭つまり豊臣秀吉・徳川家康らが活躍した時期のものらしいが、戦国大名朝倉氏の治世の話を含むのでここで紹介する。[30]

記録の趣旨は次の通りである。――平等河内（越前町平等）は、かつては「草□（欠損、「木」または「柴（しば）」か）」を刈るところとして、平等の南に隣接する古屋（ふるや）（越前町古屋）・熊谷（くまだに）の人びとも利用した。しかし朝倉氏の施政期になると古屋・熊谷の人びとによる利用が排除された。――

つまり、一六世紀ごろ、平等の人びとと古屋・熊谷の人びととが共同で草・木を利用する土地があったが、朝倉氏政府はおそらく平等の人びとが独占的に利用することを認めた。共有地の資源の分配をめぐり、越前焼を生産する平等の人びとと、このころは越前焼を生産していなかった熊谷などの人びととの間で問題が生

古屋

じたのだろう。

平等の人びとが山や森林にある植物資源である草・木を消費する用途が、越前焼をつくるための燃材だったことは察することができる。では古屋・熊谷の人びとはどのような用途で求めたのか。まず思いつくのが、炊事・暖房などである。ただしこれは平等の人びとを含め、どの生業を営んでいようが共通する用途である。これとは別に、農業を営む人びと特有の、かつ大量に消費する用途があった。肥料である。

戦国日本で利用された植物由来の肥料は大きく二つある。一つめが、第一章でも触れた、緑肥（りょくひ）である。

改めて、緑肥[31]とは何か。草、木の枝・葉などを土にすき込んで分解させ（水田には水があるので速く分解できる）、植物の栄養に供する物質、すなわち肥料を得るものである。日本史研究では刈敷（かりしき）と呼ぶことが多い。なお桃太郎を養育する未来が待っているおじいさんが山へ柴（小さい木。木の葉やカヤを指すこともある）を刈りに行ったのは、燃材にするためと思われがちだが、緑肥にするためらしい。江戸時代の記録によると、田・畑に必要な緑肥を得るためにその面積の一〇倍超の山野が必要だった。

植物由来の肥料の二つめが、灰肥である。燃材として木・草を消費したあとに残る灰を使うことが多い。第二章で、近代において、製塩するために使った燃材の灰と内陸部のコメとが交換されたエピソードを紹介したが、この灰は灰肥におそらく使われたのだろう。植物灰は肥料として機能することに加え、アルカリ性なので土壌の酸性度を調整できる利点がある。日本列島は一般に多雨なので土壌が酸性化しやすく[32]、過度な酸性化は植物の生育にネガティヴにはたらく。そこで土に灰を与えると、酸性化をおさえ、土壌養分の効きをよくさせることができる。

江戸時代の記録によると、農業を営む人びとは燃材を得るために田・畑面積の約二・五〜三倍の山野を必要とした。それだけ多くの燃材を田・畑を営む人びとも消費し、そのうちの相応の量を灰肥に転用した。

以上のように、緑肥・灰肥はともに山・森林の生態系からの恵みに由来した。つまり農地の生態系は山・森林の生態系からの恵みを大量に消費することで維持できた。

平等と古屋・熊谷の境界にある資源の分配が問題になった背景には、窯業にせよ農業にせよ植物資源を大量に消費したことがあったと考えられる。越知山の周辺と同じく、越前焼の生産地の周辺でも、集落ごとに営む生業は異なり、利害のあり方もさまざまであり、だからこそ同じ資源を消費する異なる生業を営む人びとの間で分配をめぐる競合が生じた。そのことを先のエピソードは教えてくれる。

燃材消費を地域全体で考える

越前焼の窯の立地が固定したことに伴い、その地域の外から燃材を調達するにあたっては、先に想像した盗伐にくらべ、相対的に平和な方法もあった。

時代が少し下るが、一七世紀はじめには、燃材を海岸の集落へ求めたことが記録にある。徳川家康の子・結城秀康が越前国の行政をつかさどっていた慶長九年（一六〇四）のものによると、平等の人びとは、福井藩政府へ一定量のコメを支払うことで、平等の西隣にある厨（くりや）浦の山の利用権を得た。[33] 越前焼を生産するための燃材を得たのだろう。

第一章・第二章で見たように、海岸部集落で食塩を生産する人びとは、その燃材を内陸部に求めた。平等が厨浦の山の利用権を得た例の場合は、内陸部の人びとが燃材を海岸部に求めている。つまり越前国極西部では内陸部・海岸部がともに燃材を供給し、需要した。海岸もほぼ山という当地の自然地理的な条件ならではの現象である。

これら記録から見える、越前焼をつくっていた人びとの燃材調達先は、同時代のほかの大規模窯業地と対照的である。たとえば常滑窯は一四世紀後半以降、水運で製品を搬出し、その帰り荷として燃材を輸送したことが想定されている。立地が海港の近くにあるからこそだ[34]。海から近いといえば近いが、海岸平等から海岸へは西へ直線距離で約四〜五キロメートルである。海岸に着いた船から燃材を運ぶには丹生山地西側の険しい斜面を越える必要がある。このことは燃材の輸送費用を増やす。だから、越前焼をつくっていた人びとは燃材の調達先を広域化させるよりも、なるべく近い地域で得ることを促した、と考えるべきだろう。

越前国極西部の域内で燃材を調達するといえば、第一章・第二章で紹介したように、越前海岸の人びとが食塩を生産していた。つまり窯業と製塩業という、前近代の日本で燃材を大量に消費した生業をともに当地の人びとは営んでいた。このことは、戦国時代を含む中世の越前国極西部の人びとが燃材に適する木を減少させる圧力を強く与え続けたことを意味する。

日本全体を見渡すに、伐採が過剰になったため森林の再生産が難しくなり、焼畑や畠に転換することがしばしばあった[35]。しかし越前国極西部では、焼畑は一部にあったらしい（第一章）ものの、越前焼の生産は続いた。このことは、越前焼の大量生産化に伴う燃材の大量消費化という圧力があっても供給を続けられるだけの燃材の再生産が当地であったことを示す。第一章で紹介したように、一六世紀の越前国は燃材が豊富だった、と同時代人が証言している。戦国時代の越前国極西部では燃材に適した樹種の再生産が持続したという生態系の地域的特徴が、窯業と製塩業をともに営むことができるという生業の地域的特徴を決定する要因の一つになったようだ。

水田の土を使うとどうなるか

ここまで、一四九〇年代に朝倉氏政府が劔神社に出した伐採禁止命令を、越前焼の生産に使う燃材の消費という文脈から読んできた。さらに想像をめぐらせれば、木そのものを消費する以外の目的による伐採の抑止、という文脈で読むこともできる。

それが農地の開発である。中世日本の行政権力が出した伐採禁止命令の中には、農地開発の制限を目的にしたものがよくある（第一章）。劔神社が伐採禁止命令を求めたのは農地開発を抑制するためであり、その背景には越前焼の大量生産化があったと解釈することも、理屈の上では可能である。

どういうことかというと、原料土の調達にまつわる問題である。先に述べたように、越前焼の原料には天王川支流の河成段丘に堆積した土を使った。これに加えて田土、つまり人工の湿地である水田に堆積した、半人工的ともいえる土も原料にしたらしい。

戦国日本で窯業製品の原料として水田の土を使ったことは記録で確認できる。たとえば一四七〇年代の大和国奈良（奈良市）で、杯や灯明皿などに使う素焼きの器（カワラケ。第一章）の原料に使われていた。[36] 現在もたとえば備前窯では水田の土を原料に使っている。[37]

戦国時代の越前焼が水田の土を原料にしたことを直接的に語る記録は未確認だが、一九九二～九三年に行われた、中世の越前窯を再現した実験での知見[38]が参考になる。この実験では、かつて越前窯が立地した小曽原の丘陵でとった土と、同じ小曽原の水田でとった土をサンプルにした。丘陵の土は、耐火度は高いが砂質に富み粒度が粗く可塑性（物体に力を加えて変形させた後、力を除いてもその形が残る性質。造形性と呼んでもよい）に乏しかった。水田の土は、耐火度が低く収縮しやすいが粒度が細かかった。双方を混ぜると可塑性がよい原料土ができた。つまり異なる性質の土を混ぜることで最適化できた。

越前焼を生産し始めた当初に天王川中流域にあった土は、耐火性も可塑性も兼ね備えていたかもしれない。しかし原料に最適な土は、消費速度が再生産速度をおそらく上回るため、越前焼の累積生産量が増えていくに伴い、ストックが減る。そこで水田の土を使うようになった、という筋書きを想像できる。

水田の土をとるとどうなるか。水田の底に粘土層があるとイネの根が垂直方向へ伸びにくい。だから粘土をとるとコメの生産量にポジティヴにはたらく。ただし深く掘りすぎると砂層に突き当たるので、コメの生産量にネガティヴにはたらく。[39]

コメを生産する人びとは越前焼をつくっていた人びとへ粘土を提供することで、当初両者はウィンウィンの関係にあったが、粘土をとり過ぎたことで水田を新たに開発する動機づけがコメを生産する人びとにはたらいた。彼らは開発候補地として劒神社の領地に目を付け、そこにある森林を伐採しようとした。それに対して劒神社は禁止命令を出すよう朝倉氏へ申請した――、という筋書きがあったのではないか。つまり越前焼の大量生産化が農地開発を促した、という文脈で劒神社に伝わる伐採禁止命令を解釈することができる。

なお越前焼の原料土の採取をめぐって集落の間でトラブルがあったことが、江戸時代の記録では確認できる。明暦四年（一六五八）の記録によると、平等と下河原との境界にある土地で、平等の人びとは甕の原料となる土をとり、下河原の人びとは草・柴つまり緑肥などの原料をとっていたが、その地の帰属をめぐって訴訟が起きた[40]。同様の構造は戦国時代にもあったと考えてよい。

ここまで紹介したエピソードで見た、原料土をめぐりステークホルダーが対立した背景には、その再生産に要する時間が長いことがある。窯業原料に適した土が河成段丘に堆積するには地質学的時間を必要とするし、水田という人工生態系にしかるべき土が堆積するにも、それなりの長い時間が必要である。なお越前焼の製品そのものを原料としてリサイクルすることが不可能であることも原料の供給を制約する要因としてある。これは同じ窯業製品でもガラスと異なる。つまり数ある工業製品の中でも越前焼ならではの原料供給問題があった。

ここまで、劔神社が得た伐採禁止命令から想像できる、越前焼の大量生産化に伴い資源分配をめぐりステークホルダーの間で起きたであろうさまざまな対立について考えた。見えてきたのは、山・森林の生態系に由来する量に限りがある資源をどう分配するか、という問題があったらしいことだ。植物資源を、窯業での燃材に割り当てるのか、農業での肥料に割り当てるのか。越前焼の原料として水田の土を過剰に消費したことに伴う新たな農地開発を認めるかどうか。これら、生業にまつわるさまざまな問題をめぐり平等とその周辺にある集落の人びととは、ときに対立した。つまり限られた資源の分配をめぐり庶民どうしで対立したのも戦国日本の社会の一面だった。

3　売る、組織整備、新アイテム——記録が語る生産戦略と近世への助走

越前焼を売って銭で納税する

一六世紀すなわち学校教科書的な定義による戦国時代に入ると、越前国極西部での窯業生産について明示的に語る記録が断片的ながら登場する。結論を先にいうと、それらから、越前焼をつくっていた人びとが市場に応じた戦略をとったことが見える。

そのおそらくもっとも古い記録が、享禄(きょうろく)元年（一五二八）の、劔神社の収税一覧である。[41] 例によって品目や納税額などを羅列する一見退屈な記録であるが、これまた例によってうまく読めばいろいろと情報が得られる。

この記録で注目するべきが、「平等釜之口」に関し「焼次第」に「一度ニ九百文」を劔神社へ納める、という趣旨の記述である。

「平等釜」は平等(たいら)にある窯、つまり越前焼を生産している窯だろう。「口」とは口開け、つまりその年度での操業の開始を意味していよう。「焼」とは、これまた平等で焼いているので、越前焼のことだろう。つまり劔神社は平等で越前焼をつくっていた人びとに対し、その年度で最初の焼成があり次第、すべての窯一括なのか窯ごとなのか不詳だが、銭九〇〇文の操業税を納めるよう求めたことがわかる。

収税一覧のこの記述からわかることは四つある。一つめが、越前焼の製品現物ではなく、銭を納めていることである。これは、第一章・第二章で見た、越知山周辺や越前海岸の人びとが生業に即した生産物そのものを領主へ納めていたことと対照的だ。

銭で税を納めていることは重要な含意を持つ。越前焼が、売るための商品として生産されていることを示す。越前焼をつくっている人びとが銭を得るには、越前焼の製品を売る必要があるからだ。つまり劔神社が銭で納税することを求めたのは、平等で越前焼をつくっている人びとがその製品を売っている事実を知っていたからこそのことである。この章ではこれまで、大量生産化された越前焼は商品として売買されたことを前提として語ってきたが、そのことをこの収税一覧はまさに物語る。

生産に課税する

収税一覧からわかることの二つめが、課税形態が年度内の最初の稼働に対してであること、つまり生産活動そのものを対象にしていることである。

越前焼以外の窯業製品に対する税の例と比較してみよう。天文一四年（一五四五）、公家の中でトップクラスに位置する鷹司家と一条家との間で、京都で備前焼の壺を売る人びとが納める営業税をどちらが得るかをめぐって訴訟が起きた。また中世において、備中国吉備津神社（岡山市）が、その門前にある市で亀山窯（岡山県倉敷市）の甕を売ることに対し営業税を課したらしい。加えて、一五世紀末から一六世紀前半にかけて、すり鉢（産地不問？）を京都へ移入するにあたり、京都の入口にある税関で関税が課された。すり鉢を京都の路上で売ることに対しても営業税が課された[42]（このころは常設店舗もあるが行商・路上販売も一般的である）。

これらの例では販売・輸送など流通過程に関して課税している。対して劔神社の例では生産活動そのものに対して課税している。行政権力が、窯業に関し、製品の流通フェイズに加え、生産フェイズも捕捉して課税しようとしたことを示す、日本税制史において貴重な記録である。このような断片的な記録を集めることで、戦国日本の工業・商業課税システムの全体を明らかにしていくことにつながっていく。

劔神社とのギヴアンドテイク

収税一覧からわかることの三つめが、越前焼をつくっていた人びとと劔神社の関係である。

そもそも、越前焼をつくっていた人びとが劔神社へ納税する義務はなぜあったのか。平等が劔神社の領地だったから、ということに加え、もう少し深く考えるべき事情がある。

思い起こすべきが、越知山周辺や越前海岸の人びとが行政権力へ生業に応じた奉仕を提供した背景に、行政権力から生業・生存に関するなんらかの保護を得ることへの期待があったことだ。これら同様の、生業に伴う生産物を媒介に、庶民と行政権力とが相互に依存するギヴアンドテイク関係を、越前焼に見ることは可能だろうか。

可能である。そのことを語るのが、同じ収税一覧の別の項目にある、「平等山之代」として銭二五〇〇文を納める、という記述である。劔神社が領地として持つ平等にある(または平等の人びとが利用する)山の利用税を納めるよう平等の人びとへ求めたことを意味する[43]。平等の人びとが山をどう利用したかといえば、燃材や原料土をとったことを想定できる。

つまり、越前焼をつくっていた人びとが劔神社へ税を納めたのは、当地の山・森林で得られる資源を越前焼の生産に利用する対価だったと考えられる。このように、越前焼をつくっていた人びとは、劔神社に対して一方的に奉仕するのではなく、ギヴアンドテイクの関係で結ばれていた。越前海岸の人びとが、税を納めるかわりに越知山周辺から燃材をとって食塩をつくったことと同じ構造である。

つまり庶民が行政権力と相互に依存しつつ生業を営むという生存戦略を、越前焼の生産にも見ることができる。

税制・気象条件に応じた生産戦略

収税一覧からわかることの四つめが、以上の三つのことを踏まえて考えられる、越前焼をつくっていた人びとがとる生産戦略である。

この収税一覧では、その年度における窯の最初の稼働一回を対象として課税している。その年度全体における稼働回数・生産額・売上額・利益額などに対してではない。先に述べた、平等の人びとが負担した山の利用税も、年二五〇〇文で固定していた。つまり定額の操業税・資源利用税を年度のうちに一回だけ納めればよい。ということは、生産額などを最大化する動機づけが越前焼をつくっていた人びとにはたらく。

生産額などを最大化するにはどうすればよいか。たとえば稼働回数を増やすという選択肢があるが、話は複雑である。操業時期に制約があるからだ。

どういうことかというと、越前焼は原料土を成形したものを乾燥させてから焼く。それが夏であれば、乾燥時間が短く済む利点はあるものの、暑いので焼く作業での身体的負担が大きい。労働環境としては不適である。

冬であれば、こと越前窯では気候の面に問題がある。越前国極西部の内陸部は雪が多く寒い。雪が多いと、原材料や製品を運ぶことが難しい。寒いと、焼く前に製品を乾燥させるときに土が凍り、シャーベット状になって崩れる。このように夏も冬も不適だった。[44]

実際、それら時期を避けて越前焼は生産されていた。江戸時代の話だが、元禄一六年（一七〇三）の記録に、「土を掘っておいて、作業に盆前後からとりかかり一〇月まで焼く」という趣旨の記述がある。[45] 製作シーズンに入る前に原料土を確保し、盆すなわち旧暦七月中旬（新暦八月ごろ）から一〇月（新暦一一月ごろ）にかけて成形・乾燥・焼成を行ったことがわかる。盛夏・冬の作業が難しいのは江戸時代も戦国時代も同じだっただろうから、戦国時代に越前焼をつくっていた人びとも、同じようなワークフローで作業を行っていたと考えられる。[46]

このように越前焼をつくっていた人びとは、気象条件による操業期間の制約に応じてワークフローを設定し、生産額を最大化しようとした。それは、劔神社との関係や課税形態に応じて出した、彼らなりの最適解だった。先に述べた窯の大規模化も同じ文脈、つまり税が定額という条件下で生産額を最大化させる行動の一環と解釈できるかもしれない。越前焼をつくっていた人びとが経済合理性の論理に基づいて行動した姿が見えてくる。

以上、平等の人びとから劔神社への納税に関する記録から、越前焼の生産にまつわるさまざまな現象を見た。越前焼をつくっていた人びとは製品を市場に供給し、劔神社はその事実を踏まえて生産活動を対象に課税した。その課税は、越前焼をつくっていた人びとにとっては、劔神社による一方的な搾取ではなく、燃材や原料土を得ることへの対価だった。つまり双方はギヴアンドテイクの関係にあった。そしてその課税形態と気象条件に応じて生産ワークフローを設定した。行政権力と相互に依存しつつ所与の条件に応じて経済合理性の論理に基づき行動するという、この本でこれまで見てきた、戦国日本の生態系の中で庶民がとった生存戦略と同じ構造が、ここでも見える。

サインとスタンプに見る生産組織の整備

一六世紀の越前国極西部での窯業について明示的に語る二つめの記録が、この章の冒頭で紹介した、天正五年（一五七七）つまり織田政権の治世に、さかや助五郎など平等の人びとが連名でつくった納税誓約書である。この記録から戦国時代に越前国極西部で窯業を生業とした庶民がとっていた生存戦略の深いところが見えてくる、と先に述べた。具体的には、二つの戦略がわかる。

一つめが、生産組織の整備である。[47]

誓約書の文末にある平等の納税負担責任者の署名欄に、簡単なデザインのサイン（略押（りゃくおう））が記されている。巾字や「十」「大」字など簡単な線形を組み合わせている。ちなみにさかや助五郎は「王」字に似たサインを記している。

さかや助五郎が記したものを含め、これらサインと同じデザインのものが表面に刻まれた越前焼がある。これら記号は、その製品を成形した後の粘土がやわらかいうちにヘラでつけられた。そのため研究者はヘラ記号と呼ぶ。

ヘラ記号とはまた別の刻印を持つ越前焼もある。大サイズの甕には、BCGワクチン接種の痕に似た格子状の目の型と、「本」の字の型とを組み合わせたデザインが刻まれたものがある。これを研究者はスタンプ（または押印）と呼ぶ。ヘラ記号は工房（複数の人で構成する生産組織）ごとに施した識別記号であり、スタンプは越前焼をつくった個人それぞれが持つ識別記号らしい。

なぜそうわかるのか。同じヘラ記号でも、越前焼の個体によって筆跡が微妙に違う場合がある。つまり同じヘラ記号を複数の個人が書いている。また、越前焼それぞれにつけられたヘラ記号とスタンプの組み合わせの統計をとると、一つのヘラ記号に複数のスタンプが対応することが多い。つまり、

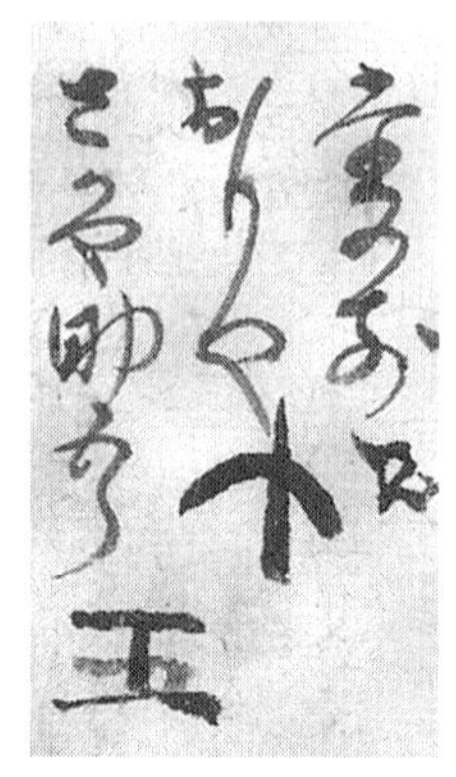

（上左）さかや助五郎たちのサイン（152ページ図版拡大再掲、劔神社所蔵）
（上右）越前焼現物資料のヘラ記号（福井県陶芸館）
（下）越前焼現物資料のスタンプ（福井県陶芸館）

同じヘラ記号を別々のスタンプを押す主体が共有している。以上のことから、同じヘラ記号を共有する生産組織に、固有のスタンプをそれぞれ持つ複数の人間が所属していた、と推定できる。なお越前焼のある個体と別の個体とでスタンプは同じだがヘラ記号が異なる場合がある。このことは、ある個人（固有のスタンプを持つ）が複数の生産組織（ヘラ記号で識別できる）に所属することもあったことを示す。

　ではヘラ記号・スタンプをつける必要はなぜあったのか。一つの窯を一つの生産組織が使っているならば、窯から出すとき、組織を識別する記号がなくても、その製品が自分の所属する生産組織がつくった製品であることがわかる。そうであれば組織を識別する記号は不要である。一つの窯を一人の人間が使っているならば、同様に、個人を識別する記号は不要である。そうであるにもかかわらず識別記号をつけたということは、自分自身または自分が所属する生産組織がつくった製品と、他人・他組織がつくった製品とを識別する必要があったことを示す。このことは、複数の生産組織・人が共同で一つの窯を同時に使っていたことを意味する。

工房を識別するヘラ記号と納税誓約書にあったサインとが一致すると先に述べたが、そのことは何を意味するのか。誓約書にサインしているのは、領主に対して納税の責任を負う人間、いいかえれば、平等にいる複数の人びとから税をとりまとめて領主へ納める立場にある人間である。ということは、ヘラ記号と同じデザインのサインを納税誓約書に記したさかや助五郎たちは、集落の中でも上層の人間だったと考えられる。そのことは工房を識別するヘラ記号をつけたのは工房の中でも上層の人間、つまり単に作業だけする側でなく、生産組織を経営・管理する側の人間だったことを推測させる。

以上のように、納税誓約書のサインと現存する越前焼につけられたヘラ記号・スタンプから、集落の上層でもある工房の経営者が生産組織を管理し窯を共同で使っていた、という実態が見えてくる。このことから、経営者たちが共同出資することで、経営者一人の出資では建造することが難しい大規模な窯を建造できた、と推測することもできる。つまりさかや助五郎は、集落の中で税をとりまとめる指導的な立場にあり、かつ越前焼の工房で生産を指揮する親方的存在であり、もしかすると窯を建造・稼働するにあたっての共同出資者だったかもしれなかった。

このように生産組織を整備したことも、越前焼生産の合理化・大量生産化の背景にあったと考えられている。この章でこれまで紹介してきたさまざまな技術革新も、さかや助五郎など経営者や、そのもとで働く労働者たち（の先祖たち？）が工房で知恵を出し合って試行錯誤した結果だったかもしれない。

「農閑副業」の偏見

さかや助五郎たちが作成した誓約書からわかる戦略の二つめが、この章の冒頭でも少し触れたことだが、彼ら越前焼をつくっていた人びともまた、生業を複合的に営んでいたことである。

この記録は課税基準額をコメの体積単位（石）で示している。いわゆる石高制に基づく税制のハシリである。集落に割り当てられた課税基準額は、あくまで課税基準額であって、コメの実生産量と異なることがしばしばある。[48]とはいえ、平等の人びとがコメなどの食用植物をいくばくなりとも生産していたことは十分に考えられる。つまり越知山周辺の人びとと同じく、農業とほかの生業とを複合的に営んでいたらしい。これまで平等の人びとが当地の植物資源を求めた用途について、越前焼をつくるための燃材の側面を強調して述べてきたが、実は、肥料など農業生産の側面でも需要したと考えられる。

平等の人びとがコメも生産したというと、越前焼は農閑副業的に生産された、と解釈する向きがあるかもしれない。しかしそう評価することには生業史研究の文脈からは慎重たるべきである。というのは、農閑副業の語は、主業はあくまで農業であるという含意を持つからだ。農業とほかの生業とを複合的に営んでいる場合にどちらが所得で多くを占めるかといったことを問うたり、そもそも主業とは何かということを定義したりせず、無前提に農閑副業と呼ぶ背景に、農業を生業の中心と見なす偏見が潜むことに問題もある。[49]「複合的生業」という表現には、そのような農業至上主義史観や、ややもすれば生業には貴賤があり農業こそ貴業であるとみなす差別意識を相対化する意図がある。この本は、人間が生存するためにそれぞれの生業はどれも必要であり、それら生業の複合が全体としてその個人の生存を維持したことを重視して語っている。

さかや助五郎らが作成した誓約書は、ここまで述べた生産組織の合理化や、複合的に生業を営んだようすを教えてくれる。そしてそれは記録に加え、発掘調査された越前焼の窯跡や出土した越前焼など考古学的知見と合わせることで明らかになった。このような学際的方法が、戦国日本の生態系の中で庶民がとった生存戦略を復元するための武器として近年強力に機能している。

瓦をつくりはじめる

中世の越前焼の主力製品は甕・壺・すり鉢であると述べてきたが、戦国時代の終わりごろ、学校教科書的な定義における近世への移行に伴い、新たなアイテムが登場する。

そのことを示すのが、一六世紀の越前国極西部における窯業について明示的に語る三つめの記録である。先に紹介したさかや助五郎の記録から数年さかのぼる、戦国大名朝倉氏の五代・義景の治世である元亀二年（一五七一）に、朝倉氏政府が平等の人びとへ、「瓦屋」の源弥（げんちん）という人の農業収益について申告するよう指示する文書である[50]。

一六世紀後半の平等つまり越前窯が立地していた集落に、瓦屋なる屋号を持つ人がいたことがわかる。瓦に関することを生業にしていたのだろう。

この記録がどう重要なのか。それを知るには屋根の歴史を知る必要がある。実は、越前国において瓦の生産自体は古代には行われていた。たとえば平等に隣接する織田（おた）盆地で、劔神社に付属する寺院に供給するためとおぼしき瓦を生産していた。その後瓦の製造はいったんとだえる[51]。

中世日本では、庶民が住む建築の屋根の素材はおもにカヤ（第一章）や木の板（第四章で再論）など、植物性のものだった。瓦を使うとすれば寺院などに限られた。製造費用・価格が高いので所得が相対的に低い人びとは利用することが難しかったからだ。使うとしても、このころの瓦は質量が大きいので、庶民が住むような構造が弱い建築には負担が大きかったことも理由にある。

加えて、中世までの瓦は越前国では不向きだった。瓦は建築内部へ水が入ることを防ぐのが機能の一つなのだから、降水量が多い当地で積極的に使えばよいように思うが、必ずしもそうはいかなかった。どういうことかというと、中世までの瓦は釉薬をかけずにつくった。そのため雨などが降ると水を吸う。気温が下がると、吸った水分が凍って膨張し、瓦が割れる。これは多雨多雪かつ寒冷である当地では難がある。

それが戦国時代も終わりつつある一六世紀後半になると状況が変わってくる。日本全体の話だが、大名など領主層が城郭の建築に瓦をふくようになった。放火戦術（第一章）への耐性を高めるためである。それに伴いこのころ越前国で瓦の生産が再開する。その後江戸時代に入り平時になると、都市において防火のため、瓦を使うことが広まった。

つまり瓦の普及は、近世日本的な建築様式の成立と歩みを同じくした。現在、日本の伝統的家屋というと瓦ぶき、というイメージがあるが、そのイメージが成立するまでにはここまで述べたような経緯があった。現代における伝統の源流の成立という点で、瓦の生産拡大は日本建築史における近世の成立を示す指標の一つたる現象だった。

ただし一六世紀後半の越前国で瓦を生産する場合には、城などの建設現場に簡易な窯をつくって焼いたと考えられている。製品の輸送にかかる時間とエネルギーを節約するためである。また、遺跡の不在は史実の不在を必ずしも意味しないが、一六世紀後半に平等で瓦を生産していたことは、考古学的には現在のところ確認できない。

そのため瓦屋源弥は、瓦の売買に関係する商人か、まだ生産が始まっていない平等へ技術移転のため他の地域から来た職人と解釈するべきらしい[52]。そのような、瓦の生産が当地で始まりつつある先触れを、瓦屋源弥の記録は示す。先に述べたようにこの記録はさかや助五郎の記録の数年前のものである。ということは助五郎も瓦というアイテムの再来を目の当たりにした可能性が高い。どんな気持ちだったのだろう。想像がふくらむ。

赤瓦の登場

越前焼の瓦の歴史は、その後もう一つ大きなステップがあった。

一六世紀の越前焼の瓦は、表面をいぶして炭素（スス）を吸着させることで撥水性を上げようとした。しかし時間が経つと撥水効果が薄れて水を吸うようになるので、凍って割れる問題は未解決だった。

それが一七世紀に入ると技術革新があった。瓦の表面に釉薬をかけて焼くことである。この釉薬は酸化鉄を多く含む土を使っており、結果、焼き上がりが赤くなる。そのため赤瓦と一般に呼ぶ[53]。赤瓦は釉薬をかけて焼くことで、撥水性が上がった。また、釉薬をかけることで、従来の焼き締めタイプの越前焼よりも焼くときの温度が低くて済んだらしい。このことは燃材の消費量を少なくした。つまり性能が上がったうえに低費用で製造できるという、スグレモノだ。

製作技術の系譜は例によって中部地方に由来するらしい。そうとすると、瓦屋源弥は、中部地方か

福井城跡

赤瓦（17世紀、越前町教育委員会所蔵、越前町織田文化歴史館写真撮影）

ら技術移転のため平等へ来た職人だったのかもしれない。

赤瓦は、たとえば寛文九年（一六六九）の福井大火で焼失した福井城（福井市大手。現在、福井県庁がある）の跡から、文字通り瓦礫になったものが出土している。この赤瓦は越前国のどこで生産されていたのか長らく不詳だったが、二〇〇六年、越前町教育委員会は赤瓦の生産遺構を町内で発見した（筆者も町職員として調査に参加した）。生産地をピンポイントで特定できたことで、中世以来越前焼をつくっていた人びとの技術と経験の延長線上に越前焼の赤瓦が登場したことが証明された。

このころより前の越前焼は先に述べたように釉薬を使わない。ごくおおまかにいうと、古代以来の土器・須恵器と同類の素焼きの製品である。そもそも中世日本の窯業製品は、瀬戸窯（愛知県瀬戸市）が釉薬をかけた高級品を生産したことを例外として、おおむね、越前焼と同じく素焼きである。

対して赤瓦は釉薬を使う。実は、窯業製品をつくるときに釉薬をかけるようになる現象は、越前窯以外の各地でも一六世紀から一七世紀にかけて共時的に起きている。釉薬をかけた窯業製品が一般化すること（施釉化）は日本窯業史における近世の指標の一つとされる。越前窯で赤瓦をつくりはじめたことはその一例である。先に、瓦という器種そのものが建築史における近世化の一端を示すと述べた。つまり釉薬をかけた瓦の生産拡大と普及は、建築史の点でも窯業史の点でも近世の訪れを示す象徴的な現象だった。

以上のように、一六世紀後半に越前国で瓦の生産が再開し、一七世紀の中ごろには越前窯で釉薬をかけてつくる瓦という新たな商品を供給し始めた。平等の瓦屋源弥の記録や福井城で出土した越前焼の赤瓦は、学校教科書的な近世の成立と歩みを同じくし、また、建築史的にも窯業史的にもその近世化を象徴するものだった。なお越前焼の赤瓦は江戸時代において、越前国以外へも市場を広げた。たとえば一七世紀中ごろには金沢城（石川県金沢市）で使われた。

越前焼その後

江戸時代の越前焼が流通した範囲は現在の新潟県から鳥取県にあたる地域まで確認されている。戦国時代以前に比べやや狭くなった[54]。

流通範囲が縮小することは現代における経済評論ではネガティヴに評価されがちである。しかし、人びとの生存という生業史研究の視点からすれば、商圏の縮小が示唆する総生産量の減少と、越前焼の生産人口一人あたりの所得が減ることとは、別問題としてとらえるべきである。ほどほどの生産量で生きていけるなら、それはそれで合理的だからだ。人間が経済合理的に行動するといっても、利潤の拡大を優先する資本主義的なありように限らない。それ以外にも、生存そのものを優先する、まさに生業的なありようもあったことを想定すべきである。

だから江戸時代における越前焼生産のありようは、それをつくる人びとが時代の状況に応じて出した最適解だった、とも評価できる。すなわち、甕・壺・すり鉢を主力製品として大量に生産する戦略から、ほどほどの生産量に抑える戦略に転じ、瓦という日本建築史・窯業史における近世化を象徴する新たなアイテムも供給し始めた。つまり江戸時代における越前焼に対し、流通範囲が戦国時代以前より縮小したことだけをとらえてネガティヴに評価するのではなく、みずからの生存戦略に応じて主体的に行動を選択したという、主観的な効用の最大化という点で、合理性に基づいてはいるが資本主義的なありようとは別の行動の結果としてポジティヴに評価するべき研究段階にある、と筆者は考える。

この章のおわりに――生業史の文脈で窯業の歴史を読む

この章では、越前国極西部の内陸部をおもな舞台として、文字記録に加えて考古学的知見ももとに、当地の庶民が窯業という生業をどのように営んできたのか、そのありようを見てきた。そこから見てきた、戦国日本の生態系の中で庶民がとった生存戦略も、第一章・第二章と同じく、三つにまとめられる。

一つめの、生態系から受ける恵みと制約に応じて多様かつ複合的に生業を営んだことについては、そもそも越前焼をつくるにあたり、燃材の豊富な供給という越前国極西部の植生的条件が強く作用した。つまり数ある工業部門の中で窯業を選んだことは、当地の生態系からの恵みを受けることを意味した。またその利用にあたり、窯の大型化や新しい内壁材（軽石）の採用といった燃材消費量の節約などにつながるさまざまな技術革新を導入した。

さかや助五郎らが作成した納税誓約書が示すように、彼らは越前焼に加え、コメも生産した。さまざまな生業を複合的かつ並行的に営むことで生存可能性を高めようとする、越知山周辺や越前海岸の人びとの行動の中で見た構造と同じである。

二つめの、帰属する社会の外にある社会・市場との関係に応じて生業を営んだことについては、たとえば窯の内壁材となる石を同じ内陸部にある別の集落から調達した。また、燃材を海岸部から調達することもあった。つまり越前焼の生産の歴史もまた、内陸部の社会と海岸部の社会とが関係する中で展開した。一方で、燃材となる木など、限られた資源の分配をめぐり他の集落と対立することもあった。

市場との関係については、そもそも戦国時代の越前焼は日本海沿岸各地にわたる甕・壺・すり鉢などへの庶民的・広域的な需要を背景に大量生産化していたことが、考古学的知見から見えた。その後近世に向かう中で、瓦という新たな市場にも進出した。これら現象は、市場における需要に反応して戦略を選択したことを示す。越前焼の生産は単なる自給自足や、領主への納税に限られるものではなかった。

三つめの、行政権力と相互に依存することで生業の保護をはかったことについては、越前焼をつくっていた人びとは、たとえば地域領主たる劔神社の管理下にある燃材などの資源を利用する対価として、製品を市場で売って得たであろう銭で税を納めた。第一章・第二章でも見た、庶民と行政権力とのギヴアンドテイクの関係の一端を示す。

さてこの章では越前焼の製品つまり商品を生産するフェイズに注目して語ってきた。商品を生産した次に、消費する人びとのもとへ輸送するフェイズがある。越前焼の場合、生産者から消費者へ移動させるとき、陸運・水運双方が使われた。この、貨物を運び、その貨物を売買することそのものを生業として営む人びともいた。次の章では、この、商品を消費者へ向けて移動させることを生業として営んだ人びとに主語を移す。これまでの章で見た庶民の三つの生存戦略を踏まえつつ、記録を追ってみよう。

第四章

戦国ロジスティクス

――干飯浦と西街道・敦賀

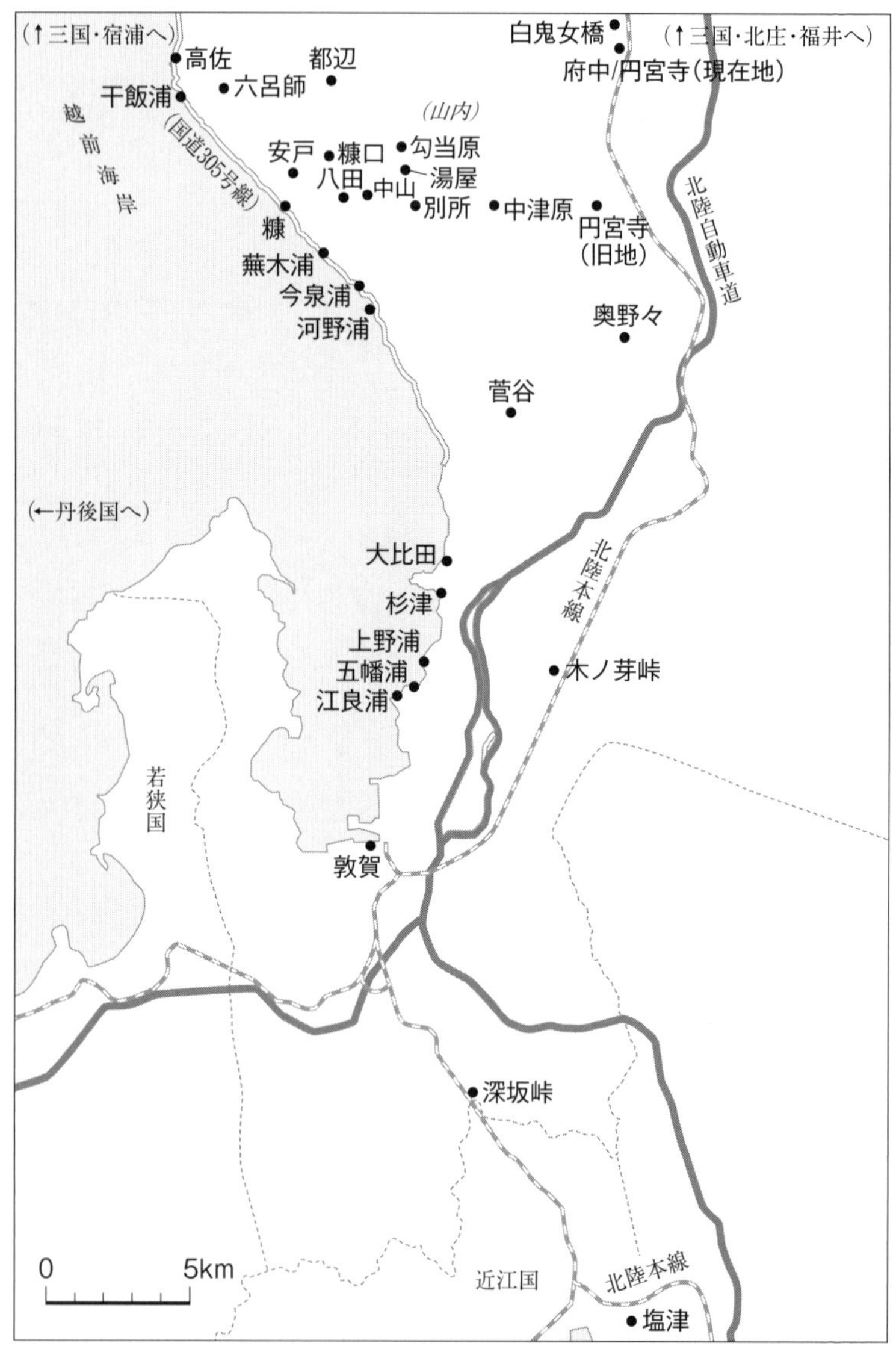

(↑三国・宿浦へ)
高佐
都辺
六呂師
干飯浦
白鬼女橋
(↑三国・北庄・福井へ)
府中/円宮寺(現在地)
(山内)
越前海岸
(国道305号線)
安戸
糠口
勾当原
湯屋
八田
中山
別所
中津原
円宮寺
(旧地)
糠
蕪木浦
今泉浦
河野浦
北陸自動車道
奥野々
菅谷
(←丹後国へ)
大比田
杉津
北陸本線
上野浦
五幡浦
江良浦
木ノ芽峠
若狭国
敦賀
深坂峠
0
5km
近江国
北陸本線
塩津

干飯浦の馬借と謝罪文

戦国大名朝倉氏の三代・貞景の治世である永正五年（一五〇八）の話である（第二章で登場した山本九郎が戦傷を負った五年ほど後だ）。干飯浦（越前町米ノ周辺。第二章）に、馬借（ウマなどで貨物を受託輸送し運賃を得る生業）を営んでいる人がいた（実名は不詳）。当時、越前国極西部の馬借たちは同業者団体を結成しており、同年一一月二四日付けで内規を作成した。この内規で干飯浦の馬借の人びとは山内（現在の越前市西部・南越前町北部山間部一帯）の馬借団体の配下とされた。[1] つまり同じ団体の中で、地盤とする地域により上下関係が設定された。

時はくだって柴田勝家が越前国を支配していた天正六年（一五七八）の話である（第三章で登場したさかや助五郎が納税誓約書を作成した翌年だ）。干飯浦に「おうや」という人がいた。彼の船が敦賀の唐仁橋（敦賀市相生町）に着くと、その貨物を敦賀の水運業者の人びとが押収した。越前海岸と敦賀との水運は特定の事業者団体が独占していたが（後述）、それにおうやは属していなかったらしい。おうやは謝罪文を提出した。[2]

これら二つのエピソードは、越前海岸にある集落の一つである干飯浦に、かたや陸上の貨物輸送、かたや敦賀への水上の貨物輸送に従事する人がいたことを示す。干飯浦の人びとについては、

馬借（石山寺縁起絵巻）

海の生態系の恵みを利用した生業を営んでいたことを第二章で紹介した。結論を先取りするに、例によって同じ集落で複合的に生業を営んでいた。

そのことに加え、先の二つのエピソードは、実は、戦国時代において流通業を生業として営んだ干飯浦の人びとがとった生存戦略の、さらに深いところも教えてくれる。そしてそれは、越前国極西部、ひいては戦国日本の庶民社会はどのようなものだったのかという、より広い問題についても教えてくれる。そのような問題意識のもと、この章では、彼ら流通業を営んだ人びとが、戦国日本の生態系の中で、生存戦略をどのようにとって生き抜いたのかを見ていこう。

1　この章の対象と舞台

生業としてのロジスティクス

この章では、サービス業、すなわち有形の財ではなく無形の労務を供給する産業をとりあげる。具体的な対象が、商品など財の輸送やその売買を行った生業、現在でいう流通業である。

戦国時代を含む中世日本の社会は分業を大なり小なりしているので、ある財の生産と消費との間に空間的・時間的なギャップが大なり小なり生じる。そのギャップを埋めるのが輸送・保管など物流活動や、仕入・販売など商的流通活動である。この本のライトモチーフとして繰り返し登場した、ある社会に帰属する人びとはその外にある社会・市場との関係に応じて生業を営む、という構造を支える生業である。また、庶民による財の生産が生態系から受ける恵みと制約に応じて、行政権力と相互に依存しながら展開したことを第三章までに見たが、結論を先にいえば、サービスの生産もまた同様だったことをこの章で語ることになる。

戦国時代を含む中世の越前国における流通業というと、北部にある三国（第一章）や南部にある敦賀（福井県の南部にあるので若狭国に属していたと誤解されることがあるが、ぎりぎり越前国にある）が全国的に見ても卓越した港湾都市として繁栄したことがよく知られる。そしてそれらに関する研究は、日本海沿岸各地にある荘園から京都など領主が集住する地域への年貢の輸送や日本海全域にわたる商品売買など、長距離輸送・遠隔地商業の文脈で語ることが多い[3]。

対してこの章では、越前国の極西部から南端部まで、直線距離で三〇〜四〇キロメートルほどの、比較的狭い範囲に注目する。現在でもそうだが、長距離輸送・遠隔地商業は往々にして相対的に規模が大きい企業が行うのに対し、庶民が日常的な生業活動で移動する範囲は往々にして狭いからだ。そこでこの章では庶民の日常生活における距離感での流通を見ることを通じて、そのサービスを供給した人びとの生業運営・生存戦略のありようと、さまざまな生業活動が地域を越えて交流するありようを復元する。この章の前半では越前国極西部のうち内陸部と海岸部とを結ぶ域内輸送を担った陸運、後半では越前国極西部と越前国の南端にある敦賀とを結ぶ域間輸送を担った水運に関する話題を紹介する。

越前海岸の地理的環境ふたたび――交通から見る

この章のおもな舞台は、第二章と同じく越前海岸、とくに現在の越前町から南越前町にあたる部分ならびに敦賀である。そのうち越前海岸の地理的環境につき、交通つまり人間の移動と財の輸送という視点から見直してみよう。[4]

まず、南北方向である。現在、越前海岸沿いに国道三〇五号線が通っており、快適なドライブを楽しむことができる。そのルートの中に、崖や岬を多くのトンネルが貫き、または海に橋脚をたてて敷設されている区間がある。これら構造物は、ここまで繰り返し述べたように、丹生(にゅう)山地が海岸までせり出し、平地がごく少ないからこそつくられたものである。

越前海岸

越前海岸にある国道三〇五号線の前提となる南北方向を一貫する道路が一九世紀後半から二〇世紀前半にかけて整備される前は、越前海岸のうちこの章のおもな舞台となる現在の越前町から南越前町にあたる部分の多くでは、陸上交通で南北に行き来することは難しかった。隣の海岸部集落へ行くのに山を越えるところもあった。昭和より前は道幅も狭く、一メートルほどだった。段丘崖の崩壊や海の大波が道路を破壊することもあった。

そのため当地の人びとは、海岸部集落を相互に移動するにあたり、船をしばしば使った。とくに貨物輸送の場合は徒歩より便利だったという。ただし冬の日本海は荒れることが多いという気候の制約があった。

次に、海岸部と内陸部とを結ぶ東西方向である。序章でも触れたが、越前海岸に流れこむ河川の傾斜は急であり、船は遡上できない。丹生山地が海岸ぎりぎりまでせり出しているからだ。だから越前海岸・内陸部双方向の財の輸送は陸運に依存した。

このことがどう特徴的なのかは、先に紹介した、同じ越前国にある港湾都市である三国と比べるとよくわかる。三国は九頭竜川の河口にある。九頭竜川水系は越前国の内陸部を網羅している。内陸水運として使えば、三国から越前国内陸部各地の陸運に接続できる。[5] たとえば越前国極西部の内陸部へは、九頭竜川、その支流である日野川、そしてその支流でありこの本でしばしば登場した天王川を経て、現在の越前町田中・市・宝泉寺あたり（三二ページ地図参照）つまり丹生山地の東端部まで貨物を輸送する川舟が遡上し、陸運と接続していた。

これは大正年間つまり一九二〇年代ごろまで行われた。[6] 第一章で、丹生山地で切り出した木をイカダにして天王川を経て三国まで流したこと、つまり下流向きの内陸水運で越前国極西部と三国とが連絡したことに触れたが、上流向きの水運でも双方は連絡していた。これをはじめ内陸水運を通じ平野・山地発着の陸運と接続することで財を広く分配・集積できたからこそ、中世・近世の日本で最大級の港湾都市として三国は繁栄した。

天王川（越前町市）

対して越前海岸の海岸部集落には内陸水運によるチャンネルはない。だから内陸部への輸送動力はウマなどの家畜や生物種としてのヒトによった。

なおこの東西方向の陸運も、南北方向の水運と同じく、気候制約があった。冬の多雪である。一八世紀から一九世紀後半つまり江戸中期から明治にかけて、越前国極西部の内陸部と海岸部とをつなぐ陸路の一つである山中峠（越前町下山中。三二ページ地図参照）で吹雪のため凍死者がしばしば出たことが知られている。[7]

つまり前近代の越前国極西部とその周辺との交通は水運・陸運どちらも、安定して使える季節は夏などに限られた。自動車など輸送機械を使うことに慣れた現代の私たちが思う以上に、戦国時代の越前国極西部では気候が人間の移動・財の輸送に過酷に影響した。このような環境で越前海岸の人びとが貨物輸送を生業として営むにあたり、どのような戦略をとったのか。これがこの章のテーマである。

越前国の南北をハイブリッドに結ぶ

先に述べたように、この章では越前国極西部と越前国の南端にある敦賀との間の交通に注目する。この章における越前国極西部のカウンターパートである敦賀は、日本海沿岸のうち越前国より東にある各地と、京都とその近郊つまり当時の首都市場圏とを結ぶ交通の要地だった。それら日本海東部沿岸各地から首都市場圏へ財を運ぶ場合、敦賀で陸運に切り替えて琵琶湖北部の港湾へ運び、水運に切り替えて大津（滋賀県大津市）など琵琶湖南部にある港湾へ運び、陸運に切り替えて京都など目的地へ到達した（一五ページ地図参照。後に再論）。

この経路の中で、越前国の北部と、南部にある敦賀とを連絡する交通はおもに三つあった。一つめが、日本海長距離水運の一部である、三国・敦賀間を直結する水運である。これは従来の交通史研究がおもに注目してきた対象であり、研究の蓄積が多くある。二つめが北陸道、つまり陸運である。

三つめが、三国などから九頭竜川水系の内陸水運を使い、遡上限界、かつ府中の近くにあり府中の外港として機能した白鬼女橋（越前市家久町・鯖江市舟津町。三国から約五〇キロメートル）で陸運に切り替え、西へ向かい、越前海岸に至り、水運に切り替え、敦賀に連絡するハイブリッドルートである。この章で注目するのがこのハイブリッドルートのうち府中・越前海岸間の陸路と、越前海岸・敦賀間の水路の部分である。

このルートについて「?」と思った読者もいるかもしれない。府中から陸路をとるのなら、そのまま北陸道で敦賀へ向かってもよさそうなものだ。では越前海岸へ出てまた水運に切り替えるという手間がかかるルートを人びとはなぜ選んだのか。

それは、府中から敦賀への間に木ノ芽峠（南越前町板取・敦賀市新保）という険しい峠があるからだ。現在、木ノ芽峠の近くを国道四七六号・北陸自動車道とJR北陸本線の長いトンネルが通る。運

白鬼女橋

木ノ芽峠トンネル（国道476号）

山内（越前市勾当原町）

転していると、または運転してもらっていると険しさをあまり感じないが、長いトンネルがあること自体がこのあたりの山の本来の険しさを物語る。またこのあたりは、スキー場が複数あることが象徴するように、そもそも多雪地域である越前国の中でも屈指の多雪地域でもある。これら急勾配かつ多雪地域を避けるため、人びとは先のハイブリッドルートを開発した。

このハイブリッドルートをミクロに見ていこう。[8] 府中から越前海岸をめざすにあたり、この章の冒頭のエピソードで登場した山内を通る。当地を山内と呼んだのは山干飯保（第三章）にかつて属したかららしい。その中でもこの章でおもに登場する集落が、湯屋（越前市湯谷町）・勾当原（越前市勾当原町）・別所（越前市下別所町）・中山（越前市中山町。第一章）・八田（南越前町八田）である。なお干

燕木（南越前町甲楽城）

今泉浦（南越前町今泉）

西街道

飯浦はこれら集落から直線で北西七〜九キロメートルにある。

山内から中山峠（越前市中山町）を越えて越前海岸へ向かう。一二〜一四世紀ごろつまり平安時代の末期から南北朝時代までは蕪木浦（かぶらき）（南越前町甲楽城（かぶらき））に至り、そこで敦賀方面行きの水運へ切り替えた。一五世紀すなわち室町時代の中期になると切り替え地点が、蕪木浦の隣にある、今泉浦（いまいずみ）（南越前町今泉）に変わる。府中から今泉浦への距離は江戸時代には五里（約二〇キロメートル）と算定されている。なおこの道路を戦国時代に朝倉氏政府が整備したとき（後述）、人びとが通る部分の規格を幅一間（≒一・八メートル）と定義した。[9]

府中から山内・中山峠を経て今泉浦に至るこの陸路は、戦国時代には北国街道・今泉浦谷道・海道と呼ばれた。[10]この本では研究者が使うことが多い、西街道（にしかいどう）の名で便宜上呼ぶ。この街道の南越前町にある部分は南越前町が町指定文化財（史跡）として「西街道（馬借街道）」の名で、また、越前市にある部分は越前市が市指定文化財（史跡）として「府中馬借街道」の名で指定している。なお、この章の冒頭で紹介した二つのエピソードで登場した、おうやたちが共通して帰属した干飯浦は西街道に含まれない。このことに留意しつつ、以下読み進めていただきたい。

2　馬借たちの生存戦略と競争

今泉浦の地理的環境

この章では、干飯浦とは別に、前半・後半でそれぞれ定点観測地点を設定し、それぞれの地域の人びとが生業を営む中で相互にどのような関係を結び、生存戦略をどのようにとったのか、という視点で語る。

この章の前半では、府中―敦賀ハイブリッドルートのうち、陸路の部分で貨物輸送と商品売買を生業とした人びとの生存戦略に注目する。その中で定点観測地点に設定するのが、先にも述べた、今泉浦である。海岸段丘の崖の下にある集落である。例によって平地は少ない。先に述べたように、府中からの陸路と敦賀からの水路との結節点である。

今泉浦を定点観測地点に設定する理由は二つある。一つめが、第二章でも述べたように、海岸部集落の生業というと漁業、とイメージされがちだが、それが正しいかどうかを見直すためである。結論を先にいうと、ここまで述べたように今泉浦は交通集落だったのでそのイメージはすぐさま否定できるのだが、その実像をこの章では追いかける。

交通集落たる今泉浦を観測することには、別の意義もある。戦国時代を含む中世日本で陸運や水運など流通業が活性化していたのは、学校教科書にも登場する京都・奈良・兵庫・大津など一部の大都市のこととイメージされがちだが、それを見直すことにもつながるだろう。そこで今泉浦の人びとが流通業に関与した実態を復元することで、その活動のありようを見ていこう。

理由の二つめが、当地に関する戦国時代の記録が比較的多く残っており、そこには、当地の人びとが陸運を利用した流通業を生業として営んだことを語る記述が多くあるからだ。そしてその中で、この章の冒頭で紹介した、干飯浦の人びとが登場する。今泉浦の人びとと干飯浦の人びととが生業を営む中でどのような関係にあったのか、がこの章の前半におけるテーマである。

改めて、当地で陸運を利用した流通業が、この章の冒頭で少し触れた、馬借である。馬借は、貨物の受託輸送に加え、みずから商品を仕入れて売る、つまり荷主であることもあった。以下、今泉浦・山内・干飯浦など越前国極西部の馬借たちが活動したありようを追いかけることを通じて、彼らの生存戦略を見ていこう。

食塩と板材の売買独占権

今泉浦で馬借を生業として営んでいた人びとに関する最初の記録が、この章の冒頭で紹介した、干飯浦の馬借が山内の馬借の支配下に入った記録の時代から約四〇年前、応仁の乱がそろそろ起こるとも知らず足利義政が越前海岸産かもしれないタラをのほほんと食べていた（第二章）、寛正（かんしょう）六年（一四六五）のものである。当時越前国の守護だった斯波（しば）氏の政府が、馬借の営業活動につき決定した。趣旨は以下の二つである。[11]

①今泉浦・河野浦（第二章。今泉浦に隣接）・山内の馬借の営業活動の分配率につき、食塩と榑（くれ）（板材のこと）とそのほかの商売は今泉浦・河野浦グループと山内とで二分の一ずつ、貨物の受託輸送は今泉浦・河野浦グループが三分の二、山内が三分の一、とする。

②今泉浦・河野浦・山内の馬借団体以外の人びとがこの団体を通さず当地で食塩と板材の仕入・販売を行うこと（原文では「直買直売」）を禁じる。

河野浦（南越前町河野）

要は、越前国における行政権力たる斯波氏政府が、今泉浦・河野浦・山内の馬借団体の人びとへ、食塩・板材などの商品を独占的に仕入れ、西街道とその周辺で独占的に売る特権を認めた、という話である。

①にある食塩についての説明はここまで繰り返し示したので省略するとして、このころ榑と呼ばれた板材の素材はおもにスギなど針葉樹である。第一章で述べたように針葉樹は一般にまっすぐで縦方向に割りやすいので板材に適する。

板材は、たとえばさらに加工して建築物、とくに屋根の素材として使う。木質の屋根は降水などにより劣化する。そしてそもそも当地は多雨である。そのため当地では木板ぶきの場合、一〇年程度で更新した。[12] ただし第一章で述べたように、越前国極西部では屋根材にカヤすなわちススキなど草を利用することが多い。木板を屋根材に利用したのは相対的に所得が高い階層だったと考えられる。板材は結物（ゆいもの）など木器の素材にも使われた。木器も屋根と同様に消耗しやすいので、それだけの需要があった。以上のように板材は人びとの住生活を支え、身の回りの雑貨の素材となる、継続的に需要される財だった。

このころの板材には規格があった。古代の政府規格の系譜を引く一二〇寸（約三・六メートル）×五寸（約一五センチメートル）×三寸（約九センチメートル）のものと、それより小さな規格としてたとえば二二・五寸（約六八センチメートル）×四寸（約一二センチメートル）×二寸（約六センチメートル）のものがあった。[13] どちらにせよウマで運べる大きさだ。今泉浦・河野浦・山内の馬借による板材の運賃は、ある例で一〇〇〇支（支は木材の助数詞）あたり銭四〇〇文だった。[14]

ともかく、食塩といい板材といい、庶民が生存するために需要する財である。これらが今泉浦などの馬借の人びとが扱う主要商品だった。

越前国は食塩・板材を移入に依存する

今泉浦などの馬借の人びとが扱う主要商品が食塩・板材だったことは、越前国極西部の人びとが特定の財を移入するか自給するかを選択する問題について重要な示唆を与える。

どういうことかというと、食塩・板材を今泉浦などの馬借の人びとが扱ったことは、ハイブリッドルートのうちの陸路のもう一つの端である府中など越前国内陸部の人びとが消費する食塩・板材を越前国の南端部にある敦賀から移入していることを意味する。②にあるように、指定されている馬借団体の人びとを通さず仕入・販売を行うことを禁じたことは、実際にはそのような行為、すなわち闇ルート?で仕入・販売をする人間がいたことを意味する。裏を返せばそれだけの需要が移入品にあったことを意味する。

食塩と板材といえば、製塩と用材採取を生業として営む人びとが戦国時代の越前国極西部の海岸部と内陸部にいたことを第一章・第二章で紹介した。これら品目を敦賀から移入もしていたことは、越前国全体というマクロレベルでは、越前国極西部において食塩と板材の自給率が一〇〇パーセント未満だったことを意味する。ではなぜ完全自給をしなかったのか。

食塩はどこでつくられていたのか

まず食塩については自然地理的な条件から説明できるかもしれない。第二章で述べたように、越前

江良浦（敦賀市江良）

御賀尾浦（若狭町神子）

海岸が岩石海岸で平地が少ないことは、塩田を設定できる場所を制約した。また、塩田を設定しようにも、その資材たる砂の調達が難しかった。越前海岸には大規模な河川や農業排水路など、ヒト以外が砂を運んでくれる装置がほぼないからだ。江戸時代の米ノ・高佐あたり（つまり中世における干飯浦。第二章）では海岸に打ち寄せる砂を集めていたが、ある時期から砂を敦賀方面から移入するようになった[15]。これら条件は、越前海岸で食塩を生産する費用を上げ、生産量を制約し、外の社会から買うほうが安い、という結果をもたらしたと考えられる。

では越前国極西部の人びとが移入した食塩はどこでつくられていたのか。有力候補が二つある。一つめが、敦賀湾の東岸地域、すなわち上野浦（敦賀市挙野）・五幡浦（敦賀市五幡）・江良浦（敦賀市江良）あたりである。一般的な定義でいう越前海岸の南端である敦賀市杉津から南へ約三〜四キロメートルのところにある。

朝倉氏による越前国支配の最末期である元亀二年（一五七一）の記録によると、当地で生産された食塩は近江国へ移出されていた[16]。つまり当地では単なる自給目的でなく、移出向けに食塩を生産していた。敦賀を経て越前国極西部へも移出されたことは十分に想定できる。

有力候補の二つめが、こちらが量的にむしろ主だったと考えられる、若狭国である。

若狭国は古代以来の製塩地であり、戦国時代を含む中世でも活発に生産していた。また、中世において越前国（敦賀以外）の人びとが若狭国から食塩を移入したことを示す記録がある。一四世紀、北庄（第一章）で、当地の荘園の現地官僚が、若狭国御賀尾浦（若狭町神子。一五ページ地図参照）の食塩を積んだ船の貨物を押収した。[17] 食塩を積んだ船が若狭国から水路で三国へ至り、九頭竜川に入り、その支流である足羽川を用いて北庄まで遡上したこと、つまり三国・九頭竜川水運を経由して越前国の内陸部各地へ食塩を供給したことを示す。一四世紀の越前国では若狭国産の食塩が若狭国内の二倍程度の価格で売れた。[18] それほどの価格でも買うぐらい越前国の人びとには食塩への需要があった、または自給品より安価だったことを示す。

寛正六年に馬借団体が内規を定めた段階での食塩価格の動向は不詳だが、いずれにせよ食塩供給の多くを外の社会へ依存し続けていたと考えられる。

越前国極西部では板材を生産しにくい

板材の完全自給をしなかった理由については植生つまり生態学的環境で説明できるかもしれない。第一章で述べたように、スギは縄文時代までさかのぼれば日本海側の低湿地に多く生えていたが、人間による開発、ほかの植生との競争力の弱さ、当地ならではのベタ雪への弱さなどにより、淘汰されていった（植栽を部分的には行ってはいたが）。これら条件は越前国極西部でスギ材を生産する費用を上げ、生産量を制約し、外の社会から買うほうが安い、という結果をもたらしたと考えられる。

では移入した板材に使った木はどこに生えていたものだったのか。有力な候補が近江国である。中世において京都など大規模消費地へ用材を供給したことが知られている。戦国時代の越前国に関しては、たとえば一六世紀前半に気比(けひ)神宮（第二章）の建築のための用材を近江国から移入した記録がある。[19]近江国から敦賀へ用材を移出した延長線上に、敦賀以北つまり越前国極西部へ供給したことを想定できる。なお、若狭国も越前国への用材供給の候補地としてある（後述）。

日本の森林といえば「温暖で多雨なので再生が速い」といったことがしばしば語られる。この言説は、日本史上、どこでもいくらでもどのような樹種でも利用可能だったかのような幻想を与えかねない。しかし日本も東西南北に島々が広く展開し、植生にも地域差がある。それを自覚した上で、木材供給と利用の地域ごとの特徴を語る必要がある。そのことを寛正六年の斯波氏政府の記録は教えてくれる。

自給＝発展か？

なお戦国時代の越前国極西部では、板材を他の地域から移入したことと対照的に、第一章で紹介したように、燃材の供給は豊富にあり、おそらく自給していたらしい。

その背景には、当地で多く生えていた落葉広葉樹が燃材に適したことに加え、その中でもよく使われたクリやコナラ属の生態がある。[20]これらは萌芽更新するし（第一章）、種子でも更新する。つまりどちらの方法にせよ人間が植えずともその場で再生できる。スギと対照的だ。ドングリのような採取しやすく持ち運びしやすい種子で繁殖することは人間が植えたいところに植えることが比較的容易であることも意味する。またとくにコナラは、発芽力を持つ実が若い個体にもなる（繁殖早熟性が高い）。

コナラ属などを戦国時代・江戸時代の越前国極西部の人びとは五年ほどの周期で伐採して燃材に使い（第一章・第三章）、再生させた。結果、人びととの利用目的にかなう、かつ萌芽しやすい樹種・個体が優勢になった。つまりコナラ属などが優勢であることは、当地の人びとが繁殖・再生に強く関与した結果でもある。広い意味での栽培化といってもよい（第一章）。

当地に落葉広葉樹が多く針葉樹が相対的に少ない状況は二〇世紀後半まで続く。福井県は森林県だが林業県ではない、という表現がある[21]。木材生産量が少ないかわりに、高度経済成長が始まるころまで、木炭の全国屈指の生産県だった。近年こそ脱化石燃料化が模索されているが、高度経済成長前まで日本の人びとは熱エネルギーの多くを化石燃料ではなく、燃材つまりバイオマスエネルギーに依存した。案外最近までの話である。

そのため落葉広葉樹林、いわゆる雑木林の収益率は高く維持された。このことは新たに資本を投入してヒノキ・スギなど建築用材に適する樹種を植栽する動機づけを弱めた。

つまり針葉樹材を自給しているかどうかは山・森林の資源の利用が発展しているかどうかを意味しない。生態系から受ける恵みと制約への適応、そして経済合理性に基づく行動の違いである。第二章で述べた、塩田が揚浜であるか自然浜・入浜であるか、網で漁をしているかどうかが先進・後進を意味せず、最適化行動の地域差であるという話と重なる。

以上のように、越前国極西部の人びとは食塩・板材を生産してはいたが、越前国全体では完全自給を達成しておらず、越前国の外の社会から移入もした。一方で、燃材はおそらく自給した。この構造は、地形的条件（砂浜が小さい）と植生（落葉広葉樹が生えやすい）という当地の生態系から受ける恵みと制約に応じて、人びとが経済合理性に基づき選択した結果（食塩・板材を生産できるが買うほうが安い）である。つまりここでも経済社会化の一端が見える。記録に残る文言の量はわずかだが、当地における生態系の文脈で再構築するとマクロレベルの経済構造が見えてくる。生業史研究の方法論が持つ学際的なアプローチの面白さがここにある。

海岸部集落が優越する

次に、馬借の組織のありようについて考えてみよう。注目するべきが、①が示す、馬借の営業活動の分配率である。山内の馬借は先に述べたように湯屋・勾当原・別所・中山・八田の五つの集落で構成する。分配率をさらに集落数で単純に平均すると、受託輸送は今泉浦と河野浦がそれぞれ四分の一、山内の五つの集落がそれぞれ一〇分の一、商品売買は今泉浦と河野浦がそれぞれ三分の一、山内の五つの集落がそれぞれ一五分の一となる。つまり分配率を集落単位で見ると、海岸部集落に多く内陸部集落に少ないという、扱いの差がある。[22]

山内の馬借は今泉浦・河野浦の馬借に対し組織構成的にも下位に位置づけられた。この章の冒頭で触れた永正五年（一五〇八）の馬借団体の内規（後に再論）を見ると、今泉浦・河野浦の人びとの署名が上段に、山内の人びとの署名が下段にある。今泉浦・河野浦が上位にあることを視覚的に示す。[23]

なお永正五年の内規は蕪木浦の馬借を今泉浦・河野浦・山内の馬借の支配下にする旨も定めている。先に述べた、陸路・水路切り替え地点が蕪木浦から今泉浦に変わったことは、馬借団体の中で蕪木浦に対し今泉浦が優越する結果をもたらした。[24]このように、馬借の同業者団体の構成メンバーは対等ではなく、帰属する地域により上下関係があった。その裏にある事情は、次に紹介する馬借団体の内規から見えてくる。

馬借たちが内規を定める

斯波氏政府が馬借団体の人びとへ営業の独占権を認めたことを受け、同じ寛正六年、馬借団体の人びとは内規を定めた。[25] 戦国日本の商人団体は慣習法により自律的に統制を行うのが一般的だった。[26] この内規は、そのような自律的な慣習法を成文化したものの一つである。趣旨は以下の四つである。

①中屋（なかや）家（今泉浦の代表者で、馬借団体も統括する）の商圏で営業してはならない。内陸部の人びとが中屋の商圏へ出した商品を、みずからが処分権を持つ商品として扱ってはならない。

②仲介業者が決まっている貨物を、みずからが処分権を持つ商品として扱おうとした人は、馬借団体から追放する。

③浦へ着いた船から食塩と板材を内陸部の人が直接に仕入れること（原文では「里買」）を見たにもかかわらず隠した人に対しては、馬借団体が罪刑を決め執行する。

④山内と今泉浦・河野浦との間で訴訟が起きた場合、その費用を、勾当原・湯屋グループ（別所を含む？）が半分を、中山・八田グループが半分を負担する。海岸部・内陸部から運ぶ貨物（山内へ割り当てられている分？）は、勾当原・湯屋グループが半分、中山・八田グループが半分を取り扱う。違反者に対しては斯波氏政府が罪刑を決め執行する。

この内規の末尾には勾当原村の馬借九人・湯屋の馬借三人・別所の馬借三人の計一五人の名があり、うち一三人がサインしている。またこの文書自体は、考証の詳細は略すが、今泉浦の中屋家が保有したらしい。また、この内規は書式としては山内の馬借を構成する人びとが神仏へ誓う形をとっているが、事実上、今泉浦・河野浦の人びとと、とくに中屋家へ対して約束している。[27]つまりこの記録からも、今泉浦（とくに中屋家）と河野浦の優位、山内らの劣位という組織内関係を定義したことがわかる。

項目それぞれの含意である。①は、この文書に署名しているのが山内馬借の人びとなので、彼らが中屋の商圏を侵さないことを約束していることになる。させられている、とも解釈できる。

②・③は、馬借団体の人びとが、着いた船から商品を独占的に仕入れ、内陸部の人びとへ独占的に売ろうとしたことを示す。そして、中屋やそのほかの仲介業者（彼らも中屋の管理下にある）が管理する商品を横領して売買する人が山内にいたことも示唆する。山内馬借の人びとがそう行動する、と中屋が予想し、先手を打ってそれを規制しようとした、とも解釈できる。[28]加えて、行政権力が馬借団体へ認めた独占権を侵す人に対し、馬借団体が、現実としては中屋のリーダーシップのもとで、自治的・自律的に罪刑を決め執行しようとしたことを示す。

なお③で山内などその周辺の内陸部を「里」＝サトと表現している。序章でも述べたように、越前町などでは現在でも内陸部をサトと呼び海岸部をハマと呼ぶ。この記録は内陸部のことをサトと呼んでいたことを示す早い例である。

④は、山内の人びとと今泉浦・河野浦の人びととの間つまり団体の内部で訴訟が起こりうると当の本人たちが認識していることを示す。馬借団体に関する最初期の記録なのに波乱含みだ。

リーダーシップを執るために行政権力に依存する

ここまで紹介した記録からわかる馬借団体の人びとの生存戦略は、行政権力に依存して生業の保護をはかろうというものである。

どういうことかというと、今泉浦の中屋家が、山内を含む地域の馬借団体の中でリーダーシップを執ろうとする背景を考えると見えてくる。そのヒントが、先の、斯波氏政府による馬借団体の営業シエアの決定である。山内より今泉浦・河野浦へ優先的に分配している。今泉浦の人びとからすれば、みずからの優位を担保する装置として行政権力が機能している。行政権力との回路を使ってみずからの生業の保護をはかるという、この本がこれまで紹介したさまざまな史実の中で見たものと同じ構造である。

斯波氏政府が今泉浦・河野浦の人びとへ優先的に分配したのは、斯波氏政府と河野浦とのコネクションが背景にあるらしい。河野浦の名は「国府浦」つまり国府（こう）＝国衙（こくが）（第三章）＝府中の外港だったことに由来すると考えられている。河野浦は中世において府中総社の領地でもあった。また、府中には斯波氏政府の出先機関があった。このようなつながりにより、斯波氏政府は河野浦の人びとを優遇した。[29]

今泉浦の人びとと行政権力とのコネについては、斯波氏政府とのものは不詳だが、寛正六年の内規の後、朝倉氏政府が成立してから明らかになる。最初の記録が、戦国大名朝倉氏の初代・孝景が越前国を制圧するため戦争を続けていた文明六年（一四七四）に、孝景が中屋へ「給恩」として土地の権利を与えた、というものである。[30] 孝景が没した後も最後の当主・義景の時代に至るまで、朝倉氏政府は中屋家が代替わりするたびにその相続を認可している。[31]

つまり朝倉氏政府は中屋家へ保護を継続して与えている。このように中屋家は朝倉氏の時代を通じて、朝倉氏と広い意味での封建的主従関係、すなわち上位者が給恩を与え下位者が奉仕する関係を構築していた[32]（奉仕の具体的内容については後に述べる）。

中屋家が馬借団体の中でリーダーシップを執る背景には、今泉浦の代表者という属性に加え、ここで示した、行政権力との封建的主従関係があったと考えられる。中屋家にとって行政権力は、それに依存することで、みずからの社会的地位ひいては生業を保護する装置として機能した、または機能するよう期待する対象だった。そういえば、第一章で紹介した小河の人びとは朝倉教景とのコネを使って訴訟で有利な裁定を得ようとしていた（八三ページ）。このように、庶民が行政権力とのコネも駆使して生業を有利に展開しようとするのは、戦国時代の越前国極西部ではよくあることだった。

予想通りに？うちわもめ

寛正六年の馬借団体の内規が想定していた、団体の内部での紛争は、実際に起きた。朝倉貞景の治世である延徳二年（一四九〇）、今泉浦・河野浦の馬借の人びとと山内の馬借の人びととの間で、内容は不詳ながら紛争が起き、朝倉氏政府は山内の馬借の人びとへ、斯波氏政府が寛正六年に認めた内容を守るよう命じた[33]。寛正六年の規定が問題になっているということは営業シェアをめぐるトラブル、つまり今泉浦・河野浦側にとってシェア破りに見える行動を山内側がとったのだろう。

その後も馬借団体の人びととの中で対立が起きたらしい。明応六年（一四九七）、朝倉氏政府は、寛正六年に斯波氏政府が出した、馬借団体に所属する以外の人が食塩・板材を直接に仕入れること（里買）を禁じた文書の効力を認証する旨を、山内の馬借の人びとへ告知した。ただし朝倉氏政府が特例を認めたことを示す書類を持っている場合は例外とする、との付帯条項を加えた[34]。これまでたびたび紹介した史実と同じく、禁止する行為が実際に起きたからこそ、このような告知がなされたのだろう。

このエピソードで注目するべきが、その付帯条項である。馬借団体の構成員以外による食塩・板材の売買を行政権力が認める場合があったことを意味する。そして、その認められた人はおそらく中屋家とコネがある。どういうことかというと、この文書の宛先は山内の馬借の人びとだが、実際に持っていたのは中屋家のようだからだ。第三章で述べたように、戦国時代を含む中世日本では、文書は、保護してほしい権利内容を行政権力に願い出て、それを受けて行政権力が出し、それを持つことで利益を得る主体のもとに伝来する、ということが多くある。この例では、中屋家が朝倉氏政府へ文書を発給するよう願い出て、もらった文書を山内の馬借の人びとへ提示することで、馬借のメンバー外だが中屋家と提携している人に営業権が認められることがある、と主張したと考えられる。

つまり中屋家は、行政権力にダブルスタンダードを設定させることで、おそらく対立していた山内馬借の人びとに圧をかけた。えげつない。

緊張・対立は今泉浦と河野浦の人びととの中でも起きた。天文一二年（一五四三）、敦賀で港湾業務を独占的に管理した水運業者団体の一つである河野屋座（こうのやざ）（後述）の人びとが、今泉浦の人びとへ、河野屋座に属する船は今泉浦にだけ寄港し、河野浦で貨物を下ろさないことを約束した。[35]

これは、河野屋座の人びとが敦賀から運ぶ貨物をすべて今泉浦で下ろすことを意味する。結果、敦賀と西街道とを結ぶ水運で今泉浦が河野浦に対し優位を得ることになる。[36] 延徳二年の紛争では今泉浦・河野浦の連合が山内と対抗したが、こんどは今泉浦の人びとが河野浦の人びとに対して圧をかけた。第一章で、大谷寺（おおたんじ）と尼ケ谷（あまがたに）の人びととが協調して小河村の人びとと対抗することもあれば、大谷寺が尼ケ谷村の人びとと対立することもあったことを見た。地域の中で、同じ庶民でも、対立・協調関係は流動的だった。同じ庶民どうしでも、昨日の味方は今日の敵だった。

そして庶民どうしの対立は続く。河野浦の人が今泉浦をはじめとする馬借団体の人びとへ敵対行動をとった。戦国大名朝倉氏の五代・義景の治世である天文二一年（一五五二）の記録によると、河野浦の覚善五郎次郎という人が馬借団体を通さずに食塩を仕入れ、かつ新たな輸送路を設定して運んだ。その食塩を馬借の人びとが押収したところ、河野浦側が朝倉氏政府へ訴え出た[37]。

さらには、今泉浦のうちうちでも緊張関係があった。永正五年（一五〇八）、今泉浦の馬借団体の構成員たちが、朝倉氏政府と中屋へ宛てて、朝倉氏からの業務委託（内容不詳）を中屋が受任することに対し異議を申し立てない旨を約束する文書を出した[38]。

仰々しい話だ。先に述べたように中屋家は今泉浦の代表者である。その中屋家に対し、同じ今泉浦に所属する人びとが誓約書をつくった。このようなもの、日常的に顔を合わせられる距離にいるはずの両者に信頼関係が十分にあれば、わざわざつくるまでもない。にもかかわらずつくったのは、今泉浦の馬借に所属する中屋家以外の構成員が潜在的な反中屋家勢力であったこと、そして中屋家は同輩の合意を得たことを客観的に示す文書をつくることで行政権力が認めたリーダーシップに実効性を得ようとしたことを意味する[39]。

以上のように、同じ馬借団体や同じ集落の中で、人びとは緊張関係にあり、ときには対立した。独占的な特権を主張しているグループの内実は一枚岩でなく、ギスギスし続けていたようだ。

これら一連のエピソードはまた別の含意がある。今泉浦の人びとや中屋家の特権を認めた記録の字面だけを追うと、彼らがあたかも強い立場にいたかのように見える。しかしその立場・権利をめぐり紛争がたびたび起きたことは、彼らの特権はあくまで文書の上の話であり、現実の立場は不安定だったことを意味する。中屋家が、生業を営む上での特権を行政権力から認められたといっても、それを現実化するには結局のところみずからの実力、つまり自力救済によった。これもまた戦国日本における社会の特徴の一つであり、庶民の生存戦略を左右した。

今泉浦・河野浦も複合的生業

馬借団体の中で起きた記録上最初の紛争のころ、つまり朝倉貞景の治世に時間を戻すと、今泉浦・河野浦の人びとの、また別の生業活動を示す記録がある。

一四九〇年代ごろのものと思われる記録によると、朝倉氏政府は、九頭竜川に船橋（複数の船をつないで上に板を渡す、橋脚を築かず浮いている橋）を架ける事業を行うため、領域内で船を徴発した。このとき朝倉氏政府は今泉浦・河野浦の人びとに対しては免除する旨をそれら集落の代表者（今泉浦であれば中屋家）へ伝えた[40]。

逆に、船を徴発する対象になったこともあった。朝倉義景の治世（元亀二年〔一五七一〕か）、朝倉氏政府は今泉浦の人びとへ船を供出するよう命じた。今泉浦の人びとは「朝倉氏政府が上り（越前海岸方面から敦賀・近江国・京都方面行き）・下り（敦賀方面から越前海岸方面行き）の輸送を今泉浦へ命じたときに船がなければ困る」と上申した。結果、朝倉氏政府は供出された六艘のうち三艘を集落に残すことを認め、朝倉氏政府からの使用命令に備えるよう今泉浦の人びとへ伝えた[41]。

これらエピソードからわかる彼らの生存戦略は二つある。一つめが、今泉浦・河野浦の人びとが生業を複合的に営んでいたことである。これまで述べたように彼らは馬借を営んでいたが、その上で、朝倉氏政府は、免除するにせよしないにせよ、今泉浦・河野浦の人びとは船を提供できると認識している。港湾集落だから船があるのは当然かもしれないが、ともかく、当地の人びとは船に関する生業、すなわち水上移動・操船、もしかすると造船、も営んでいたことを、このエピソードは示す。そして朝倉氏政府は、当地の人びとが複合的に営んでいた生業に応じたさまざまな奉仕を得ることを期待した。

複合的な生業活動といえば、今泉浦・河野浦の人びとは、実は漁労も営んでいる。たとえば第二章で紹介した、当地にハマチ網の技術が若狭国から伝わったエピソードが示す。この記録によると、永正七年（一五一〇）、今泉浦の人びとと河野浦の人びととの間で、網漁をする水域の境界をめぐり紛争が起きた。朝倉氏政府が仲介し、川や岬をランドマークとして境界を定義し、今泉浦・河野浦それぞれの管理水域を相互に利用できる旨の協定を結んだ。先に紹介した馬借の営業権に関する紛争といい、ここで紹介した網場をめぐる対立といい、今泉浦・河野浦の人びとはともに生態系の恵みと制約を受けて複合的に生業を営む中で、対立することもあったことがわかる。

ここにもまた、権力との回路

これらエピソードからわかる生存戦略の二つめが、今泉浦・河野浦の人びとが行政権力と相互に依存することで生業の保護をはかったことである。

これらエピソードで朝倉氏政府が船現物の提供を免除・減免したことは、免除・減免しないこともあったことを意味する。つまり今泉浦・河野浦の人びとが船現物を提供することが当然であると朝倉氏政府は認識している。また、二つめのエピソードが示すように、減免する場合には輸送サービスという別の奉仕を行うことが条件だった（第二章で紹介した山本九郎のエピソードの背景にもこれと似た構造があったことを想定できる）。先に、今泉浦の馬借がその生業経営に関して行政権力から特権的保護を受けたエピソードを紹介した。双方をあわせるに、庶民が生業技術に伴う財・サービスを提供し、行政権力が生業の保護を提供するという、相互に依存する構造がここでも見える。

以上のように、今泉浦・河野浦の人びとは生業を馬借以外も含め、複合的に営み、行政権力と相互に依存する形で生業の保護をはかった。その背景には、生業の場をめぐり、ステークホルダーの間でせめぎあいがあった。つまり庶民は庶民どうしでも対立し、それゆえときにより行政権力に依存して生存をはかった。二〇世紀第3四半期ごろまでの日本史研究は、庶民と行政権力との階級間における闘争の構図で語る傾向があったが、近年の生業史研究は庶民階級どうしが緊張・対立関係にある中で行政権力とつながる構造を語ることが多い。先に見た今泉浦・河野浦の人びとの行動をはじめ、これまで紹介したさまざまな史実は、その具体例である。

新たな内規

庶民どうしで緊張関係にあり、行政権力へ依存することでみずからの生業を保護しようとする構造は、朝倉貞景の治世におけるまた別のエピソードからも見ることができる。

永正五年（一五〇八）、朝倉貞景は、今泉浦などの馬借団体の人びとの独占権を改めて保護した。具体的には、「他国」から食塩・板材を積んだ船が着岸したときに、内陸部（原文では「里」）の人びとが直接に仕入れることを禁じ、今泉浦・河野浦・山内の馬借団体の人びとが従来持つ仕入・販売の独占権を認めた[42]。

高佐

糠浦（南越前町糠）

この記録で注目するべきが、食塩・板材を当地へもたらす主体として、「他国」つまり越前国以外から来た船を想定しているところである。先に触れた、越前国以外の日本海沿岸地域（若狭国などを想定できる）も越前国極西部へ食塩・板材を供給したことを明示する記述である。

朝倉氏政府が独占権を改めて認証したことを受け、馬借団体の人びとは、同じ永正五年に新たな内規を定めた。この章の冒頭で紹介したエピソードの一つめがこれである。これに干飯浦の人びとが登場することの含意は何かということを考えながら、以下読み進めていただきたい。趣旨は以下の七つである。[43]

①食塩・板材を、他国や越前国内の海岸部集落から、馬借団体を通さず直接に仕入れることを禁じる。
②来航した船が積んでいる食塩・板材につき、馬借がその船員を連れて、内陸部で売ることを禁じる（つまり船員による売買を禁じる）。
③馬借が、他人から受託した貨物を、自分が所有する商品と称して、船に積むことを禁じる。
④山内の馬借団体の人びとであっても、他人から受託した貨物

糠口（越前市米口町）

都辺（越前市都辺町）

安戸（越前市安戸町）

を、自分が所有する商品と称して、船を借りて積むことを禁じる（つまり③について山内の馬借の人びとに対し念を押している）。
⑤今泉浦・河野浦の馬借であっても、山内の馬借であっても、不適切な行為があった場合には営業を停止させる。
⑥馬借団体の構成員は、湯屋・勾当原・別所・中山・八田・今泉・河野を上位とする。
⑦糠浦（南越前町糠）・干飯浦・高佐・六呂師（第一章）・都辺（越前市都辺町）・糠口（越前市米口町）・安戸（越前市安戸町）・中津原（第二章）の馬借は、山内馬借の下位に位置づける。燕木浦の馬借は、山内・今泉浦・河野浦の下位に位置づける。この内規に背き、糠浦・干飯浦・高佐で、馬借団体を通さず直接に売る食塩を船に積んでいた場合は、山内の人びとが罪刑などを決め執行する。もし承諾しなければ、今泉浦・河野浦・山内から朝倉氏政府へ報告し、その在所での商業活動と馬借の営業

を停止する。以上記したほか、馬借団体から追放する対象となる案件は、今泉浦・河野浦・山内が判断・執行する。

以上である。おおまかな話としては、この章でこれまで紹介した話と同様に、今泉浦・河野浦・山内の馬借団体の人びとの特権を保護している。

新メンバーは元・挑戦者?

注目するべきが⑦である。糠浦・干飯浦・高佐など越前海岸でも今泉浦・河野浦より北にある集落や、六呂師・都辺・安戸・中津原など内陸部でも山内馬借の集落としてこれまで記録に出てこなかった集落の人びとを、山内馬借の下位に位置づけている。この内規の文書形式が、今泉浦・河野浦の人びとの下位に山内の人びとを位置づけていることを視覚的に示すことについて先に触れたが、その山内のさらに下位に糠浦や干飯浦の人びとは位置づけられたことがわかる。

干飯浦などの人びとに対する扱いが悪いように見えるが（実際その通りだが）、裏を返せば別の姿が見えてくる。すなわち、糠浦・干飯浦・高佐などで馬借業者がこのときはじめて営業を始めたのではなく、当地で以前から馬借を生業とした人びとがいた、さらにいえば、⑦が山内の下位に位置づける馬借の人びとが、これ以前に、今泉浦・河野浦・山内の馬借団体の人びとと競合していたのではないか。

どういうことかというと、これまで見たように、今泉浦・河野浦・山内の馬借団体は、みずからが独占権を主張する商圏に他者が参入することを排除しようとしてきた。まさにその対象が、⑦で山内の下位に位置づけられた人びとだったのではないか。つまり彼らこそが、今泉浦などの馬借団体を通さず、越前海岸へ着いた船から商品を直接に仕入れ、内陸部で売ることを生業にしていた人びとなのではないか、ということである。

そのことは同じく⑦にある、馬借団体を通さず糠浦・干飯浦・高佐で売買する食塩を船に積むことを禁じる規定が示唆する。これまで紹介した話で見たように、今泉浦・河野浦・山内の馬借団体の人びとは、内陸部で売る商品を独占的に仕入れる特権を主張し、彼ら以外の人びとが船から直接に仕入れることを排除しようとしてきた。糠浦・干飯浦・高佐での同様の行為を禁じていることは、とりもなおさず、そのような行為を糠浦・干飯浦・高佐の人びとがこの内規を定める以前にしていたことを示唆する。そういえば、先に見た天文二一年の訴訟では、従来設定されていた輸送路と別のルートの存在が問題になっていた。このことは、別ルート上にある集落の人びとが新規に参入していたことを示唆する。⑦が示す糠浦・干飯浦・高佐の人びとの参入は、その文脈で解釈できるかもしれない。

つまりこの内規がこれら行為を禁じるのは、例によって、これら行為が実際に行われていたからこそである[44]。馬借団体の構成員それぞれが持つ権利を定義する内規を繰り返し定めてきたのも、また先に紹介した、独占権を認める文書を行政権力から繰り返しもらってきたのも、今泉浦の中屋家をはじめとする馬借団体の人びとが営業を現実には独占できなかった、つまり特権を現実化できなかったからだろう。

そして馬借団体の人びとは朝倉氏政府から独占権を改めて認められた上で、糠浦・干飯浦・高佐などの人びとを内部にとり込み、統制下に置いたことをこの内規は示す、と考えられる。政府認証を受けている企業が違法営業をしていた企業をやっとの思いで目の届く範囲に組み込んだ、といった感じだ。そのような、従来からのメンバーとかっての挑戦者だった新メンバーとの緊張関係を、この章の冒頭でも紹介したこのエピソードは物語る。

なお新メンバーのうち、干飯浦・高佐などの人びとは、漁労や製塩など海の生態系で得られる資源を直接に利用する生業を営んでいた（第二章）。六呂師には轆轤師が生活していたらしい（第一章）。そしてこの内規は、それら集落の人びとが流通業も営んでいたことを示す。先に述べたように、今泉浦・河野浦の人びとも、陸上での貨物輸送に加え漁労など船にかかわる生業も営んでいた。このように戦国時代の越前海岸では広範囲にわたり、人びとが、流通業を含め複合的に生業を営んでいた。

生業に応じてインフラ整備や「軍役」を負担

永正五年の馬借団体内規の後、戦国大名朝倉氏の当主は四代・孝景にかわる。その治世である永正一二年（一五一五）、朝倉氏政府は越前国全域にわたって道路・橋梁を建設する事業を実施した。物流・交通インフラを整備すれば財の調達・再分配や情報伝達を円滑にでき、ひいては領域を安定して支配できる。また、いくさは数であり、兵站（へいたん）がしっかりしている側がだいたい勝つ。ロジスティクスは平時でも戦時でも政府にとって生命線である。朝倉教景（第一章で紹介した大谷寺と小河村との訴訟で小河村の人びとを支援した彼だ）はその訓戒で、「領国内の道路は軍馬が通るところといいそうでないところといい、よく管理することが重要である」と述べている。[45]朝倉氏政府がこの事業を行ったのもその文脈にある。

この事業で朝倉氏政府は今泉浦と河野浦の人びとに西街道（原文では「ほっこくかいたう」＝北国街道）などを担当させようとした。しかし今泉浦の人びとと河野浦の人びととがいさかいを起こし、河野浦の人びとは「事業を受託しない」といい出した。またも同じ馬借団体の内部で対立している。朝倉氏政府は今泉浦の中屋へ、馬借団体で協議して事業を行うよう命じた。[46]

　同様の例が、同じ朝倉孝景の治世である天文三年（一五三四）にもある。西街道（原文では「今泉浦谷道」「海道」）が洪水で損壊し、人間・ウマ・ウシが通行できなくなった。そこで朝倉氏政府は今泉浦・河野浦と中津原・湯屋・勾当原・中山つまり山内の人びとへ道路の復旧工事を行うよう命じた。[47]

　これらエピソードの含意は二つある。一つめが社会的含意、具体的には工事負担のありようである。朝倉氏政府が今泉浦などの人びとへ道路建設・復旧工事を命じたのは、それが彼らの生活範囲であることに加え、彼らが西街道を使って流通業を営んでいたことが背景にあろう。つまり行政権力が事業として整備した交通インフラを使って生業を営む人びとによる受益者負担という文脈がある。[48]

　これは、行政権力が庶民へその生業に応じた奉仕を求めたという、ここまでしばしば見た例の一つとして位置づけることができる。先に紹介した、今泉浦・河野浦の人びとから船を徴発した・しなかった例と同様である。そしてその反対給付として今泉浦などの馬借団体の人びとへ特権的保護を与えた、という構造が見える。

　この例に関連する、庶民側から行政権力への奉仕の論理について語る記録がある。同じく朝倉孝景の治世である天文四年（一五三五）の、馬借の営業権の売買証文である。付帯条項で、営業権を買った人は朝倉氏政府へ食塩一升（約一・八リットル）と板材一支を「くんやく」（軍役）として毎年納める、と定めている。[49]

　これら記録は馬借の営業権が譲渡可能だったことを示す点でも興味深いが、この本の論点に関して注目するべきが、営業権を持つ人が果たすべき義務を、軍役つまり軍事的奉仕の名目[50]で、実際には彼らが扱う主力商品である食塩と板材の納付をもって代えているところである。これと同様の文脈で、従軍することが期待された、または実際にした例はこれまでも見た。行政権力は越知山の周辺の人びとが伐採用具を持参して従軍することを期待し（第一章）、居倉浦の山本九郎は朝倉氏政府が行った戦争に参加して負傷した（第二章）。馬借の例では取り扱う商品を納めることで代替しているが、これはあくまで平時のことであり、戦時などで、先に述べたようにたとえば輸送サービスを提供することが期待されていた。

この例は、馬借の人びとを主語にすれば、その生業に応じて行政権力へ奉仕し、行政権力がその反対給付として営業独占権を保護し、紛争を調停し、中屋家の団体の中での優越した地位を認証するなど、生業を保護する装置として機能するよう期待したことを示唆する。庶民と行政権力が相互に依存するという、これまでしばしば見た構造である。

留意するべきは、双方がそう期待したことと、期待通りに事が進むかどうかとは別問題であることだ。馬借団体の独占権を侵す人びとは何度も現れ、馬借団体の内部でも対立が起こり、違反者への制裁は馬借団体の人びとみずからが行い、中屋家はみずからの特権的地位を守るために同じ馬借団体の人びとにわざわざ一筆書かせた。行政権力が紛争を調停するといっても、永正一二年の道路建設事業のエピソードの場合、当事者へ「おまえらで話し合ってなんとかしろ」と命じて事業の実施を求めるだけ、つまり紛争している当事者たちに丸投げするという、現代的な観点からすれば無責任な態度を示しているだけである。行政権力に調停機能を期待している中屋にしたら「使えねえな朝倉氏」と思ったかもしれない。

これら史実は、行政権力から特権を認証された人びとが、それを行使することが現実には難しかったことの裏返しである。行政権力から得た特権や、馬借団体がみずから定めた内規に実効性を与えるのは結局のところ自力救済だった。それが戦国日本の現実だった。

輸送動力であるウマ・ウシが地域を越えて生業をつなぐ

これらエピソードの含意の二つめが、生態学的含意である。具体的には輸送動力としてヒト・ウマに加え、ウシも使われていたことである。馬借とはウマなどで貨物を受託輸送し運賃を得る生業である、との定義を先に示したが、ウマ「など」と述べた理由がこれである。なお江戸時代の河野浦で運輸業を営んだ人びともウシを使っていた。[51]

越前国極西部では近代にいたるまでウシを輸送動力として活用してきた。たとえば高佐の人びとは一九〇〇年代初頭ごろまで食塩を生産していたが、武生（たけふ）（中世では府中。現越前市）など内陸部へ食塩を輸送するにあたり、ウシを使った。[52]中世・近世においてウシが製塩用の燃材を輸送したことも想定されている。[53]

越前国極西部でウシを活用してきたこれら史実は、当地で貨物を輸送するにはウマよりウシが適することが背景にある。構造面での頑丈さが、越前海岸から内陸部へ行くため丹生山地の勾配が強い道路で質量が大きい貨物を運ぶのに有利だからだ。[54]

実際、越前国は中世においてウシの名産地として知られていた。一四世紀の記録に、越前国のウシは骨が太く、大きく、よい個体が多い、とある。[55]そのような形質を持つウシだからこそ人びとは丹生山地をはじめとする越前国内で活用できた。逆にいえば、越前国の自然地理的な条件で人間が利用するのに適した形質を持つ個体を選択して交配させた結果、当地ではそのようなウシがめだつようになった、と解釈することもできる。序章で述べた、人間が好む樹種を選んで残すことで植生を人間化した話の動物版である。そのような、世界家畜史上よく見られる現象[56]の一端をこの記録は示しているのかもしれない。

戦国時代の越前国極西部の人びとが輸送動力にウマ・ウシを使ったことが外の社会のほかの生業とのつながりを生んだ。明治時代において高佐の人びとは、食塩を搬出した六月から一〇月を除く期間は、内陸部にある奥野々（おくのの）（南越前町奥野々）の農家にウシを預けた。これにより農家の人びとは厩肥（きゅうひ）（家畜の排泄物と草などをまぜて発酵させてつくる肥料）を得ることができた。[57]ウシを結節点とする生態系が製塩業・貨物輸送と農業という異なる生業を

奥野々

つないだことがわかる。

そもそも「馬」借の語が想定している輸送畜力の主力であるウマからも、厩肥や蹄耕（ていこう）（水田で歩かせて緑肥を敷き込ませる）を得られる。このような、異なる生業を営む主体相互が、ウシ・ウマを結節点として生態学的な文脈で回路を形成する現象は戦国時代の越前国極西部にもあったかもしれない。

以上ここまで、越前海岸の馬借の人びとの生存戦略を見てきた。例によって、生態系から受ける恵みと制約に応じて複合的に生業を営み、外の社会との関係に応じて行動し、行政権力と相互に依存する、という戦略が見えた。全体的なまとめは章のおわりで改めて示すとして、越前海岸におけるもう

一つのロジスティクス生業である水運に目を転じよう。

3　水運業者たちの生存戦略と広域的な経済構造

敦賀の地理的環境

ここから始まるこの章の後半では、府中—西街道—越前海岸（今泉浦・河野浦）—水路—敦賀ハイブリッドルートのうち、水路の部分で貨物輸送と商品売買を生業とした人びととの生存戦略に注目する。

定点観測地点に設定するのが、敦賀である。この章の前半で述べたように、敦賀は古代・中世において、日本海全体レベルでの水運と首都市場圏につながる水運とを結節する、全国的に見ても基幹的な役割を持つ交通都市だった。微視的に見ると、越前国内ハイブリッドルートの中で河野浦と敦賀との間は江戸時代には七里（約二八キロメートル）と算定されており[58]（実際には直線距離で二〇キロメートル弱）、敦賀からは陸運でその市街地の後背にある深坂峠（標高三七〇メートル）などを越え、二〇キロメートルほどの道のりで近江国塩津（滋賀県長浜市）など琵琶湖の北岸にある港湾集落に着き、水運に切り替え、琵琶湖南岸の港湾集落を経て京都など畿内の諸地域へ至る。

敦賀を定点観測地点に設定する理由は二つある。一つめが、これまた例によって、当地に戦国時代の記録が比較的多く残っており、これに、当地の人びとが水運を利用した流通業を生業として営んだことについて語る記述が多くあるからだ。これら記録から、彼らが生存戦略をどのようにとったのか

嶋郷（敦賀市松栄町）

御所辻子（敦賀市元町）

をこの章後半では見ていこう。

理由の二つめが、敦賀は筆者が定義する越前国極西部の外にあるが、越前国極西部の人びとの生業とかかわりが深い、という点にある。くわしくは後に述べるが、商品の仕入・販売という回路の中で、越前国極西部と敦賀とは強くつながっていた。そしてその中で、この章の冒頭で紹介した、干飯浦のおうやの事件が起きることになる。そこで、敦賀の人びとと、おうやら干飯浦の人びとが水運業を生業として営む中でどのような関係にあったのかを考えてみよう。

河野屋座と敦賀川舟座

この章後半における敦賀側の主人公が、川舟座の人びとである。[59]戦国時代において敦賀を拠点に今泉浦・河野浦と結ぶ交通に関与した水運業者団体として記録に頻繁に登場するのが、川舟座と河野屋座である。この二つのうち歴史的に先行するのは、この章前半でも登場した河野屋座らしい。河野屋座の人びとはもとは漁業を生業とし、信長や秀吉が活躍した時期である一五七〇年代まで御所辻子（敦賀市桜町・元町）、つまり戦国時代における敦賀市街地の中心地域に所在した。河野浦が本拠なのではなく、河野浦をおもな輸送先とするのでこの名前であると考えられている。

　対して川舟座は、後発ながら、その活動を記録で、よりくわしく追える。川舟座は嶋郷（敦賀市松栄町あたり）、つまり戦国時代における敦賀市街地の中心地域から見て少し西のはずれにあった。江戸時代の記録によると、中世のある時点で、大規模な地震で被害を受けた敦賀湾西岸の人びとが当地へ移住し、江戸時代に入り一六五〇年代ごろまで越前海岸で鮮魚を仕入れる生業を営んだ。この経緯の中で、敦賀を拠点とする水運にも関与した。以下、川舟座の人びとが活動したありようを追いかけることを通じて、彼らの生存戦略を見ていこう。

行政権力とのギヴアンドテイク、ここでも

　川舟座に関する最初の記録が、この章の冒頭で紹介した干飯浦のおうやの事件から約八〇年前、戦国大名朝倉氏の三代・貞景の治世である文亀元年（一五〇一）のものである。敦賀の行政を担当していた朝倉景豊（第二章）が、食塩で保存加工した魚（以下「塩加工魚」。第二章）を川舟座の人びとが若狭国・丹後国で取引するときの営業税、越前海岸での取引（魚の仕入？）の営業税、敦賀への入港税、敦賀で貨物を積み替えるときの従量関税、ほかの港から来た船の船長から徴収する税、以上の諸税の額を定めた。そして景豊はこれらの徴収を川舟座へ委託した。[60]

　川舟座の人びとからすれば、これら行政事務を受託することは、朝倉氏政府へ奉仕することを意味する。実務の内容としては、水運から陸運へ、陸運から水運への双方の貨物の切り替えを川舟座の人びとが管理することを意味する。

　この話の背景として、朝倉氏政府は川舟座の人びとへ特権を与えていた。文亀三年（一五〇三）の

朝倉景豊の反乱（この戦闘で山本九郎が負傷することになる。第二章）を鎮圧した後、敦賀の行政を担当することになった朝倉教景（先に紹介した「国内の道路を整備しろ」という小言をいっていた彼だ。なお教景は文明九年〔一四七七〕に戦国大名朝倉氏初代・孝景の子として生まれ、五代・義景の治世である天文二四年〔一五五五〕に没した。つまり朝倉氏の時代すべてを経験した）は、同年、他国の人びとが川舟座を通さず直接に商品を仕入れることを禁じるという、朝倉景冬（景豊の父。戦国大名朝倉氏初代・孝景の弟）のときから認められていた特権を追認した。[61] つまり敦賀での商品取扱を独占することを引き続き認めた。

つまり川舟座の人びとが敦賀で水運関係の徴税実務を担うという奉仕行動の背景には、敦賀を通過する貨物を独占的に管理する特権を朝倉氏政府が与えた事実があった。川舟座が得た独占権は、受託した行政実務に組み込まれていた、ともいえる。生業に即した奉仕を行政権力に提供し特権を認められることで生業の保護をはかるという、今泉浦の中屋家そのほかこれまで紹介した人びとの戦略と同じ構造が見える。

挑戦者が近江国から来る

朝倉氏政府が、敦賀で他国の人びとが直接に仕入活動を行うことを禁じたことは、裏を返せば、川舟座の独占権を侵す主体として他国の人びとを想定していたことを意味する。実際、そのような侵害は起きた。戦国大名朝倉氏の四代・孝景の治世である享禄二年（一五二九）、朝倉氏政府は川舟座の人びとへ下り荷（敦賀から越前海岸方面行き貨物）・上り荷（越前海岸から敦賀・近江国・京都方面行き貨物）ともに管理を独占する権利を認めた。朝倉氏政府は天文元年（一五三二）にも同様のことを確認し、近江国の斤屋という商人が直接に仕入を行うことを禁じた[62]。

禁じたのは、例によって、そのような行為が実際にあったからこそである。つまり川舟座が敦賀を通過するすべての貨物を独占的に管理する特権を行政権力から認められた一方で、越前国に隣接する近江国から来た商人が敦賀の市場に参入し、川舟座の独占権を侵していたことを、この記録は教えてくれる。

行政権力から特権を認められた人びとに対し挑戦する人びとが現れたのは、この章の前半で紹介した今泉浦・河野浦・山内の馬借団体にまつわるエピソードと同じだ。つまり陸運といい水運といい同じような問題が起きていた。

ここでもうちわもめ

そしてまた例によって、行政権力が特権を与えた団体の人びとの中で対立が起きた。戦国大名朝倉氏の四代・孝景の治世である天文二年（一五三三）、川舟座と河野屋座との間で訴訟があり、最終的には川舟座の営業権が認められたが、越前海岸の人びとや、敦賀を本拠とするが川舟座・河野屋座に属さない人びとが商品を直接に仕入れ、商売し続けていた。天文三年（一五三四）、朝倉氏政府は、越前海岸にある集落での商品の仕入は川舟座だけに、越前海岸にある集落への運賃収入を伴う貨物輸送は川舟座と河野屋座だけに認める、と決定した。加えて、川舟座・河野屋座以外の人が越前海岸にある集落へ入港した場合はその貨物を押収し、報告するよう命じた[63]。

要は、川舟座・河野屋座の独占権を侵す人びとが敦賀の内・外にいたのに対し、行政権力は川舟座などの人びとの独占権を改めて認めた、という話だ。先に紹介した近江国の斤屋が参入してきたエピソードとここまでは同様である。

天文二年・三年のエピソードが近江国斤屋のエピソードと異なるのは、同じく特権商人団体である川舟座と河野屋座とが対立したことである。朝倉氏政府は川舟座へ越前海岸での商品仕入と越前海岸にある集落への入港を認め、河野屋座には後者だけを認めた。つまり川舟座を河野屋座より優遇した。行政権力が特権を与えるときに団体ごとに差をつけたことは、今泉浦・河野浦・山内の馬借団体の話と同じ構造を持つ。

なお天文二年・三年のエピソードに関する記録には、「諸役(しょやく)」つまりさまざまな税負担を朝倉氏政府へ提供することが独占権を認める背景にあることを示唆する記述がある。庶民が生業に応じて行政権力に奉仕し、行政権力はその反対給付として生業を保護するという、この本でしばしば見たものと同じ相互依存構造が見える。

つまりこの構造は、戦国時代の越前国極西部では生業の種類を問わずいたるところに存在した。繰り返しになるが、庶民と行政権力とは一方的な被支配・支配関係または対立関係だけだったのではなく、ギヴアンドテイクで持ちつ持たれつの関係にもあった。

権利回復交渉のロジック

川舟座の人びとが独占権を得るため行政権力へ提供した負担の内実を示す記録がある。戦国大名朝倉氏の五代・義景の治世である永禄一一年(一五六八)、朝倉氏政府は、川舟座の人びとが越前海岸で魚を仕入れる権利を停止した。それに対し、川舟座の人びとはさまざまな奉仕を提供することを申し出、結果、朝倉氏政府は川舟座の営業権を回復させた。奉仕を申し出た内容はいろいろあるが、戦国日本の生態系の中で庶民がとった生存戦略という文脈で注目するべきものを抜粋する。[64]

①朝倉義景へ、先例で歳暮として魚・タラ一〇〇尾を提供している。

②朝倉義景が犬追物（いぬおうもの）（ウマに乗ってイヌを弓矢で射撃する競技）の競技場で使う砂を三国へ運ぶことを含め越前国内・国外でのさまざまな水運サービスを提供する。

まず①だが、タラを特定して貢納することを約束している。越前海岸では一五世紀後半から記録に登場するタラ漁（第二章）が、このころには先例として毎年上納するほどまでに普及・一般化していたことを示唆する。

なおこのとき川舟座の人びとは朝倉氏政府への申立書で、「朝倉氏政府へ納める魚は昔から越前海岸で仕入れることで納めてきた。越前国内の商人も敦賀へ来て塩加工魚を仕入れてきた。にもかかわらず、越前海岸へ船を出すことを停止されるのは迷惑だ」という趣旨のことを記している。自分たちの営業権を認めなければ行政権力への奉仕と、越前国内の人びとへの塩加工魚の供給が滞る、つまり自分たちの生業は朝倉氏の家計を支えていることに加え、朝倉氏の領内の人びとの必需的食料（食塩と動物性タンパク質）を供給するという公共性がある、だから自分たちの権利は回復されるべきである、という論理を暗に示している。行政権力からの業務停止命令に対し、権利を回復するために財・サービスの提供を申し出ている点で、下手に出ているようで、けっこうしたたかに交渉している。

砂を運ぶ・供給する

次に②である。輸送する対象の例として砂を示していることが目を引く。敦賀湾南部には砂を基質とする海岸があるので[65]、たとえばここでとったものだろう。

砂の用途が犬追物ということは殿様の道楽だから庶民の生存には縁遠い話ではないか。――とお思いになるかもしれないが、あなどってはいけない。先に述べたように、江戸時代に越前海岸の人びとは敦賀から塩田をつくるための砂を移入していた。つまり生存するため必需である用材としてそれを求めた。また、現代に入って砂の重要度はすこぶる高まっている。全地球的な都市化に伴い、土木・建築用材たるコンクリートの素材として需要が増えているためである。日本もその供給の多くを輸入に依存し、近年は全世界的にその不足が懸念されている[66]。

つまり、人間が生存するために必需的な用材としての砂の供給を外の社会に求める原初的な構造を、戦国時代・江戸時代の敦賀と敦賀を除く越前国の諸地域との関係は示す。板材の供給と同様の話だ。

敦賀を結節点とする移出・移入構造

この章でこれまで紹介したエピソードで登場したさまざまな取引関係を総合すると、水運業を生業とした人びとの生存戦略に加え、敦賀を結節点とする経済構造も復元できる。いいかえれば、敦賀と近隣地域との間で商品を移出・移入し、それを通じてそれぞれの地域の人びとの生業が連関するありようが見えてくる。以下まとめてみよう。

まず、敦賀を含む越前国から他国へ移出した品目である。先に紹介した文亀元年（一五〇一）の記録では若狭国・丹後国へ塩加工魚を移出している。敦賀からの塩加工魚の移出先には内陸国である近江国も想定できる。その魚自体はどこから来たかというと、永禄一一年（一五六八）の記録と、先に紹介した江戸時代の記録が示すように、越前海岸だろう。つまり敦賀の人びとは越前海岸で鮮魚を仕入れ、敦賀で加工し、近隣の国へ移出した、と考えられる。その内実はタラをはじめ、第二章で紹介したさまざまな魚種を想定できる。なお冷凍・冷蔵保存の技術がない時代なので、越前海岸で海水や食塩により簡易な一次加工をほどこした魚を仕入れ、敦賀で二次加工を行った、と考えてもよい。

また、敦賀から近江国へ食塩を移出していたことが記録で確認できる。先に触れたものだが、元亀二年（一五七二）の記録によると、近江国の食塩商人が五幡（いつはた）浦など敦賀湾の東岸地域で食塩を仕入れていた。海がない近江国の人びとが食塩の供給を外の社会に依存したことを象徴する例である。またこのことは、天文元年（一五三二）のエピソードで近江国の斤屋が川舟座の独占権を侵して仕入を試みた品目に、塩加工魚や食塩があったことを類推させる。

塩加工魚・食塩に加え、越前国から敦賀を通じて近隣の国へ移出した品目には、窯業製品つまり越前焼もあった。それは、くわしくは後で述べるが、中世につくられた越前焼がかつての若狭国・丹後国など若狭湾沿岸や内陸にある近江国にあたる地域で出土することが示す。

加えて、燃材も移出したかもしれない。江戸時代の記録によると、越前海岸にある厨浦（くりや）から若狭国・丹後国などへ、タキギ・木炭を移出している[67]（第一章。なおこの記録には厨浦からそれら地域へ塩加工魚・越前焼を移出したことも記述がある）。この現象は、戦国時代の記録では確認できないが、当時もあったかもしれない、と筆者は妄想している。

次に、他国から敦賀を含む越前国へ移入した品目である。この章の前半で述べたように、若狭国か

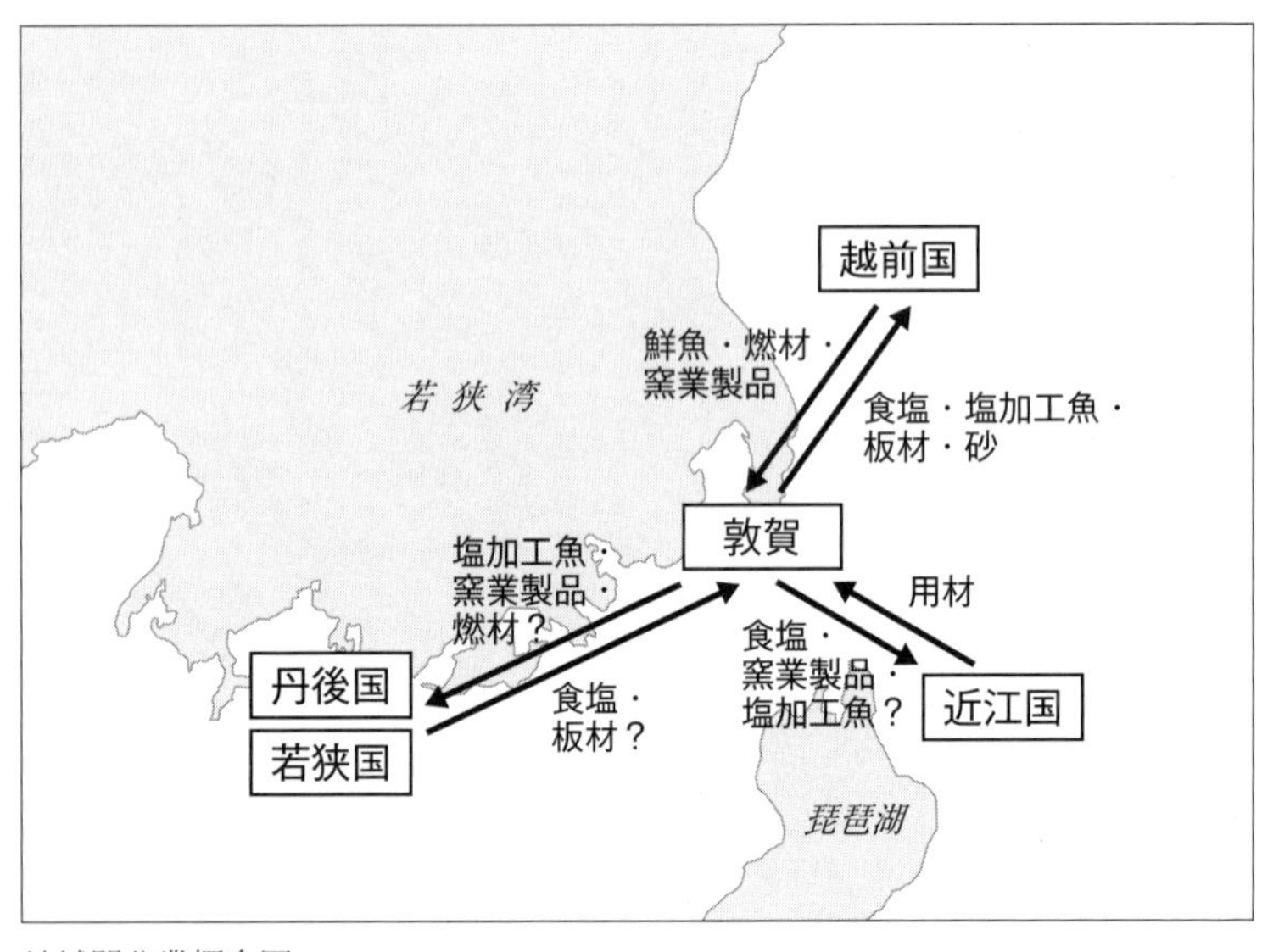

地域間分業概念図

ら食塩（ともしかすると板材）、近江国方面から板材を移入したらしい。

次に、敦賀から同じ越前国のほかの地域へ移出した品目である。先に紹介した永禄一一年の記録にあるように、塩加工魚と用材としての砂を供給した。

以上を整理すると次のようになる。越前国（敦賀を除く）は鮮魚（海水などで一次加工したものも？）・窯業製品（と燃材？）を移出して、食塩・塩加工魚・板材・砂を移入した。若狭国は食塩とおそらく板材を移出して、塩加工魚と窯業製品（と燃材？）を移入した。丹後国は塩加工魚と窯業製品（と燃材？）を移入した。近江国はおそらく板材を移出して、食塩（と塩加工魚？）・窯業製品を移入した。敦賀はこれら地域の間の移出・移入品を中継する商業都市であり、かつ食塩と鮮魚つまり原材料を移入し、塩加工魚つまり製品を移出する工業都市でもある。そして敦賀は同じ越前国のほかの地域へ砂を移出する、建築用材の生産・供給地でもあった。このようなマクロ的な経済構造が、庶民の生業の記録を一つ一つ読むことで見えてくる。歴史学をやるには、このような地味な作業を積み重ねる必要があるが、作業を進めていくうちに視界が広がっていくことを実感できるところがおもしろい。

また、以上に示した地域間の分業関係は、越前国極西部の人びとにとって、商品を移出し対価として銭を得る回路そのものも示す。これまで、越前国極西部の人びとが税を銭で支払った例をいくつか紹介したが、その銭はこれら回路から得ていたと考えられる。この分業関係が示すように、戦国時代における越前国極西部の人びとの生業は、同じ域内の内陸部・海岸部が相互に関連することに加え、越前国極西部のさらに外にある社会との関係に応じて展開していた。

ここで復元したような、京都を除く地方相互の間で商品がどう動き分業がどのようになされていたのかという問題についての研究は、実は少ない。中世日本における隔地間の物流に関する従来の研究は、各地方の特産品が税や商品として京都など首都市場圏へ求心的に動くもの、また、ぜいたく品など領主層・高所得層が需要する品目を中心に語る傾向があった。しかし戦国日本の経済は京都の高所得層だけが動かしているのではなく、人口的には圧倒的多数である庶民、とりわけ京都以外の地方で生きる庶民が生産活動の多くを占めている。そうであるならば、戦国日本の経済を語るときには、京都以外の地方を含めた、庶民が需要し消費した財・サービスについても語ることが必要である。

敦賀を結節点とする経済構造は、それぞれの地域の生態系で得られる資源の違いに応じてそれぞれの地域の人びとが生業を最適化したことを反映する。同じような例をほかの地域でも検出し、積み重ねることで、戦国日本における経済構造の全体が見えてくる。[68] 生業史研究は生業を営む庶民個人の行動というミクロな現象の復元に始まり、社会全体のダイナミズムの復元というマクロな視野につながっていく。

干飯浦のおうや、越前海岸からの挑戦者

戦国大名朝倉氏が滅び、織田信長の時代に移る。織田氏政府は川舟座に対しどのような態度をとったかというと、朝倉氏の時代以来の独占権を認めた。[69]織田氏政府というと創作類はとかく革新的・前例破壊的な性格を強調しがちだが、実のところは前例踏襲的に行政を運営していることも多い。[70]このエピソードもその一例である。

そんな中、事件が起きた。天正五年（一五七七）、敦賀斤屋（かつての近江斤屋が敦賀に定着したもの）[71]と近江国の商人とが同行し、越前海岸で商品を仕入れた。彼らは宿浦（越前町宿。一一六頁参照）の船をチャーターし、商品を敦賀へ運んだ。敦賀に貨物を置いていたところ、川舟座の人びとが貨物と船を押収した。敦賀斤屋は「このような商業活動は以前から行っている。商品を押収したのは理不尽だ」と主張し、貨物を返すよう川舟座へ求め、権利を保護するよう織田氏政府へ訴えた。[72]川舟座の人びとから見れば、彼らの特権を侵す行為に越前海岸の人びとがかかわっていたことを示す。

越前海岸の人びとが川舟座の独占権を侵害したと川舟座の人びとがみなした例はほかにもある。それがこの章の冒頭で紹介した、天正六年（一五七八）の、干飯浦のおうやのエピソードである。おうやの船が敦賀に着いたところ、川舟座・河野屋座の人びとは独占権が侵されたとみなし、おうやの貨物を押収した。おうやは川舟座・河野屋座の人びとへ謝罪文を提出し、貨物を今後は積まない、と約束した。余談だが、このときは織田政権が一向一揆を鎮圧して越前国を再占領した約三年後にあた

る。第一章で述べたように一向一揆には干飯浦のすぐ近隣にある厨浦から参加者があり、また当時、干飯浦自体も、一向一揆を構成した有力寺院である円宮寺（このころの所在地は現在の越前市大塩町。現在は越前市あおば町）の管理下にあった。[73] だからおうやの知り合いが一向一揆に参加していただろうし、おうや自身も参加していたかもしれない。

これらエピソードが示す、戦国日本の生態系の中で庶民がとった生存戦略は二つある。一つめが、この章の冒頭でも触れたが、川舟座が主張する独占権を侵した人びとが、例によって生業を複合的に営んでいたことである。

宿浦・干飯浦など越前海岸の集落の人びとは、敦賀斤屋や他国の人びとと直接に取引を行い、その商品を輸送するサービスを提供している。この章の前半で述べたように、干飯浦の人びとは漁労・製塩・陸運を営んでいた。これらに加え、このエピソードによると、水運も営んでいた。つまり、おうやをはじめ干飯浦の人びともまた、これまで紹介してきた人びとと同じく、多様な生業を複合的に営んでいた。

特権を守るのは自力

生存戦略の二つめが、川舟座の人びとが独占権を自力救済により現実化したことである。貨物押収という実力を行使したのは、川舟座など独占特権を主張する本人たちであり、行政権力たる織田氏政府ではない。この章の前半で紹介した今泉浦の中屋家にまつわるエピソードと同じである。また、干飯浦のおうやなど越前海岸の人びとが川舟座・河野屋座の独占権を侵すプレイヤーとして現れているのも、この章の前半で紹介した、干飯浦の人びとが今泉浦などの馬借団体に対する潜在的な敵対勢力だったらしい、という話と同じ構造を持つ。

独占権を主張する人びとの戦略には、新規に参入しようとする人びとをみずからの統制下に置くか、あくまでも排除するか、二つの選択肢があった。今泉浦の中屋家など馬借団体は前者を選び、敦賀の川舟座は後者を選んだ。

従来の研究は、今泉浦・河野浦・山内の馬借団体や敦賀川舟座に関する記録を、おもに、独占権を主張する側の人びとの視点で読んできた。つまり、干飯浦のおうやたちを「行政権力から認められた権利を侵害する人びと」と位置づけてきた。一方、独占に挑戦する人びとの視点で読み直せば、見える像は変わってくる。干飯浦のおうやたちだって生きるために必死である。たとえば近江国から商人が越前海岸へ来訪したことは、おうやなど越前海岸の人びとにとっては大きなビジネスチャンスだっただろう。それを、独占権を主張する側の人びとがはばもうとしたのは、おうやたちにすれば、それこそ生存への脅威である。そもそも独占権を主張する今泉浦の中屋家も敦賀の川舟座の人びともともとはといえば新規参入者だった。干飯浦のおうやたちは「何をえらそうに」と思ったかもしれない。

越前焼が越前国極西部の水運業を成長させた？

越前海岸の中でもほかならぬ宿浦や干飯浦に水運を生業の一つとする人びとがいたことの背景についてもう少し考えてみよう。越前焼の輸送需要である。

第三章で述べたように、一五世紀に越前焼の大量生産化が起きた。これに伴い越前焼が流通する範囲が広がった。中世の越前焼は若狭国・丹後国・近江国にあたる地域で出土するのに加え、考古学的知見によると、北は北海道から、西は島根県まで、日本海沿岸各地へもたらされた。

越前焼が広域的に普及した背景には日本海における水運があった。その考古学的な証拠が、海に沈んだ越前焼である。これまで、越前海岸の沿岸で網を使って漁をしていると、戦国時代を含む中世においてつくられた越前焼がしばしばひっかかって引きあげられてきた。越前焼を積んでいた船が沈んだか、船に乗っていた人が何かの理由で海へ捨てたものだろう。つまり、日本海を行き交う船が越前焼を輸送していたからこそ、海の底に越前焼が沈むこともあった。干飯浦のおうやが敦賀まで乗ってきた船も、越前焼を積んでいたかもしれない。

そもそも中世日本では窯業製品一般を運ぶときに水運を使うことが多かった。窯業製品は単位体積あたりの質量が大きいので、大量に輸送するには、ヒトのエネルギーで運ぶより、自然エネルギーを使って船などの装置に運ばせるほうが合理的だからだ。

越前焼すり鉢（海揚がり。19世紀。越前町教育委員会所蔵、越前町織田文化歴史館写真撮影。貝類が付着している）

そのため、戦国時代を含む中世日本において有力な窯業生産地は海港の近くに立地することが多い。備前窯・常滑窯が代表例である。[74] 第三章では立地が海港の近くであることを燃材移入の文脈で語ったが、製品移出の文脈でも説明でき、むしろこちらこそがおもな決定要因だったと語ることが一般的である。

越前窯はどうか。大量生産化した時期の生産地だった平等（たいら）（一五〇頁地図参照）は内陸部にある。しかし西へ向かって一つ峠を越えれば越前海岸に着く。越前海岸の集落のうち平等からもっとも近い厨浦まで直線距離で約四〜五キロメートル、敦賀の川舟座に船を押収された人がいた宿浦まで直線距離で約五〜

六キロメートルである。

平等から越前海岸へ陸送し、海岸から船で輸送したことは、江戸時代には記録で確認できる。元禄一六年（一七〇三）のものに、平等で生産した越前焼を越前海岸にある集落や府中・福井そのほかへ売った、とある。[75] また、先に述べたように、同じく江戸時代には厨浦から若狭国・丹後国などへ越前焼を移出していた。これら記録から、越前窯の人びとが平等から丹生山地の峠を越えて越前海岸へ製品を運び、船に積み替え、場合によっては三国や今泉浦など越前海岸の有力港湾で別の船に積み替えて日本海沿岸各地へ運んだ、という経路を想像できる。

平等から海岸部へは険しい山を下る必要があるが、それでも当地の人びとは越前焼の製品を運んだ。二〇〇〇年代初頭に筆者が当地のお年寄りへ聞きとりをしたところ、昔（二〇世紀のはじめまで?）は人間が甕をかついで海岸まで下りた、とのことだった。先に述べたように、海岸部集落から内陸部集落へ食塩を運ぶにはウシを利用したが、内陸部集落から海岸部集落へ窯業製品を運ぶにはヒトを利用した。対照的だ。[76]

平等―越前海岸ルートが成立した背景に次の二つを想定できる。一つめが、それまで散在していた越前焼の生産地が、一五世紀末に平等つまり越前海岸により近い立地に集約したことだ（第三章）。これは製品を越前海岸へ直接に運ぶことを促しただろう。

二つめが、この章で語ってきている、越前海岸を拠点とする水運業の成長である。一六世紀において越前海岸・敦賀間の水運を独占的に管理しようとした川舟座などに対し、干飯浦のおうやなど越前海岸を母港として水運を生業として営む人びとが、市場をめぐって挑戦した。越前海岸の人びとが水運業者としてのプレゼンスを高めていたことを示す史実である。越前焼を運ぶ需要が越前海岸の人びとの水運能力を成長させた、と想像することもできる。江戸時代に厨浦から塩加工魚・越前焼・燃材を隣接する国へ移出したのも、戦国時代に水運の経験を蓄積した延長線上に位置づけることができる。つまり水運業と窯業とは相互に独立して展開したのではなく、お互いがお互いの成長要因としてはたらいた、と考えられる。このように、異なる生業が相互に成長を促す、という歴史の経路の一端を越前国極西部の歴史は示唆する。

この章のおわりに——地域を越えて生業がつながる

この章では、西街道・越前海岸・敦賀を舞台として、当地の庶民が陸運・水運による貨物輸送と商品売買という生業をどのように営んできたのか、そのありようを見てきた。そこから見えてきた、戦国日本の生態系の中で庶民がとった生存戦略も、これまでの章と同様に三つにまとめられる。

一つめの、生態系から受ける恵みと制約に応じて多様かつ複合的に生業を営んだことについては、今泉浦・河野浦の人びとは、貨物輸送・商品売買など交通・商業機能寄りの生業と、当地の陸・海双方の生態系で得られる資源を利用する生業を営んだ。おうやがいた干飯浦や高佐の人びとはこれらに加え製塩も営んだ。ウマ・ウシは、貨物を輸送するための動力に加え、肥料を供給するなど、複数の生業を結節する装置として機能したと考えられる。つまりウマ・ウシも複合的に生業?を営んだ。

第一章で述べたように、かつての歴史叙述は、時間が経過するにつれて専業化し、それをもって社会が発達していると評価する傾向があった。しかしこの章で見たように、少なくとも戦国時代において、おうやなど越前海岸の集落の人びとは複合的に生業を営み続けた。それは当地の社会が後れているということではない。専業化しているかどうかは、その社会が発展しているかどうかを判断する指標ではなく、所与の条件に対する最適化行動の違いである。

二つめの、帰属する社会の外にある社会・市場との関係に応じて生業を営んだことについては、それぞれの地域の間で分業し、それぞれの地域で特産品を生産する構造を見た。たとえば越前国極西部の人びとは魚と窯業製品（と燃材？）を移出し、食塩・板材・砂・金属通貨（銭）を外の社会から移入した。馬借団体の人びとがやっきになって排除しようとした、敦賀または越前国の外から来た商品を越前国極西部で団体を通さず直接に仕入れる行為は、その商品にそれだけの需要と供給があったことを意味する。川舟座の人びとがやっきになって排除しようとした、干飯浦のおうやたちが越前海岸から商品をもたらし敦賀で団体を通さず直接にさばこうとした行為も、その商品にそれだけの需要と供給があったことを意味する。

その中でやりとりされた品目は、越前国極西部の生態系から受ける恵みと制約、そして越前国極西部の内と外それぞれの生態系で得られる資源の違いをまさに反映する。たとえば越前国の人びとが食塩と板材を移入したのは、地形・生態系の制約により自給品だけで需要量をみたすことが難しく、外部から移入するほうが安価だった（そのかわりに燃材はおそらく自給できた）、という条件を示唆する。越前国極西部の人びとの生業の歴史は、域内の内陸部・海岸部が相互に関連することに加え、域外にある社会の人びとと市場を通じて相互に依存して展開した。

そして越前国極西部では内陸部・海岸部双方の人びとが物流サービスを供給することで、外の社会と接続した。外の社会との関係に応じて生業を営むという、この本のライトモチーフを支えたのが、彼らが提供した物流サービスだった。

海岸部の人びとが水運サービス機能を強化した背景の一つに、越前焼の大量生産化に伴う製品の輸送を想定できる。越前国極西部のうち内陸部の人びとの生業と海岸部の人びととの生業とが相互に影響した例の一つでもある。このようにして戦国日本の実体経済は成り立っていた。繰り返しになるが、戦国日本の庶民は納税以外は自給自足という閉鎖的な社会に生きていたのではない。生態系から受ける恵みと制約に応じて、生業活動の点では外に開かれた社会で、生存戦略をたてて生きた。

三つめの、行政権力と相互に依存することで生業の保護をはかったことについては、例によって、庶民は行政権力へ生業に即した奉仕を提供し、その反対給付として生業に関する権利の保護を得た。たとえば道路の整備事業や復旧工事を受託し、船を提供し、税を徴収する実務を受託し、その反対給付として営業の独占を特権的に認められた。

ただし今泉浦の中屋家や敦賀の川舟座の人びとが行政権力から独占権の保護を得たといっても、行政権力が彼らの特権をときにより否定することもあった。また、行政権力による生業の保護を期待したといっても、団体の内部での対立や独占権の他者による侵害、つまり庶民どうしでの緊張・対立関係はしばしば起きた。それを調整するサービスを行政権力へ求めたが、制裁そのものは団体の人びとみずからが行うなど、行政権力から得た特権やみずから定めた内規を現実化するのは結局のところ自力救済によった。庶民にとって行政権力は、いざというときには頼りにならない存在だったともいえる。

以上述べた三つの要素は、第三章までに紹介した人びとのありようと共通する。過剰に演出され情緒的に語られがちな戦国日本の英雄物語の背景には、所与の生態系に応じて経済合理性に基づき主体的に生業を選び、営む、庶民の生存戦略があった。

終章

「久三郎たち」の歴史、ふたたび

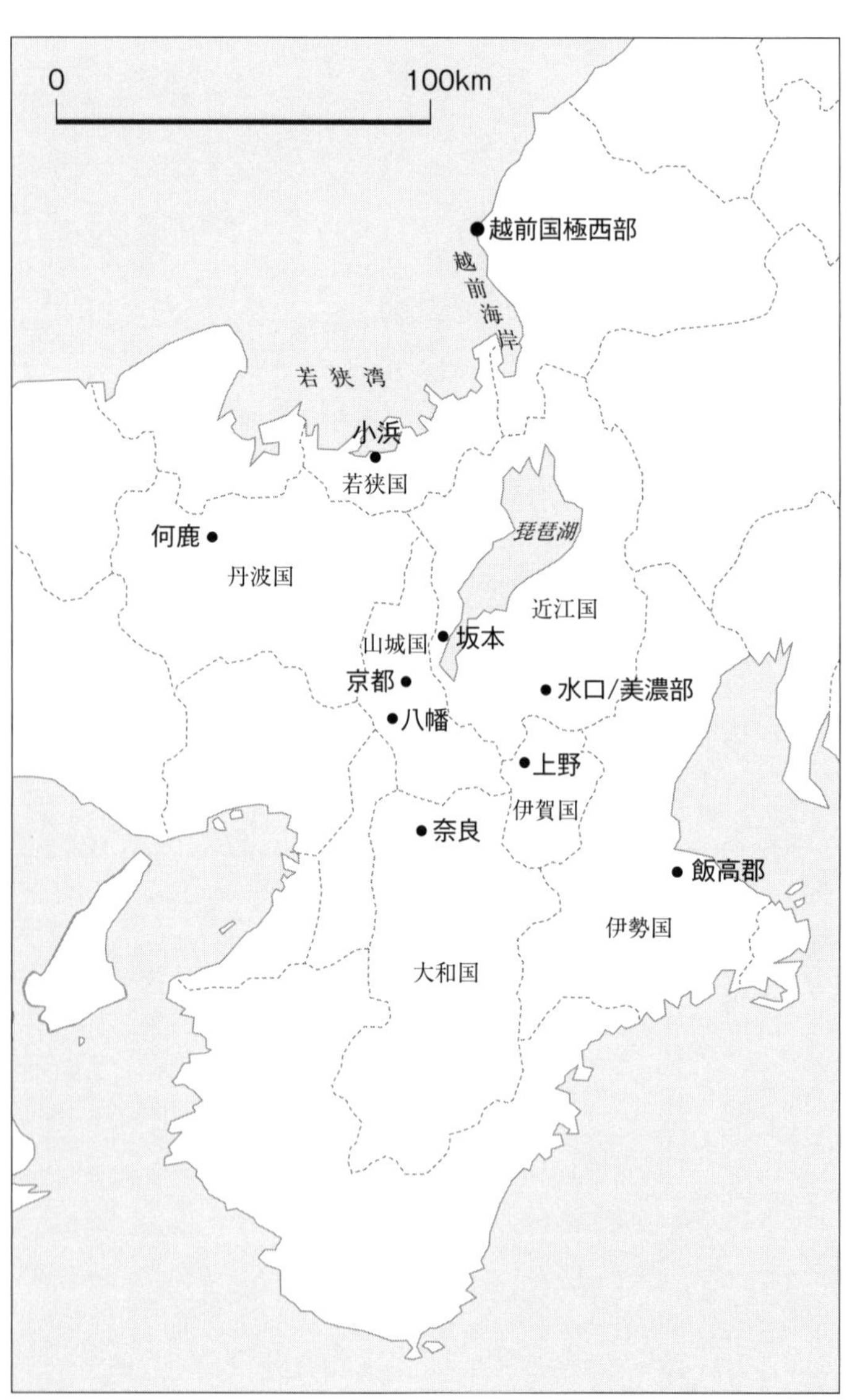

0
100km
越前国極西部
越前海岸
若狭湾
小浜
若狭国
何鹿
丹波国
琵琶湖
近江国
山城国
坂本
京都
八幡
水口/美濃部
上野
伊賀国
奈良
飯高郡
伊勢国
大和国

三つの生存戦略と戦国日本

この本では、越前国極西部を定点観測地点として、戦国時代の一般的な定義より前後に少し時期を広げ、所与の生態系（序章で述べたように、社会―生態システムと呼んでもよい）の中で、庶民がとった生存戦略を見てきた。それは、各章の末で繰り返し語った、以下の三つにまとめられる。

①生態系から受ける恵みと制約に応じて多様かつ複合的に生業を営んだ。生業ポートフォリオを多様・複合的に構成することは、単一生業に伴う危険を分散化することを意味した。内陸部平地集落といえばコメ単作、海岸部集落といえば漁業専業、というありがちなイメージとまったく逆の世界である。専業化しているかどうかは、その社会が発展しているかどうかを判断する指標ではなく、所与の条件への適応の違いである。また、生態系から受ける恵みを最大化するべく、技術革新とその実装を試み続けた。

②帰属する社会の外にある社会そして市場との関係に応じて生業を営んだ。越前国極西部の内陸部・海岸部の人びとの生業が相互に関連することに加え、域外にある社会の人びととも市場を通じて関係し、それに応じて戦略をとった。このころにおける経済社会化の一端を示す。それぞれの社会をつなぐ回路・分業のありようを決定する要因に、生態系から受ける恵みと制約、そして生態系で得られる資源の違いがあった。外の社会とは相互に依存することに加え、資源分配をめぐり緊張・対立することもあった。

③行政権力と相互に依存することで生業の保護をはかった。庶民は行政権力へ生業に即した奉仕を提供し、反対給付として生業に関する権利を保護されることを期待した。つまり庶民は行政権力が生業・生存を保護する装置として機能することを期待した。前近代の行政権力と庶民というと、一方的な支配・被支配、抑圧と服従、というイメージで語られることがしばしばあるが、むしろギヴアンドテイク・相互依存の要素も濃い。ただし、庶民どうしでの緊張・対立関係を調整するサービスを行政権力へ求めた一方で、たとえば制裁そのものは団体の人びとみずからが行うなど、行政権力が特定の庶民に認めた特権を現実化するのは結局のところ自力救済によった。

なお同様のありようは、実は江戸時代にも見ることができる。①については、江戸時代の庶民も主体的に生存戦略をとり複合的に生業を営んだ。たとえば、江戸時代の「百姓」は農地を経営することに加え、市場動向・消費性向に応じてみずからの労働力の分配を主体的に選択・決定した。たとえば農業が不振になれば別の財・サービスの生産・販売などの生業に転換する、または労働の分配を多くするなどにより生活水準の維持・向上をはかった。[1]「百姓」は農業専業だったと思われがちだが、複合的な生業経営こそが江戸時代の実態だった。

このことと、この本での分析とをあわせれば、日本史上、中世・近世以外の庶民の多くも生業を複合的に営んできたのではないか、ということを予想させる。先に述べたように、従来型の歴史叙述は、歴史・時間の経過とともに生業は専業化する、専業化していることをもって社会が発達しているとみなす発展段階モデルで説明する傾向がある。しかし近年の生業史研究の成果を踏まえれば、日本史を通じて専業化が起きたのは人口比ではごくわずかの部分（行政的支配者など）だったのではないか、と予想できる。現代日本社会では「あなたの本業は何ですか」と問われることがしばしばあるが、これはもしかすると歴史的にごく近年だけの現象かもしれないし、「本業」の定義がそもそもあいまいである。そういえば、この本を執筆している二〇二二年現在において、リモートワークの普及などをきっかけとして、副業を営むことを促す社会的潮流がある。先の問いが無意味になる時代が近く再び来るかもしれない。

　以下省略ぎみに語るが、②については、たとえば、江戸時代に経済社会化が進んで市場経済への依存度が高まったことが庶民の生業の商業化（たとえば農村工業と域外市場向け生産の発展）を促したし[2]、③については、第一章で述べたように、近世日本政府は生業活動に応じた奉仕内容に即して特定の身分に人間を配置したし、またたとえば、江戸時代の百姓はみずからが領主の「御百姓」であるという認識を持ち、行政権力に対し「仁政」＝生業活動の保護を求めたことが知られる。[3]この本で語ってきたことを踏まえると、近世日本に見られる①②③の要素は戦国日本にすでに見ることができる、といいかえることもできる。

さまざまな時間スケールの変化の集合としての歴史

　以上示した、所与の生態系（社会―生態システム）の中で庶民がとった生存戦略から見えてきた歴史像と、英雄たちを主役とする従来型の戦国時代像とをあわせると、何が見えるのか。さまざまな時間スケールでの変化が重なる歴史のダイナミズムである。戦国日本の生態系の中で庶民がとった生業活動の選択、技術革新、用材・燃材に使われたススキやクリやコナラ属の伐採と再生、スギやもとをたどれば外来種であるマダケの育成と定着、食塩で加工され庶民に栄養を供したタイやサバの世代交代、窯業原料に適した土の堆積、丹生山地の隆起とそれに伴う越前海岸の形成をはじめ、中期・長期の時間スケールにおける数多くのさまざまな変化がよりあわさった結果が、戦国日本の歴史だった。

その中で、余谷の三郎兵衛は森林の利用を規制する政府命令を受け取って（おそらく）面倒がり、居倉浦の山本九郎は（おそらく）操船技術を買われてしぶしぶ従軍して負傷し、平等のさかや助五郎は集落で納税を分担している人びとと越前焼をつくる労働者たち（双方は重複している可能性がある）のとりまとめで（おそらく）忙殺され、干飯浦のおうやは（おそらく）特権商人団体の監視をくぐりぬけてビジネスチャンスをつかもうとして摘発された。そして山本九郎以外も含め、彼らはすべて戦争を多少なりともおそらく経験した。彼ら庶民が生業を営む結果として生産した財・サービスを消費することで、朝倉氏や織田信長や柴田勝家や豊臣秀吉などの著名人を主語とする、学校教科書にも書いてある政策や戦争の実施といった、とかく過剰に演出されとかく情緒的に語られがちな英雄物語、すなわち短期的な歴史イベントが成立した。

このような、さまざまな時間スケールの変化が集合した上に現象があるという視点は、戦国以外の時代つまり古代から現代までを通じて日本史全体を見直すにも有効だろう。たとえば、英雄たちが動かすのではなく動かされているという、従来型の歴史像と異なる像が見えてくるはずだ。

以上のような、歴史を解釈するときの、従来とは異なる枠組みを知ることは、私たちが一般的に認識している歴史の枠組みを強く規定している原因の一つである、歴史教育のありようを再定義することにもつながる。近年の日本史教科書の叙述スタイルは、各章の冒頭で国際環境について叙述するなど工夫してはいるが、その後の叙述で政治史→社会・生活・文化史の順に配置する構成は、だいたい共通している。そのことは、政治史（それも政策史ではなく英雄たちの政権交代史）こそが歴史の中で第一に学ぶべきもの、というスリコミを私たちに与える。

しかしながら、私たちが学校で歴史を勉強させられる理由は、日本政府によると、「社会的な見方・考え方を働かせ、課題を追究したり解決したりする活動を通して、広い視野に立ち、グローバル化する国際社会に主体的に生きる平和で民主的な国家及び社会の有為な形成者に必要な公民としての資質・能力を次のとおり育成することを目指す」ためだそうだ（高等学校学習指導要領解説〔平成三〇年告示〕地理歴史編）。そうであるならば、「企業トップが学ぶべき織田信長の決断に見るリーダーシップ」よりも、「地球社会の一サブシステムである日本社会を、人口の圧倒的多数を占める庶民はどのように維持してきたのか、その経験を、地球社会で現在生きている一個人の行動にフィードバックする」ことを学校教育でもっと語ってよい、と筆者は考える。

ともかく、政治史こそが学ぶべき歴史の主軸であるという、合理的根拠が不明確な思い込みから私たちはそろそろ解放されてよいし、社会・生活・文化史→政治史の順で語る学校教科書をつくることを検討してもよい。

なぜ英雄ばかりが語られてきたのか、なぜ庶民を語ることができるのか

ではなぜかつての戦国時代史叙述は英雄を中心に語り、また、英雄の行動・政策を社会を動かす要因として語ることが多かったのか。理由はいろいろあろうが、歴史学、その中でもとくに文献史学の方法論による構造的問題をここで指摘しておく。

改めて文献史学とは何かだが、文字記録をもとに史実を復元しようとする知である。現存する記録

の記述に即して歴史を語ろうとするので、復元できる史実を、現存する記録の内容が制約する。戦国時代を含む中世日本でつくられた記録で現存するものは、第一章でも述べたように、行政的支配者（京都などにいた武家・寺院・神社など）が作成にかかわったもの、または彼らのもとに伝来したものが多くを占める。結果、その内容は、行政的支配者の関心・行動・政策に関するもの、たとえば徴税や法制に関するもの、が多くを占めることになる。

現存する記録の多くが行政的支配者に関するものなので、記録を典拠に歴史を復元しようとすると、彼らの行動を中心に語ってしまいがちになる。戦争や事件など特定の史実の原因を記録の中に探索しようとするとき、その原因をもっともらしく説明してくれそうな記述がそれら行政的支配者に関する記録の中にあることが確率論的に多くなる、ということでもある。

英雄の行動は記録に多く残っているので、歴史を語るには英雄の行動を記述すれば比較的簡易にできる、という面もある。現在に生きる私たちは過去に何が起きたかを知っているので、特定の史実の原因を行政的支配者が起こした行動に結びつけることで、後付けではあるがあたかも合理的に見える解釈を示すことも、可能といえば可能である。そこまでいかずとも、行政的支配者に関する記録を典拠に歴史を復元しようとするとき、それら記録は彼らの関心に基づき作成されているため、読むときに彼らの目線にややもすれば誘導され、あたかも行政的支配者こそが歴史を動かしているかのように錯覚しがちになる。

以上のように、現存する記録を典拠に歴史を復元するという誠実な態度は、根拠のない妄想に基づき歴史（偽史？）を語るより公益によほど資するが、行政的支配者本位史観におちいるおそれがあるという、学的方法に構造的に組み込まれた問題を伴う。

ただし、ものはやりようである。同じ記録でも、その構造的問題を自覚した上で読めば、見えてくる像は変わってくる。実際、この本で試みたように、支配者側が作成したものを含む記録を庶民目線で読み直すことで、庶民がその生業活動を、所与の生態系・社会条件が制約する中で合理的かつ主体的に戦略を立てて日々を生きたという、もう一つの戦国日本の歴史像を見ることができた。

そのような研究方法を支えているのが、とくに二〇世紀第3四半期以降のことだが、さまざまな自治体や研究機関などが記録の調査（所在確認を含む）を進めた結果、その存在が知られていなかった、または知っている人がごく限られていた記録の公開が進んだことである。その中には庶民側に伝来した記録も多く含まれていた。そのことは戦国日本の庶民の行動を復元しやすくなったことを意味した。この本も、典拠とした記録の多くを福井県が編集した『福井県史』など自治体史に拠っている。

だからこそ読者のみなさまには、地域に伝わる記録など文化財の保護にご協力いただきたい。地域の歴史そしてその集合体である地球社会の歴史は、ごくローカルなものとして扱われがちな記録をはじめさまざまな文化財があるからこそ復元でき、次の世代へ伝えることができる。フェイクニュース（歴史の場合は偽史）がインターネットなどを通じて拡散しやすい現代において、歴史上作成された、古い和紙に墨で書かれた記録は、ファクト（史実）を証明するための偽造困難なソースとして存在意義を高めていると、筆者は考える。そのような公共性・公益性を、地域に伝わる記録など文化財は持つ。

京都の住民調査リスト、ふたたび

最後に、視点を京都に戻し、「はじめに」で紹介した久三郎の名を記す記録、つまり豊臣政権による高倉通天守町住民調査リストを改めて見てみよう。

このリストには久三郎以外にもさまざまな人びとの名が記されている。京都の上京・下京（京都市上京区・中京区・下京区）つまり地元の出身者に加え、そのほかさまざまな地から来た人びとの名を確認できる。山城国八幡（京都府八幡市）出身で魚を商った与七、大和国奈良出身で漆器をつくる職人だった弥五郎、近江国坂本（滋賀県大津市）出身で魚を商った喜右衛門尉、水口（滋賀県甲賀市）出身で扇の骨をつくる職人だった久助、美濃部（同）出身で同じく扇の骨をつくる職人だった藤衛門尉、丹波国何鹿（京都府綾部市・福知山市）出身で同じく扇の骨をつくる職人だった市右衛門尉、伊勢国飯高郡（三重県松阪市・多気町）出身で同じく扇の骨をつくる職人だった新左衛門尉、伊賀国上野（三重県伊賀市）出身で建築職人だった与太郎、若狭国小浜（福井県小浜市）出身で魚を商った小衛門尉、――などである（二五六ページ地図参照）。

京都へ来たのも、二八年前、二〇年前、一五年前、一〇年前、九年前、八年前、七年前、六年前、二年前など、信長が活躍し始めたころから豊臣政権のごく最近の時期まで、さまざまである。この住民調査があったころの高倉天守町はいろいろな地からつぎつぎと人びとが集まってきた、ちょっとしたコスモポリスだった。出身地を問わず、また、京都へ来た時期を問わず扇の製作工程の一部を担う職人が多いことは、その技術と出身地との関係が薄いこと、つまり彼らが京都へ来てからその技術を習得したことを示唆する（なお京都出身の住人にも扇関係の職人・商人がいる）。出身地での生業と関係なく、大都会へ来て受けた教育内容に応じて生業を営むのもまた、戦国日本の生態系の中で庶民がとった生存戦略の一つだった。

織田信長たち歴史上の著名人以外を指して「名もなき人びと」と表現する向きがある。失礼だ。名はある。記録が残りにくいだけだ。そもそも、久三郎たちの名を記す住民調査記録が発見されたのもかなりの偶然のことだった。大中院（京都市東山区）という寺院にある、一六世紀後半から一七世紀初めに活躍した画家・海北友松の手になるふすま絵が修理されたときに、その下地から出てきたという、なかなか劇的な経緯を持つ。

奇跡的にその名が記録に残った久三郎は、戦国時代に越前海岸に生まれた。織田政権が一向一揆を鎮圧して越前国を再占領した七年ほど後に久三郎は京都へ来た。第一章・第四章で述べたように、一向一揆には厨浦・干飯浦など越前海岸からも参加者があったらしいので、その中には久三郎の知り合いがいたかもしれないし、久三郎自身も参加していたかもしれない。つまり彼もまた、三郎兵衛たちと同じく、戦争と無縁ではおそらくなかった。そして京都へ出て、職人かつ不動産の賃貸人（つまり家主）として生きた。

大中院

久三郎以外の、さまざまな地から京都の高倉通天守町へ集まってきた人びと、そして彼らを見送りその地に残った人びとも、戦国日本の生態系（社会―生態システム）の中で、ときどきの状況に応じ、経済学的に表現すれば、得られる効用を最大化するため生業行動を最適化する戦略をとり、文学的に表現すれば、精一杯したたかに、生きた。この本はこのような、その名を語る記録が必ずしも残らなかった、たくさんの「久三郎たち」の歴史を復元しようとした試みである。

＊

この本は、以下の既発表論文の内容をもとに書き下ろしたものです。

第一章　「中世における越知山の山林と用益」（『あさひシンポジウム二〇〇三記録集』山の信仰を考える、朝日町教育委員会、二〇〇四年）

第二章・第四章　「越前海岸中世史の一齣」（『シンポジウム（山と地域文化を考える）資料集』第二〇回国民文化祭越前町実行委員会、二〇〇五年）

第三章・第四章　「中世における越前焼の生産と流通」（『陶説』五九三、二〇〇二年）

また、『福井新聞』（福井新聞社）文化・生活面へ寄稿したコラム記事の内容も組み込みました。初出は次の通りです（発表順）。

「山芋　大名のごちそう」（二〇〇二年一二月二四日付け）
「土間の広さ、雪と関連」（二〇〇三年二月一八日付け）
「地名の由来　ご教示を」（二〇〇三年七月一日付け）
「『すり鉢』に歴史あり」（二〇〇三年九月二日付け）
「意外な中世風呂事情」（二〇〇四年三月三〇日付け）
「越前町、美味ワールド」（二〇〇五年二月八日付け）

「早い積雪　痛烈な一撃」（二〇〇六年二月二一日付け）
「『ハマ』最古の記録」（二〇〇六年一二月九日付け）
「スグレモノ、越前赤瓦」（二〇〇七年三月三日付け）
「嶺北と嶺南結ぶ海運」（二〇〇七年五月二六日付け）
「柴田勝家の山林統制」（二〇〇七年一一月一〇日付け）

この本はＪＳＰＳ科研費ＪＰ二一Ｋ〇〇八六〇による成果を含みます。また、執筆にあたり、福井市立郷土歴史博物館の藤川明宏学芸員、福井県陶芸館・越前古窯博物館の一瀬諒主査（学芸員）、南越前町教育委員会事務局の稲吉昭彦学芸員、そしてかつての同僚で文字通りの畏友、佛教大学歴史学部の堀大介教授ならびに越前町織田文化歴史館の村上雅紀学芸員に多大なご協力をいただきました。ここに記して謝意を表します。

参考文献

赤羽正春『採集』（ものと人間の文化史一〇三、法政大学出版局、二〇〇一年）
――『鱈』（ものと人間の文化史一七一、法政大学出版局、二〇一五年）
赤羽一郎「中世常滑焼とは何か」（永原慶二編『常滑焼と中世社会』小学館、一九九五年）
赤羽義章「サバの伝統食品」（青海忠久編『若狭のおさかな』改訂版、晃洋書房、二〇一一年）
浅野晴樹「東国の常滑焼の出土状況」（『常滑焼と中世社会』（前掲）、一九九五年）
朝日町誌編纂委員会編『朝日町誌』資料編二（朝日町役場、一九九八年）
網野善彦『網野善彦著作集』九（岩波書店、二〇〇八年）
安藤広道「水田と畠の日本史」（国立歴史民俗博物館編『生業から見る日本史』吉川弘文館、二〇〇八年）
石弘之『砂戦争』（角川新書、KADOKAWA、二〇二〇年）
石井進『石井進著作集』一〇（岩波書店、二〇〇五年）
石垣悟「焼く・煮る・蒸すと火の文化」（小川直之編『日本の食文化』一　食事と作法、吉川弘文館、二〇一八年）
石村真一『桶・樽』Ⅰ（ものと人間の文化史八二―一、法政大学出版局、一九九七年）
泉俊弘「生産地はどのように決まるか」（岡山理科大学『岡山学』研究会編『備前焼を科学する』、シリーズ『岡山学』一、吉備人出版、二〇〇二年）
伊藤十治「動物」（越廼村誌編集委員会編『越廼村誌』本編、越廼村、一九八八年）
伊藤政昭「地質構造」（朝日町誌編纂委員会編『朝日町誌』通史編二、朝日町役場、二〇〇四年）
井上鋭夫・桑山浩然・藤木久志校注「朝倉始末記」（笠原一男ほか校注『蓮如　一向一揆』日本思想大系一七、岩波書店、一九七二年）
井原今朝男「はじめに」「生業から民衆生活史をふかめる」（『生業から見る日本史』（前掲）、二〇〇八年）

――「民衆知としての生業論」(平川南編『日本史と環境』環境の日本史一、吉川弘文館、二〇一二年)
今井敬潤『栗』(ものと人間の文化史一六六、法政大学出版局、二〇一四年)
――『柿』(ものと人間の文化史一八五、法政大学出版局、二〇二一年)
岩井宏實『曲物』(ものと人間の文化史七五、法政大学出版局、一九九四年)
岩城英夫『草原の生態』(生態学への招待三、共立出版、一九七一年)
岩田隆「一乗谷の消費と流通」(水野和雄ほか編『戦国大名朝倉氏と一乗谷』高志書院、二〇〇二年)
上木泰男「丹生山地」(福井県自然環境保全調査研究会監修『福井県のすぐれた自然』動物編、福井県県民生活部自然保護課、一九九九年)
宇佐見隆之『日本中世の流通と商業』(吉川弘文館、一九九九年)
越前町史編纂委員会編『越前町史』下(越前町役場、一九七七年)
――『越前町史』続(越前町役場、一九九三年)
大河内勇介「中世越前交通史論」(木村茂光ほか編『旅と移動』生活と文化の歴史学一〇、竹林舎、二〇一八年)
大住克博「日本列島の森林の歴史的変化」(中静透ほか編『森林の変化と人類』森林科学シリーズ一、共立出版、二〇一八年)
大田由紀夫『銭躍る東シナ海』(講談社選書メチエ七五四、講談社、二〇二一年)
岡田孝雄「海辺の浦々」(『越廼村誌』本編(前掲)、一九八八年)
――「越前・若狭の浦々」(福井県編『福井県史』通史編三近世一、福井県、一九九四年)
――「漁村の変貌」(福井県編『福井県史』通史編四近世二、福井県、一九九六年)
荻野繁春「近畿地方における中世の須恵器」(『東洋陶磁』一四、一九八六年)
――「『財産目録』に顔を出さない焼物」(『国立歴史民俗博物館研究報告』二五、一九九〇年)
奥野高広・岩沢愿彦校注『信長公記』(角川文庫ソフィア、角川書店、一九六九年)
納村力「朝日町立福井総合植物園とその周辺の野鳥」(『朝日町誌』通史編二(前掲)、二〇〇四年)

尾下成敏「柴田氏の山林竹木支配」(『日本史研究』五〇二、二〇〇四年)
小野正敏『戦国城下町の考古学』(講談社選書メチエ一〇八、講談社、一九九七年)
――「戦国期の都市消費を支えた陶器生産地の対応」(『国立歴史民俗博物館研究報告』一二七、二〇〇六年)
――「『木』資源と山野、その競合と争奪」(小野ほか編『木材の中世』考古学と中世史研究一二、高志書院、二〇一五年)
小浜市史編纂委員会編『小浜市史』諸家文書編三(小浜市役所、一九八一年)
角明浩「戦国織豊期における越前と若狭の海運・水運」(福井県郷土誌懇談会編『越前・若狭の戦国』岩田書院、二〇一八年)
神野善治「漁網」(永原慶二ほか編『講座日本技術の社会史』二 塩業・漁業、日本評論社、一九八五年)
河村知彦・仲岡雅裕「海底生態系」(津田敦ほか編『海洋生態学』シリーズ現代の生態学一〇、共立出版、二〇一六年)
菊池勇夫『飢饉の社会史』(校倉書房、一九九四年)
鬼頭宏『文明としての江戸システム』(日本の歴史一九、講談社、二〇〇二年)
木村孝一郎「越前焼の基礎的概念」「小群の時期別変遷でみる生産地遺跡の動向」「越前焼の流通」「古文書による越前焼生産の様相」(『越前焼総合調査事業報告』福井県教育庁埋蔵文化財調査センター所報六、福井県教育庁埋蔵文化財調査センター、二〇一六年)
京都市歴史資料館編『叢書京都の史料』九(大中院文書・永運院文書、京都市歴史資料館、二〇〇六年)
功刀俊宏「戦国期の馬借と流通経済」(『白山史学』三八、二〇〇二年a)
――「戦国期越前における刀禰」(『東洋大学大学院紀要』三九、二〇〇二年b)
――「座・御用商人から見る十六世紀の敦賀」(地方史研究協議会編『敦賀・日本海から琵琶湖へ』雄山閣、二〇〇六年)
久保智康「日本海域をめぐる赤瓦」(長谷川成一ほか編『日本海域歴史大系』四近世編一、清文堂出版、二〇〇五年)
黒田日出男「戦国・織豊期の技術と経済発展」(歴史学研究会・日本史研究会編『講座日本歴史』四中世二、東京大学

出版会、一九八五年）
小泉義博「西街道の変遷と蕪木浦」（『若越郷土研究』三三―六、一九八八年）
――「交通路の発達と市・町の形成」「浦・山内の馬借」（福井県編『福井県史』通史編二、福井県、一九九四年）
河野村誌編さん委員会編『河野村誌』資料編（河野村、一九八〇年）
――『河野村誌』（河野村、一九八四年）
国書刊行会編纂「朝倉宗滴話記」（『続々群書類従』一〇、八木書店、二〇一三年）
小林一男「農業・林業」（福井県編『福井県史』資料編一五、福井県、一九八四年）
小林清治『秀吉権力の形成』（東京大学出版会、一九九四年）
小林保夫「中世の京都と備前壺」（『京都市史編さん通信』八六、一九七六年）
齋藤暖生・鈴木牧「循環のダイナミクス」（鈴木ほか『森林の歴史と未来』人と生態系のダイナミクス二、朝倉書店、二〇一九年）
齋藤暖生・西廣淳「人と森の生態系の未来」（『森林の歴史と未来』（前掲）、二〇一九年）
齊藤宏明・山村織生「海洋生態系と人間活動」（『海洋生態学』（前掲）、二〇一六年）
桜井英治『日本中世の経済構造』（岩波書店、一九九六年）
――「中世の技術と労働」（『岩波講座日本歴史』九中世四、岩波書店、二〇一五年）
――『交換・権力・文化』（みすず書房、二〇一七年）
佐竹暁子・巌佐庸「まえがき」（佐竹ほか編『生態学と社会科学の接点』シリーズ現代の生態学四、共立出版、二〇一四年）
佐藤圭「諸産業と職人・商人」（『福井県史』通史編二（前掲）、一九九四年）
佐藤進一・池内義資編『中世法制史料集』一（岩波書店、一九五五年）
佐野静代『中近世の村落と水辺の環境史』（吉川弘文館、二〇〇八年）
――『中近世の生業と里湖の環境史』（吉川弘文館、二〇一七年）

下村周太郎「中世における樹木観・竹木観の展開」(『木材の中世』(前掲)、二〇一五年)
白井祥平『貝』Ⅱ(ものと人間の文化史八三―二、法政大学出版局、一九九七年)
白水智『中近世山村の生業と社会』(吉川弘文館、二〇一八年)
水藤真『朝倉義景』(人物叢書、吉川弘文館、一九八一年)
杉本壽・山田秋甫『越前国織田荘劔大明神誌』(安田書店、一九八八年)
鈴木克美『鯛』(ものと人間の文化史六九、法政大学出版局、一九九二年)
鈴木瑞麿「近世初期の氷見の漁業」(氷見市史編さん委員会編『氷見市史』一通史編一、氷見市、二〇〇六年)
瀬田勝哉『木の語る中世』(朝日選書六六四、朝日新聞社、二〇〇〇年)
瀬戸雅文「若狭の海」(『若狭のおさかな』改訂版(前掲)、二〇一一年)
高木徳郎『日本中世地域環境史の研究』(校倉書房、二〇〇八年)
高木久史『日本中世貨幣史論』(校倉書房、二〇一〇年)
――「中世京都・鎌倉・博多・兵庫の物流をめぐって」(井原今朝男編『富裕と貧困』生活と文化の歴史学三、竹林舎、二〇一三年)
――『撰銭とビタ一文の戦国史』(中世から近世へ、平凡社、二〇一八年)
高島正憲・深尾京司・西谷正浩「成長とマクロ経済」(『岩波講座日本経済の歴史』一中世、岩波書店、二〇一七年)
高橋秀樹・櫻井彦・遠藤珠紀校訂『勘仲記』五(史料纂集一八九、八木書店、二〇一七年)
高原光「日本列島とその周辺域における最終間氷期以降の植生史」(湯本貴和編『環境史をとらえる技法』シリーズ日本列島の三万五千年六、文一総合出版、二〇一一年)
滝久智・山浦悠一・田中浩「森林景観と生態系サービス」(正木隆ほか編『森林生態学』シリーズ現代の生態学八、共立出版、二〇一一年)
竹内理三編「親元日記」一(増補続史料大成一〇、臨川書店、一九六七年)
――『鎌倉遺文』古文書編四(東京堂出版、一九七三年)

武田勝蔵『風呂と湯の話』（塙新書六、塙書房、一九六七年）
竹内若校訂『毛吹草』（岩波文庫、岩波書店、一九四三年）
タットマン，コンラッド『日本人はどのように森をつくってきたのか』（熊崎実訳、築地書館、一九九八年）
田中照久「九右衛門窯焼成実験の記録」（出光美術館編『越前古陶とその再現』出光美術館、一九九四年）
田村善次郎「丹生郡越前町高佐・白浜」（日本塩業大系編集委員会編『日本塩業大系』特論民俗、日本塩業研究会、一九七七年）
田村憲美「中世『材木』の地域社会論」（『日本史研究』四八八、二〇〇三年）
――「自然環境と中世社会」（『岩波講座日本歴史』九（前掲）、二〇一五年）
敦賀市史編さん委員会編『敦賀市史』史料編二（敦賀市役所、一九七八年）
――『敦賀市史』史料編五（敦賀市役所、一九七九年）
土井章・坂本尚史「備前焼の焼成過程」（『備前焼を科学する』（前掲）、二〇〇二年）
刀祢勇太郎「漁業・諸職」「交通・商業」（『福井県史』資料編一五（前掲）、一九八四年）
刀禰勇太郎『蛸』（ものと人間の文化史七四、法政大学出版局、一九九四年）
長澤伸樹「材木調達からみた柴田勝家の越前支配」（『織豊期研究』一三、二〇一一年）
中島圭一「十五世紀生産革命論再論」（『国立歴史民俗博物館研究報告』二一〇、二〇一八年）
中塚武『気候適応の日本史』（歴史文化ライブラリー五四四、吉川弘文館、二〇二二年）
中野晴久「中世常滑焼の技術・生産・編年をめぐって」（全体討論、『常滑焼と中世社会』（前掲）、一九九五年）
中原義史「越前赤瓦」（『越前焼総合調査事業報告』（前掲）、二〇一六年）
中山泰昌編「源平盛衰記」上（『校註日本文学大系』一五、誠文堂、一九三二年）
西川広平『中世後期の開発・環境と地域社会』（高志書院、二〇一二年）
野尻泰弘「近世初期における日本海沿岸地域の社会構造と生業」（『明治大学人文科学研究所紀要』八八、二〇二一年）
橋本鉄男『ろくろ』（ものと人間の文化史三一、法政大学出版局、一九七九年）

橋本道範『日本中世の環境と村落』（思文閣出版、二〇一五年）
――「はじめに」「自然・生業・自然観」（橋本編『自然・生業・自然観』小さ子社、二〇二二年）
塙保己一編「尺素往来」（『群書類従』九、八木書店、二〇一三年a）
――「朝倉亭御成記」（『群書類従』二二、八木書店、二〇一三年b）
――「国牛十図」（『群書類従』二八、八木書店、二〇一三年c）
速水融・宮本又郎「概説」（『日本経済史』一　経済社会の成立、岩波書店、一九八八年）
原田信男「近世における粉食」（木村茂光編『雑穀』Ⅱ、青木書店、二〇〇六年）
――『中世の村のかたちと暮らし』（角川選書四二五、角川学芸出版、二〇〇八年）
春田直紀『日本中世生業史論』（岩波書店、二〇一八年）
――「製塩からはじまる地域環境史」（春田ほか編『歴史的世界へのアプローチ』刀水書房、二〇二一年）
樋口清之『木炭』（ものと人間の文化史七一、法政大学出版局、一九九三年）
日比野光敏『すしの歴史を訪ねる』（岩波新書（新赤版）六四一、岩波書店、一九九九年）
兵藤裕己校注『太平記』四（岩波文庫、岩波書店、二〇一五年）
平野哲也「江戸時代における百姓生業の多様性・柔軟性と村社会」（荒武賢一朗ほか編『日本史学のフロンティア』二　列島の社会を問い直す、法政大学出版局、二〇一五年）
廣田浩治「信長の経済政策の『革新』と『保守』」（渡邊大門編『虚像の織田信長』柏書房、二〇二〇年）
廣山堯道「製塩技術の伝承と用具」（『日本塩業大系』特論民俗（前掲）、一九七七年）
――『塩の日本史』（雄山閣、二〇一六年）
フェイガン，ブライアン『人類と家畜の世界史』（東郷えりか訳、河出書房新社、二〇一六年）
深谷克己『深谷克己近世史論集』一（校倉書房、二〇〇九年）
福井県編『福井県史』資料編二（福井県、一九八六年）（注では②と略記）
――『福井県史』資料編四（福井県、一九八四年）（注では④と略記）

――――『福井県史』資料編五（福井県、一九八五年）（注では⑤と略記）
――――『福井県史』資料編六（福井県、一九八七年）（注では⑥と略記）
――――『福井県史』資料編八（福井県、一九八九年）（注では⑧と略記）
藤木久志『豊臣平和令と戦国社会』（東京大学出版会、一九八五年）
――――『飢餓と戦争の戦国を行く』（朝日選書六八七、朝日新聞社、二〇〇一年／吉川弘文館、二〇一八年）
藤澤良祐「中世常滑焼の技術・生産・編年をめぐって」（全体討論、『常滑焼と中世社会』（前掲）、一九九五年）
編集事務局「位置と環境」（越前町教育委員会編『越前町織田史』古代・中世編、越前町、二〇〇六年）
堀大介「小粕窯跡」（『越前町織田史』古代・中世編（前掲）、二〇〇六年）
――――『泰澄和尚と古代越知山・白山信仰』（雄山閣、二〇一八年）
増田昭子『雑穀を旅する』（歴史文化ライブラリー二三三、吉川弘文館、二〇〇七年）
松浦義則「荘と浦の変化」（『福井県史』通史編二（前掲）、一九九四年a）
――――「織田信長と一向一揆」「織田期の大名」（『福井県史』通史編三（前掲）、一九九四年b）
――――『戦国期越前の領国支配』（戎光祥出版、二〇一七年）
松田毅一監訳『十六・七世紀イエズス会日本報告集』第Ⅲ期五、（同朋舎出版、一九九二年）
三浦静「位置・自然的特性」「気象・土壌」（『越廼村誌』本編（前掲）、一九八八年）
水野九右衛門「北陸」（『日本の考古学』六歴史時代上、河出書房、一九六七年）
水野章二『中世の人と自然の関係史』（吉川弘文館、二〇〇九年）
――――『里山の成立』（吉川弘文館、二〇一五年）
――――『災害と生きる中世』（吉川弘文館、二〇二一年）
水本邦彦『草山の語る近世』（日本史リブレット五二、山川出版社、二〇〇三年）
峰岸純夫校訂『長楽寺永禄日記』（史料纂集一三五、続群書類従完成会、二〇〇三年）
宮崎村誌編さん委員会編『宮崎村誌』上（宮崎村役場、一九八四年）

――『宮崎村誌』別（宮崎村役場、一九八七年）
宮下章『海藻』（ものと人間の文化史一一、法政大学出版局、一九七四年）
――『海苔』（ものと人間の文化史一一一、法政大学出版局、二〇〇三年）
宮下直・西廣淳『農地・草地の歴史と未来』（人と生態系のダイナミクス一、朝倉書店、二〇一九年）
宮瀧交二「東国における常滑焼の流通と消費」（『常滑焼と中世社会』（前掲）、一九九五年）
三輪茂雄『臼』（ものと人間の文化史二五、法政大学出版局、一九七八年）
村井康彦「序章」（猪名川町史編集専門委員会編『猪名川町史』一、猪名川町、一九八七年）
村上雅紀「越知山」（『シンポジウム（山と地域文化を考える）資料集』第二〇回国民文化祭越前町実行委員会、二〇〇五年）
――「越前焼」（『越前町織田史』古代・中世編（前掲）、二〇〇六年）
――「越前焼の成立年代に関する一考察」（『考古学に学ぶ』三、同志社大学考古学シリーズ九、同志社大学考古学シリーズ刊行会、二〇〇七年）
村松幹夫「日本列島のタケ連植物の自然誌」（山口裕文編『栽培植物の自然史』II、北海道大学出版会、二〇一三年）
森田健太郎「漁業の特性と生物の適応」（森田ほか編『人間活動と生態系』シリーズ現代の生態学三、共立出版、二〇一五年）
盛本昌広「日本中世の粉食」（『雑穀』II（前掲）、二〇〇六年）
――『中近世の山野河海と資源管理』（岩田書院、二〇〇九年）
――『草と木が語る日本の中世』（岩波書店、二〇一二年）
――「榑・材木の規格と木の種類」（『木材の中世』（前掲）、二〇一五年）
安田徹「敦賀湾の魚類」（『敦賀市史』通史編上（前掲）、一九八五年）
安田豊「日本中世の製塩形態に関する再検討」（平尾良光先生古稀記念論集編集委員会編『文化財学へのいざない』平尾良光先生古稀記念論集編集委員会、二〇一三年）

安室知『日本民俗生業論』(慶友社、二〇一二年)
矢野憲一『鮑』(ものと人間の文化史六二、法政大学出版局、一九八九年)
山口信嗣「林業の発達」「その他の交通と通信の動き」「諸産業の動き」(『朝日町誌』通史編二(前掲)、二〇〇四年)
山本勝利・楠本良延・大久保悟「二次的な自然環境」(『人間活動と生態系』(前掲)、二〇一五年)
山本孝衛「山方の村々」(『福井県史』通史編三(前掲)、一九九四年)
山本元編『敦賀郡古文書』(桑原武夫、一九四三年)
湯本貴和「日本列島における『賢明な利用』と重層するガバナンス」「日本列島はなぜ生物多様性のホットスポットなのか」(湯本編『環境史とは何か』シリーズ日本列島の三万五千年一、文一総合出版、二〇一一年)
――「人と植物の歴史」(『日本史と環境』(前掲)、二〇一二年)
横田冬彦「生業論から見た日本近世史」(『生業から見る日本史』(前掲)、二〇〇八年)
横山俊一「植物」(『越廼村誌』本編(前掲)、一九八八年)
吉川博輔「地形環境」(『朝日町誌』通史編二(前掲)、二〇〇四年)
吉沢康暢「地形・地質」(『越廼村誌』本編(前掲)、一九八八年)
吉中禮二「若狭のおさかな食文化史」(『若狭のおさかな』改訂版(前掲)、二〇一一年)
四柳嘉章『漆』I(ものと人間の文化史一三一―一、法政大学出版局、二〇〇六年)
若杉孝生「朝日町の植物」(『朝日町誌』通史編二(前掲)、二〇〇四年)
脇田晴子「中世土器の流通」(『岩波講座日本通史』九中世三、岩波書店、一九九四年)
――「歴史学から見た手工業生産」(『常滑焼と中世社会』(前掲)、一九九五年)
渡辺知保・梅﨑昌裕・中澤港・大塚柳太郎・関山牧子・吉永淳・門司和彦『人間の生態学』(朝倉書店、二〇一一年)
渡辺則文「前近代の製塩技術」(『講座日本技術の社会史』二(前掲)、一九八五年)

注

この本が典拠とした史料（いわゆる古文書。本文では「記録」と呼ぶ）の出典は、たとえば、「京都市歴史資料館二〇〇六：大中院文書三六」のように、史料を収録する文献書誌の略情報、史料名、識別番号を示す（史料名がない場合もある）。なお福井県編『福井県史』資料編（参考文献参照）が収録する史料は、「⑤：野村志津雄家文書一一」のように、収録巻を丸数字で略記する。

［はじめに］

1　京都市歴史資料館二〇〇六：大中院文書三六

［序章］

1　水野二〇一五、齋藤・西廣二〇一九
2　原田二〇〇八、佐野二〇〇八・二〇一七、水野二〇〇九、西川二〇一二、橋本二〇一五、春田二〇一八、白水二〇一八
3　佐竹・巌佐二〇一四
4　井原二〇〇八
5　春田二〇一八
6　山本・楠本・大久保二〇一五、佐野二〇一七
7　渡辺・梅﨑・中澤・大塚・関山・吉永・門司二〇一一
8　森田二〇一五、齊藤・山村二〇一六
9　佐野二〇〇八

10 速水・宮本一九八八、鬼頭二〇〇二
11 桜井二〇一七
12 藤木二〇〇一、田村二〇一五、水野二〇二一
13 佐野二〇〇八、橋本二〇二二
14 宮崎村誌編さん委員会一九八四、三浦一九八八、吉川二〇〇四、編集事務局二〇〇六
15 松田一九九二：一七九
16 ⑤：劔神社文書三一
17 高橋・櫻井・遠藤二〇一七、大河内二〇一八

［第一章］

1 ⑤：野村志津雄家文書一一
2 ⑤：野村志津雄家文書八、尾下二〇〇四、長澤二〇一一
3 以下示す越知山の地理的環境の基礎的情報は横山一九八八、若杉二〇〇四、村上二〇〇五による。
4 堀二〇一八
5 堀二〇一八
6 ⑤：越知神社文書一
7 越知山・大谷寺を含む丹生山地の北部には、タカ類が生活していたことを示唆する地名がある。越知山山頂の北東約一五キロメートルのところに高須山（福井市高須町。標高四三八メートル）がある。ここには一四世紀に「鷹巣城」があり、南北朝の争乱で戦場になったことを、戦記文学『太平記』は記している（兵藤二〇一五）。高須＝鷹巣ということのようだ。なお、越知山がある丹生山地では近年もオオタカ・クマタカなどタカ類が観察されている（上木一九九九、納村二〇〇四）。
8 ⑤：越知神社文書二三

9 ⑤：越知神社文書二〇・二一
10 瀬田二〇〇〇
11 下村二〇一五
12 高木二〇〇八、佐野二〇〇八、盛本二〇一二、橋本二〇一五
13 ⑤：越知神社文書二七
14 朝日町誌編纂委員会一九九八：検地帳・名寄帳二
15 山口二〇〇四
16 ⑤：越知神社文書二五
17 網野二〇〇八
18 小林一九八四、山口二〇〇四
19 宮崎村誌編さん委員会一九八四・一九八七
20 以下示すスキ・草地の基礎的情報は岩城一九七一、宮下・西廣二〇一九による。
21 四柳二〇〇六
22 以下示すロクロの基礎的情報は橋本一九七九による。
23 小林一九八四
24 小林一九八四
25 以下示す曲物の基礎的情報は岩井一九九四による。
26 以下示す結物の基礎的情報は石村一九九七、黒田一九八五による。
27 ⑤：劔神社文書三〇
28 ⑤：越知神社文書二六
29 ⑤：劔神社文書三〇
30 ⑤：劔神社文書三〇

31 岩田二〇〇二
32 三輪一九七八
33 以下示す燃材の基礎的情報は齋藤・鈴木二〇一九による。
34 武田一九六七
35 ⑤：北野七左衛門家文書四、⑤：劔神社文書三〇・三一
36 以下示す木炭の基礎的情報は樋口一九九三、齋藤・鈴木二〇一九による。
37 松田一九九二：一七九、尾下二〇〇四
38 ⑤：青木与右衛門家文書一三
39 小林一九八四
40 網野二〇〇八
41 野尻二〇〇二
42 春田二〇〇二
43 ⑤：劔神社文書六三
44 塙二〇一三b
45 佐藤・池内一九五五：追加法三二三
46 菊池一九九四
47 佐藤・池内一九五五：追加法三二三
48 以下示すワラビの基礎的情報は赤羽二〇〇一による。
49 山口二〇〇四
50 今井二〇〇二
51 藤木二〇〇一
52 ⑤：劔神社文書三〇

53 赤羽二〇〇一
54 白水二〇一八
55 安室二〇一二
56 井原二〇〇八、白水二〇一八
57 松浦二〇一七
58 横田二〇〇八
59 春田二〇一八、白水二〇一八
60 ⑤:越知神社文書三六
61 藤木一九八五
62 盛本二〇一二、西川二〇一二
63 以下示すクリの基礎的情報は赤羽二〇〇一、今井二〇一四、大住二〇一八による。
64 網野二〇〇八
65 盛本二〇〇九
66 滝・山浦・田中二〇一一
67 若杉二〇〇四
68 宮崎村誌編さん委員会一九八七:史料編一
69 ⑤:越知神社文書三七~四一、水藤一九八一、小野二〇一五
70 高木二〇一八
71 橋本二〇一五、佐野二〇一七、春田二〇一八
72 ⑤:越知神社文書三八、松浦二〇一七
73 春田二〇一八
74 盛本二〇一二

75 白水二〇一八
76 ⑤：越知神社文書一六・一七
77 以下の一向一揆から柴田勝家の施政開始に至る経緯は奥野・岩沢一九六九、井上・桑山・藤木一九七二、松浦一九九四b。
78 ⑤：越知神社文書六一
79 盛本二〇〇九
80 長澤二〇一一
81 田村二〇〇三、盛本二〇〇九
82 タットマン一九九八、尾下二〇〇四、大住二〇一八
83 ⑤：瓜生守邦家文書一〇、尾下二〇〇四
84 以下示すタケの基礎的情報は村松二〇一三による。
85 下村二〇一五
86 ⑥：西野次郎兵衛家文書二八
87 ⑤：劔神社文書三〇
88 高原二〇一一、湯本二〇一二
89 大住二〇一八
90 小林一九八四、宮崎村誌編さん委員会一九八四
91 山口二〇〇四
92 タットマン一九九八
93 村井一九八七、田村二〇〇三、高木二〇〇八、盛本二〇〇九
94 ⑤：越知神社文書六二
95 ⑤：劔神社文書一一四〜一一六

96 ⑤：越知神社文書六四、⑤：瓜生守邦家文書四六
97 山本一九九四
98 ⑤：越知神社文書六七
99 井原二〇〇八
100 湯本二〇一一、白水二〇一八
101 春田二〇一八

【第二章】

1 水藤一九八一
2 ⑤：山本重信家文書七
3 以下示す越前海岸の地理的環境の基礎的情報は吉沢一九八八、瀬戸二〇一一による。
4 ⑤：山本重信家文書二
5 井原二〇一二
6 春田二〇一八
7 原田二〇〇八
8 竹内一九七三：一九四五
9 網野二〇〇八、廣山二〇一六
10 以下示す製塩技術の基礎的情報は廣山一九七七・二〇一六、渡辺一九八五、安田二〇一三、越前国極西部における製塩に関する史実は田村一九七七、刀祢一九八四、越前町史編纂委員会一九九三、岡田一九九四による。
11 渡辺一九八五の用語法による。
12 ⑧：中山正彌家文書二四、野尻二〇二一
13 渡辺一九八五、安田二〇一三

14 この項の以下の叙述は春田二〇一八に多くをよっている。
15 春田二〇一八
16 春田二〇一八
17 ⑥：向山治郎右ヱ門家文書三六、野尻二〇二一
18 藤川明宏氏のご教示による。
19 以下示すワカメの基礎的情報は宮下一九七四、河村・仲岡二〇一六による。
20 春田二〇一八
21 藤川明宏氏のご教示による。
22 中山一九三二
23 宮下一九七四
24 以下示すノリの基礎的情報は宮下二〇〇三による。
25 ⑤：越知神社文書二五
26 ⑤：越知神社文書二六
27 以下示すアワビの基礎的情報は矢野一九八九、河村・仲岡二〇一六による。
28 刀祢一九八四
29 ⑤：山本重信家文書八
30 白井一九九七
31 杉本・山田一九八八
32 以下示すタイ類の基礎的情報は伊藤一九八八、鈴木一九九二による。
33 吉中二〇一一、春田二〇一八
34 岡田一九八八
35 ⑥：浜野源三郎家文書一、刀祢一九八四、佐藤一九九四

36　鈴木二〇〇六
37　②：布施美術館所蔵文書二、松浦二〇一七
38　⑥：中村三之丞家文書一三
39　岡田一九九四
40　⑤：小樟区有文書二
41　⑤：青木与右衛門家文書四
42　岡田一九九四
43　岡田一九九六
44　神野一九八五
45　河野村誌編さん委員会一九八〇：刀祢新左衛門家文書一、松浦二〇一七
46　小浜市史編纂委員会一九八一：中世文書二五・七〇、刀祢一九八四
47　河野村誌編さん委員会一九八四
48　以下示すマダラの基礎的情報は伊藤一九八八、赤羽二〇一五による。
49　塙二〇一三a
50　竹内一九六七
51　竹内一九四三
52　以下示すサバの基礎的情報ならびに民俗に関する情報は刀祢一九八四、吉中二〇一一による。
53　赤羽二〇一一
54　伊藤一九八八、越前町史編纂委員会一九九三
55　以下示すナレズシの基礎的情報は日比野一九九九、赤羽二〇一一による。
56　春田二〇一八
57　⑤：越知神社文書二六

58 ⑤：山本重信家文書六
59 春田二〇一八
60 なお江戸時代における寒冷化に伴う海水循環が海洋生物の生産力の増大を促したという仮説がある（中塚二〇二二）。一五世紀末から一六世紀にかけての越前海岸でハマチ網漁など漁業関係の史料がめだつようになるのは、同時期における寒冷化に伴い水産資源の生産量が増加し、そのことが生業としての漁業活動を活性化させたことを示しているかもしれない。つまり技術革新以外の要素も想定できる。

［第三章］

1 ⑤：劒神社文書九八
2 松浦一九九四b
3 伊藤二〇〇四、村上二〇〇六
4 木村二〇一六
5 宮崎村誌編さん委員会一九八七：史料編一
6 以下示す越前焼の成立経緯・生産技術その他考古学的知見は特記ない限り小野一九九七・二〇〇六、村上二〇〇六・二〇〇七による。
7 荻野一九八六、藤澤一九九五
8 ⑤：友広支己家文書二、小野二〇一五
9 泉二〇〇二
10 赤羽一九九五
11 田中一九九四
12 宮崎村誌編さん委員会一九八七：史料編一、小野二〇一五
13 以下示す調理法の基礎的情報は原田二〇〇六、盛本二〇〇六、増田二〇〇七による。

14 石垣二〇一八
15 峰岸二〇〇三
16 荻野一九九〇
17 小野一九九七
18 中島二〇一八。なお、一五世紀後半における生産増・経済成長は日本に加え中国・朝鮮半島でも共時的に起きたと語る向きもある（大田二〇二一）。
19 春田二〇一八
20 浅野一九九五
21 高島・深尾・西谷二〇一七
22 桜井二〇一五
23 宮瀧一九九五
24 ⑤：劔神社文書一九
25 ⑤：劔神社文書二〇
26 ⑤：劔神社文書二一
27 小林一九九四
28 ⑤：劔神社文書六〇
29 田中一九九四
30 ⑤：劔神社文書一二九、小野二〇一五
31 以下示す肥料の基礎的情報は水本二〇〇三、齋藤・鈴木二〇一九による。
32 安藤二〇〇八
33 ⑤：青木与右衛門家文書三、小野二〇一五、春田二〇二一
34 中野一九九五

35　網野二〇〇八
36　石井二〇〇五
37　土井・坂本二〇〇二
38　田中一九九四
39　刀禰一九九四
40　⑤：友広支己家文書二、小野二〇一五
41　⑤：劔神社文書三〇
42　小林一九七六、荻野一九九〇、石井二〇〇五、脇田一九九四
43　佐藤一九九四
44　田中一九九四
45　宮崎村誌編さん委員会一九八七：史料編一、田中一九九四
46　近年の研究は、他の窯での状況などを根拠に、初夏と秋の年二回焼成していたと類推している（木村二〇一六）。
47　小野一九九七・二〇〇六
48　高木二〇一〇
49　脇田一九九五
50　⑤：劔神社文書五三
51　堀二〇〇六
52　村上雅紀氏のご教示による。なお、源弥の記録が農業収益についても言及していることは、源弥が農業または地主経営と複合的に生業を営んでいたことを示唆する。
53　以下示す赤瓦の基礎的情報は久保二〇〇五、中原二〇一六による。
54　木村二〇一六

［第四章］

1　⑥：西野次郎兵衛家文書一六
2　⑧：道川文書一〇
3　この地域の水運というと北前船（きたまえぶね）が有名だが、これは江戸時代後期から明治にかけてのものである。
4　以下示す地理的環境の基礎的情報は越前町史編纂委員会一九七七による。
5　角二〇一八
6　山口二〇〇四
7　越前町史編纂委員会一九七七
8　以下示すこのルートの基礎的情報は刀祢一九八四、小泉一九八八・一九九四による。
9　⑥：西野次郎兵衛家文書五八
10　⑥：西野次郎兵衛家文書一八・二九・五八
11　⑥：宮川源右ヱ門家文書一
12　河野村誌編さん委員会一九八四
13　盛本二〇一五
14　⑥：西野次郎兵衛家文書六八
15　越前町史編纂委員会一九九三、刀祢一九八四
16　⑧：刀根春次郎家文書一五、佐藤一九九四
17　⑧：大音正和家文書八五、小泉一九九四
18　松浦一九九四a
19　山本一九四三：三五三、小泉一九九四
20　大住二〇一八
21　小林一九八四

22 宇佐見一九九九
23 宇佐見一九九九
24 小泉一九九四
25 ⑥：西野次郎兵衛家文書一
26 桜井一九九六
27 宇佐見一九九九
28 宇佐見一九九九、功刀二〇〇二a
29 功刀二〇〇二a
30 河野村誌編さん委員会一九八〇：西野次郎兵衛家文書五
31 ⑥：西野次郎兵衛家文書一三・四六
32 宇佐見一九九九、功刀二〇〇二a
33 ⑥：宮川源右ヱ門家文書二
34 ⑥：西野次郎兵衛家文書一〇
35 ⑥：西野次郎兵衛家文書三六
36 宇佐見一九九九
37 ⑥：宮川源右ヱ門家文書三・四、⑥：西野次郎兵衛家文書四三、小泉一九九四
38 ⑥：西野次郎兵衛家文書一四
39 功刀二〇〇二a
40 ⑥：西野次郎兵衛家文書八・九、小泉一九九四
41 ⑥：西野次郎兵衛家文書六四、功刀二〇〇二b
42 ⑥：西野次郎兵衛家文書一五
43 小泉一九九四、宇佐見一九九九

44　功刀二〇〇二a
45　国書刊行会二〇一三
46　⑥：西野次郎兵衛家文書一八〜二三
47　⑥：西野次郎兵衛家文書二九・三〇
48　功刀二〇〇二b
49　⑥：西野次郎兵衛家文書三二、松浦二〇一七
50　松浦二〇一七
51　河野村誌編さん委員会一九八〇：刀禰新左衛門家文書ニト
52　刀祢一九八四
53　春田二〇二一
54　刀祢一九八四
55　塙二〇一三c
56　フェイガン二〇一六
57　刀祢一九八四
58　河野村誌編さん委員会一九八四
59　以下示す河野屋座・川舟座の基礎的情報は⑧：道川文書六、敦賀市史編さん委員会一九七八：港町漁家組合文書一、敦賀市史編さん委員会一九七九：敦賀志一一・三四、宇佐見一九九九による。
60　⑧：道川文書一
61　⑧：道川文書二
62　⑧：道川文書三
63　⑧：道川文書四、宇佐見一九九九、功刀二〇〇六
64　⑧：道川文書五〜七

65 安田一九八五
66 石二〇二〇
67 ⑤：青木与右衛門家文書一三
68 中世日本の都市の個性を物流面から考える試みとして、高木二〇一三。
69 ⑧：道川文書八・一二
70 廣田二〇二〇
71 佐藤一九九四
72 ⑧：道川文書九
73 ④：勝授寺文書二二
74 脇田一九九四、石井二〇〇五
75 宮崎村誌編さん委員会一九八七：史料編一
76 水野一九六七

〔終章〕

1 平野二〇一五
2 鬼頭二〇〇二
3 深谷二〇〇九

高木久史（たかぎ・ひさし）

一九七三年、大阪府に生まれる。神戸大学大学院文化学研究科修了。博士（学術）。専門は日本中世・近世史。越前町織田文化歴史館学芸員、安田女子大学文学部准教授などを経て、現在、大阪経済大学経済学部教授、同大学日本経済史研究所所長。主な著書に、『通貨の日本史　無文銀銭、富本銭から電子マネーまで』（中公新書）、『撰銭とビタ一文の戦国史』（平凡社）、『近世の開幕と貨幣統合　三貨制度への道程』（思文閣出版）など。

戦国日本の生態系

庶民の生存戦略を復元する

二〇二三年 一月一一日 第一刷発行
二〇二三年 四月二一日 第二刷発行

著者 高木久史

発行者 鈴木章一
発行所 株式会社 講談社
東京都文京区音羽二丁目一二―二一 〒一一二―八〇〇一
電話（編集）〇三―三九四五―四九六三
（販売）〇三―五三九五―四四一五
（業務）〇三―五三九五―三六一五

装幀者 奥定泰之
本文データ制作 講談社デジタル製作
本文印刷 株式会社 新藤慶昌堂
カバー・表紙印刷 半七写真印刷工業 株式会社
製本所 大口製本印刷 株式会社

KODANSHA

ISBN978-4-06-530681-9 Printed in Japan N.D.C.210 293p 19cm

講談社選書メチエの再出発に際して

講談社選書メチエの創刊は冷戦終結後まもない一九九四年のことである。長く続いた東西対立の終わりはついに世界に平和をもたらすかに思われたが、その期待はすぐに裏切られた。超大国による新たな戦争、吹き荒れる民族主義の嵐……世界は向かうべき道を見失った。そのような時代の中で、書物のもたらす知識が一人一人の指針となることを願って、本選書は刊行された。

それから二五年、世界はさらに大きく変わった。特に知識をめぐる環境は世界史的な変化をこうむったとすら言える。インターネットによる情報化革命は、知識の徹底的な民主化を推し進めた。誰もがどこでも自由に知識を入手でき、自由に知識を発信できる。それは、冷戦終結後に抱いた期待を裏切られた私たちのもとに差した一条の光明でもあった。

その光明は今も消え去ってはいない。しかし、私たちは同時に、知識の民主化が知識の失墜をも生み出すという逆説を生きている。堅く揺るぎない知識も消費されるだけの不確かな情報に埋もれることを余儀なくされ、不確かな情報が人々の憎悪をかき立てる時代が今、訪れている。

この不確かな時代、不確かさが憎悪を生み出す時代にあって必要なのは、一人一人が堅く揺るぎない知識を得、生きていくための道標を得ることである。

フランス語の「メチエ」という言葉は、人が生きていくために必要とする職、経験によって身につけられる技術を意味する。選書メチエは、読者が磨き上げられた経験のもとに紡ぎ出される思索に触れ、生きるための技術と知識を手に入れる機会を提供することを目指している。万人にそのような機会が提供されたとき初めて、知識は真に民主化され、憎悪を乗り越える平和への道が拓けると私たちは固く信ずる。

この宣言をもって、講談社選書メチエ再出発の辞とするものである。

二〇一九年二月　　野間省伸